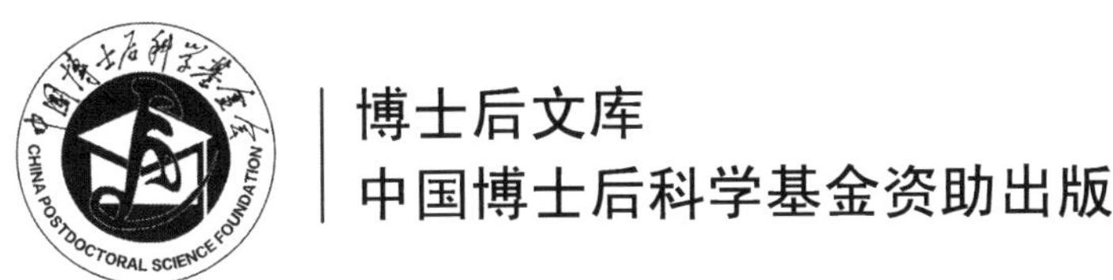

渗流-应力-损伤耦合作用下层状岩体损伤破裂过程及隧道开挖损伤区评估

陈宇龙　著

科 学 出 版 社
北　京

内 容 简 介

本书依托典型的遭遇复杂地质段的特长隧道工程——重庆南川至贵州道真高速公路马嘴隧道，以层状岩体隧道出现格栅架扭曲变形、拱顶喷射混凝土开裂及底鼓等大变形现象为工程背景，综合应用室内试验、数值模拟、理论分析、物理模拟和现场检测等方法，辅以扫描电子显微镜扫描、计算机断层扫描技术等细观试验手段，先后研究层状含水页岩和层状复合岩体的损伤特性、隧道支护结构的支护作用机理及隧道开挖损伤区的计算与检测方法。根据试验结果建立渗流-应力-损伤耦合模型，对多场耦合及支护结构共同作用下的层状含孔洞试件进行真三轴数值计算研究，分析其损伤演化规律。将数值计算模型应用于现场隧道开挖损伤区的计算，并通过地质雷达和岩体三维超声成像检测对数值模拟结果进行验证。本书部分插图附彩图二维码，见封底。

本书可供土木工程、水利工程、隧道工程、矿山工程等领域的科研人员、工程技术人员和大专院校师生参考使用。

图书在版编目（CIP）数据

渗流-应力-损伤耦合作用下层状岩体损伤破裂过程及隧道开挖损伤区评估/陈宇龙著.—北京：科学出版社，2022.8

（博士后文库）

ISBN 978-7-03-072938-5

Ⅰ.①渗… Ⅱ.①陈… Ⅲ.①隧道施工-层状构造-岩石破裂-稳定分析-数值模拟 Ⅳ.①U455

中国版本图书馆 CIP 数据核字（2022）第 152425 号

责任编辑：何 念 张 湾/责任校对：高 嵘

责任印制：赵 博/封面设计：陈 敬

科学出版社 出版

北京东黄城根北街 16 号

邮政编码：100717

http://www.sciencep.com

北京厚诚则铭印刷科技有限公司 印刷

科学出版社发行 各地新华书店经销

*

开本：B5（720×1000）

2022 年 8 月第 一 版 印张：13 3/4

2023 年10月第二次印刷 字数：273 000

定价：98.00 元

（如有印装质量问题，我社负责调换）

“博士后文库”编委会名单

“博士后文库”序言

1985 年，在李政道先生的倡议和邓小平同志的亲自关怀下，我国建立了博士后制度，同时设立了博士后科学基金。30 多年来，在党和国家的高度重视下，在社会各方面的关心和支持下，博士后制度为我国培养了一大批青年高层次创新人才。在这一过程中，博士后科学基金发挥了不可替代的独特作用。

博士后科学基金是中国特色博士后制度的重要组成部分，专门用于资助博士后研究人员开展创新探索。博士后科学基金的资助，对正处于独立科研生涯起步阶段的博士后研究人员来说，适逢其时，有利于培养他们独立的科研人格、在选题方面的竞争意识及负责的精神，是他们独立从事科研工作的“第一桶金”。尽管博士后科学基金资助金额不大，但对博士后青年创新人才的培养和激励作用不可估量。四两拨千斤，博士后科学基金有效地推动了博士后研究人员迅速成长为高水平的研究人才，“小基金发挥了大作用”。

在博士后科学基金的资助下，博士后研究人员的优秀学术成果不断涌现。2013 年，为提高博士后科学基金的资助效益，中国博士后科学基金会联合科学出版社开展了博士后优秀学术专著出版资助工作，通过专家评审遴选出优秀的博士后学术著作，收入“博士后文库”，由博士后科学基金资助、科学出版社出版。我们希望，借此打造专属于博士后学术创新的旗舰图书品牌，激励博士后研究人员潜心科研，扎实治学，提升博士后优秀学术成果的社会影响力。

2015 年，国务院办公厅印发了《关于改革完善博士后制度的意见》（国办发〔2015〕87 号），将“实施自然科学、人文社会科学优秀博士后论著出版支持计划”作为“十三五”期间博士后工作的重要内容和提升博士后研究人员培养质量的重要手段，这更加凸显了出版资助工作的意义。我相信，我们提供的这个出版资助平台将对博士后研究人员激发创新智慧、凝聚创新力量发挥独特的作用，促使博士后研究人员的创新成果更好地服务于创新驱动发展战略和创新型国家的建设。

祝愿广大博士后研究人员在博士后科学基金的资助下早日成长为栋梁之材，为实现中华民族伟大复兴的中国梦做出更大的贡献。

中国博士后科学基金会理事长

前　言

隧道技术在我国取得了突飞猛进的进展，我国已经是世界上隧道及地下工程规模最大、数量最多、地质条件和结构形式最复杂、修建技术发展速度最快的国家。近年来，作为隧道及地下工程十大技术领域之一的江、河、海底隧道技术得到了迅猛的发展。隧道开挖打破了围岩原来的平衡，引起了围岩应力场与渗流场的变化：一方面，水在岩土体中渗流将产生体积力，改变岩土体原有的应力状态；另一方面，应力场状态的改变又将影响岩土体的结构，进而改变其渗透性能，水在岩土体中的渗流状态必将发生变化。另外，水的存在还会造成岩土体强度和弹性模量的降低。大量的地下工程研究和工程实践表明，在地下岩石开挖中进行渗流-应力-损伤耦合分析是十分必要的。

本书以层状岩体隧道出现格栅架扭曲变形、拱顶喷射混凝土开裂及底鼓等大变形现象为工程背景，首先，通过室内岩石力学试验和数值模拟研究含不同层理角度、不同含水率的页岩的力学特性，并通过页岩微结构电镜扫描分析水对含层理页岩的损伤作用机理，据此，建立渗流-应力-损伤耦合模型。其次，根据隧道底鼓段底板岩层的组合特点，制作不同组合方式的页岩和灰岩复合岩体，通过试验研究复合岩体的损伤特性。再次，除一般性多场耦合作用外，工程开挖、结构支护、防渗排水等工程作用对岩体的应力、渗流、变形等的影响也是不容忽视的重要因素，将这种工程作用纳入耦合系统中，称为多场广义耦合，因此，采用物理模拟试验和数值模拟的方法研究锚杆、喷射混凝土和钢拱架等支护结构对层状岩体的支护作用机理，根据建立的渗流-应力-损伤耦合模型，建立包含层理和支护结构的含孔洞数值模型，进行渗流-应力-损伤耦合作用下的真三轴试验，研究其力学损伤特性。最后，将建立的渗流-应力-损伤耦合模型应用于隧道现场开挖损伤区的计算研究，将计算结果与地质雷达和岩体三维超声成像检测结果进行对比，以验证数值模型的可靠性。

本书共分 7 章。第 1 章介绍渗流-应力-损伤耦合作用研究的背景和意义，以及研究现状；第 2 章研究不同层理角度、不同含水率下页岩在常规岩石力学试验及分级加载蠕变试验下的力学、变形特性和损伤破坏过程；第 3 章构建考虑页岩微结构和损伤演化过程的渗流-应力-损伤耦合模型；第 4 章研究不同组合方式和体积比下的复合岩体损伤破裂过程、不同部位的损伤规律和分形特征；第 5 章研究锚杆对锚固体的作用机理和锚固效果、工字钢和格栅架的抗弯性能；第 6 章研究不同支护结构作用下的层状含孔岩石的损伤破裂特性；第 7 章研究层状岩体在渗流-应力-损伤耦合及支护结构作用下开挖损伤区的形成过程和范围，通过地质雷达和超声波检测技术对层状岩体隧道开挖损伤区的范围进行评估。

本书的成果得到了中国博士后科学基金的资助，以及清华大学杨强教授、中国矿业大学（北京）张俊文教授的支持与指导，本书的出版得到了博士后出版基金和国家自然科学基金项目（52009131 和 52034009）的资助及科学出版社的帮助，在此表示衷心的感谢！

由于作者水平有限，书中难免有疏漏之处，敬请读者批评指正。

作　者

2020 年 11 月

目　　录

第1章 绪　论

1.1 研究背景及意义

随着岩石工程，如采矿工程、地下结构工程、水利水电工程、建筑基础工程的发展及西部大开发战略的实施，我国将建造更多的深部采矿隧道、永久性地下结构洞室等，这些工程中都存在着人类工程干扰力、岩体地应力、地下水渗透力之间的相互影响、相互作用及耦合作用问题。在地质环境和工程扰动作用下，相邻节理扩展、相互贯通是工程岩体的主要破坏方式[1]，如在隧道和地下洞室的开挖过程中应力场的重分布将会使局部达到屈服，进入残余强度阶段，同时诱发损伤，并演化成宏观裂隙，这种损伤将有可能导致岩体渗透系数的改变，使得渗透性剧烈变化，水会渗入隧道中。随着人们对渗流耦合问题认识程度的加深，大家逐渐意识到损伤破坏对岩体渗流-应力耦合的作用十分显著。从广义概念上讲，渗流-损伤耦合属于渗流-应力耦合这一研究范畴，目的是突出应力诱发损伤、破坏的过程中渗流-应力耦合作用机制问题，它是渗流-应力耦合问题研究进一步深化发展的必然阶段，损伤演化改变岩体结构及其渗透特性，而渗流对岩体的力学作用，就是水压力促使裂纹扩展和诱发损伤演化。如何保证岩石工程在复杂环境下建设的安全性，成为当前岩石力学及其工程工作者面临的主要课题之一。

工程岩体的开挖势必会对其所赋存的物理场产生影响，在没有支护措施的情况下，围岩物理场的改变又决定着工程的围岩稳定性。因此，研究开挖扰动作用下围岩的稳定性问题本质上是研究工程开挖对围岩物理场的改变问题。

渗流-应力耦合是诸多耦合过程中相对突出的一种耦合。耦合作用下，开挖卸荷会引起围岩变形、损伤和破裂演化，从而导致围岩力学性质和渗透性的改变，形成开挖损伤区或开挖扰动区。隧道对围岩应力场的改变及其带来的失稳破坏过程如下：在隧道开挖过程中，围岩由三向应力状态变为二向应力状态，隧道周边径向应力减小而切向应力增大，引起局部压应力或拉应力集中现象，从而使隧道围岩发生张拉或剪切破坏。隧道岩体破坏的外在表现形式常为开挖面岩体的开裂、剥落、屈曲、滑移及岩爆等，其内在原因则是岩体内部原生裂纹或次生裂纹在应力作用下的萌生、扩展、贯通，从而在岩体一定范围内形成开挖损伤区或开挖扰动区。由此可见，研究岩体在渗流-应力-损伤耦合作用下的损伤破裂机理能揭示工程岩体破坏的细观本质。

开挖损伤区是工程岩体开挖后应力重分布和开挖爆破作用的结果，开挖损伤区内岩体的物理、力学性质和渗透特性均发生改变[2-3]，对其力学特性和范围的研究是开挖后岩体稳定性分析、锚固参数设计、核素运移及隧洞或矿井涌突水防治的关键。就隧道工程而言，常见的地质灾害如掌子面塌方、断层破碎带、围岩大变形、岩爆、岩溶、瓦斯等无不与开挖损伤区的形成、发展有关。

在 10 年西部大开发中，高速公路的建设发展迅速，隧道、桥梁工程在整条线路中所占的比例较大，隧道常常是整条线路建设的控制性工程[4]。原则上，隧道选址应尽量避开地形、地质条件差的地段，但综合考虑整条线路的线形、技术、经济等方面因素，以及长、特长隧道地质条件的难以预知性，其常通过一些复杂或潜在复杂地质段。本书所依托的工程重庆南川至贵州道真高速公路马嘴隧道则是典型的遭遇复杂地质段的特长隧道。马嘴隧道洞身经过的主要岩层为灰岩和页岩，其在页岩段施工过程中反复出现拱顶喷射混凝土开裂、剥落和底鼓[图 1.1（a）]、钢拱架压缩变形[图 1.1（b）]等围岩大变形现象，灰岩段及部分页岩段出现了烈度不等的岩爆现象[图 1.1（c）]，灰岩段又遭遇了暗河和岩溶灾害[图 1.1（d）]。在开挖施工中期，对掌子面检测时发现了游离页岩气气体，根据气体成分、含量及《铁路瓦斯隧道技术规范》（TB 10120—2019）[5]，马嘴隧道被定义为高瓦斯隧道。马嘴隧道所遭遇的上述地质灾害现象主要与应力场和渗流场有关，温度场和化学场的影响较小，为简化研究内容，可忽略不计。应力场和渗流场对隧道围岩的耦合控制作用主要体现在：开挖扰动后，岩体的应力场发生改变，促使岩体内部初始损伤的进一步劣化，并萌生新的孔隙、裂隙，裂隙变形、发展、汇聚、贯通，形成大量裂纹，从而使岩体的渗透性能增加，改变了岩体中的渗流状态；渗流场通过孔隙压力和水岩物理化学作用改变岩体力学特性，从而影响围岩应力场的分布。暗河与岩溶是水岩物理化学长期作用的结果；隧道内的渗水是应力场与渗流场耦合作用的结果；拱顶开裂、剥落和底鼓及岩爆等围岩变形现象则是应力场对裂隙场作用的结果。另外，根据何满潮等[6]提出的耦合支护理论，隧道及其支护系统的失稳破坏是支护系统与围岩力学特性不耦合的结果（图 1.2），而隧道、采矿等地下工程在支护情况下常出现围岩及支护系统的失稳破坏现象。因此，在进行渗流-应力-损伤耦合作用下围岩稳定性分析时将支护系统考虑进去较分析毛洞的稳定性更具有理论意义和工程实用价值。

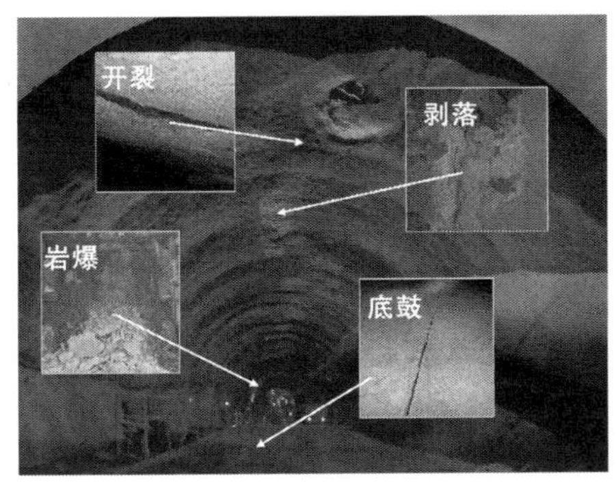

（a）拱顶喷射混凝土开裂、剥落和底鼓

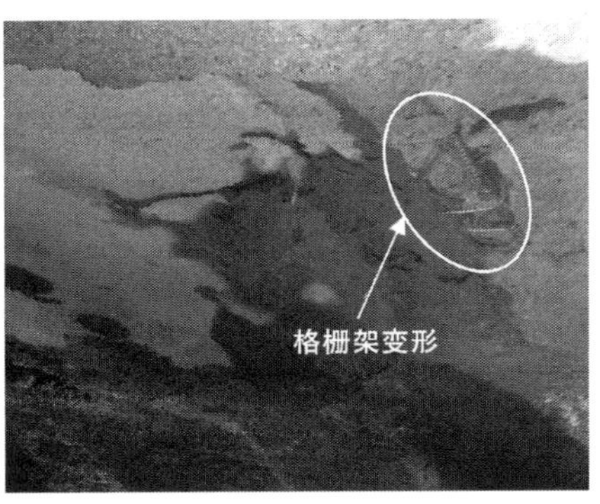

（b）钢拱架压缩变形

（c）岩爆现象

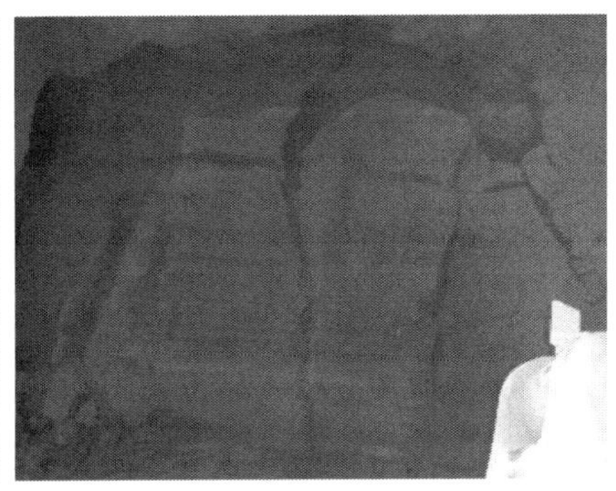

（d）暗河和岩溶灾害

图 1.1 隧道地质灾害

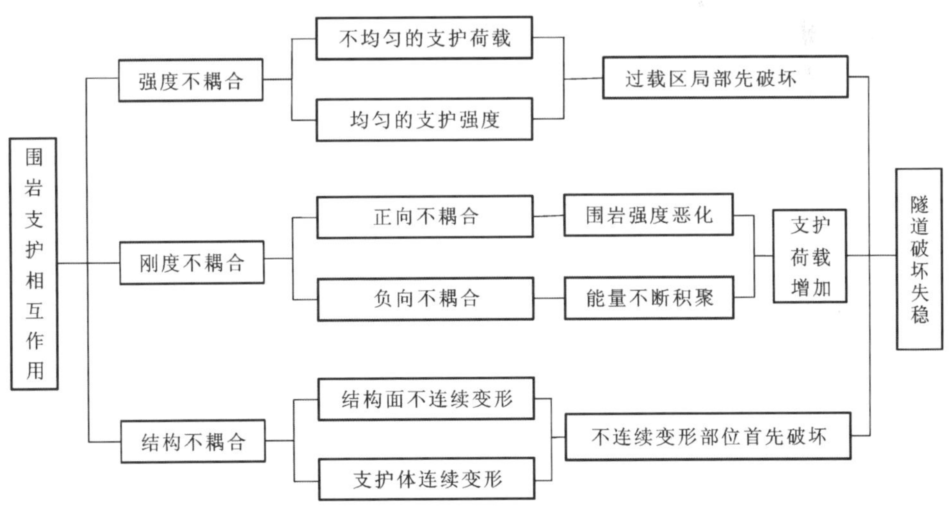

图 1.2 隧道围岩失稳破坏机理[6]

应力场和渗流场等物理场的改变均通过岩体内部结构及物理力学性质的改变来体现，马嘴隧道的主要失稳问题均发生在页岩段，而页岩在西南地区的分布又较为广泛[7]，其层理发育，强度受矿物成分含量、排列方式及胶结程度影响较大，各向异性显著，遇水更易劣化，极易引发工程问题[8-9]。因此，研究含水页岩的内部结构特征、物理力学性质及其在荷载作用下的损伤破裂过程是分析该类隧道围岩物理场的变化和损伤行为特性的有效手段与良好切入口。

因此，本书拟以马嘴隧道围岩大变形灾害为背景，对渗流–应力–损伤耦合作用下页岩的破坏机理进行深入、系统的研究，并根据多场广义耦合的思想[10]将隧道支护系统纳入耦合体系中，对支护系统的作用机理进行初步探讨。研究成果可为类似工程的围岩大变形灾害治理提供基础理论。

1.2 国内外研究现状概述

围岩稳定性问题研究是一个涵盖多物理场和开挖方法、支护系统等工程作用的复杂分析过程，国内外学者针对上述问题已开展了一些研究工作，本书分别从渗流–应力–损伤耦合、复合岩体损伤破裂过程、支护结构作用机理和开挖损伤区四个方面对已有研究成果做简要回顾。

1.2.1 渗流–应力–损伤耦合研究现状

渗流–应力–损伤耦合作用研究是近 10 年才兴起的，早期的多场耦合研究主要集中在渗流–应力耦合上，着眼于反映应力作用下渗透性演化规律的渗流–应力耦合关系的建立[11-14]，李根等[15]对水–岩耦合变形破坏过程的研究进展做了较为系统的梳理和总结。这些研究内容可以概括为以下几个方面。

（1）岩石的结构特征与其渗透特性的关系。例如，Duncan 等[16]指出了岩石的孔隙度与其地质年龄的关系，岩石的地质年代越久，其孔隙度越小。杨建等[17]认为，微结构是影响致密砂岩气体渗流的重要因素之一，提出后期的研究工作应采用微结构的精细描述技术如核磁共振、计算机断层扫描（computer tomography，CT）技术、扫描电子显微镜（scanning electron microscope，SEM）扫描等，从而定量描述微孔介质的形态、性质、分布，并得到微孔介质物理参数的精确数据。周宏伟等[18]对盐岩进行了渗透性测试和工业 CT 技术扫描试验，发现了盐岩渗透率极低的细观结构原因，即盐岩的细观结构极其致密，其内部所含微孔洞和裂隙较少[图 1.3（a）]，并且夹层几乎不存在缺陷[图 1.3（b）]，从而对气体渗透具有屏蔽作用。在围岩和渗透压作用下，盐岩的细观结构发生改变，使其渗透性能发生较大的改变。Dong 等[19]在研究深部砂岩和页岩的渗透率与应力的关系时，通过 SEM 也发现了渗透率降低与原生裂隙闭合的密切相关性[图 1.3（c）]。

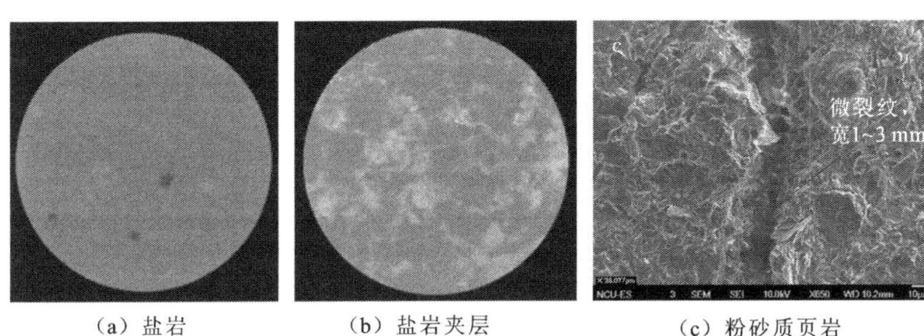

（a）盐岩　（b）盐岩夹层　（c）粉砂质页岩

图 1.3　盐岩及粉砂质页岩细观结构[18-19]

（2）渗流-应力耦合作用下岩石的变形特征、力学特性及渗透率演化规律。研究多以室内和现场试验为手段，分析岩石或岩体在各种应力(包括孔隙水压力)条件下的力学及渗透特性。室内试验通过岩石全应力-应变过程渗透率研究，得到了岩石在全应力-应变过程中渗透率的总体变化规律：弹性阶段，渗透率随着应力的增加略有降低，这是岩石内部原生微裂隙在该阶段被压密闭合的结果；进入弹塑性阶段后，随着新生裂纹的萌生、扩展、贯通，渗透率先是缓慢增加然后急剧增大，在峰前或峰后达到最大值；残余流动阶段，根据岩石的种类、结构及其内部孔隙的发育情况，渗透率继续增大，或者平缓减小，又或者急剧降低[20-27]。在上述岩石全应力-应变过程的渗透率试验研究中，还有两点比较有意义的发现值得提及：①渗透率是与岩石的变形密切相关的[27-28]，其中岩石的环向变形比轴向变形更能灵敏地反映渗透率的演化规律[23]。②软岩和硬岩表现出明显不同的渗透规律，软岩在屈服变形接近破坏时渗透性就达到峰值，破坏后渗透性降低，而硬岩的渗透性峰值则形成于破坏后，并且破坏后仍表现为较强的渗透性[28]。

现场原位试验则是一个长期、系统而全面的研究过程，研究内容从渗流-应力耦合到温度-渗流-应力-化学耦合，涵盖了温度场、渗流场、应力场、化学场、损伤场等的分布规律、作用机理及其时间效应，建立了温度-渗流-应力耦合本构关系[29-30]，拓展了多物理场耦合数值模拟技术[29,31-32]，为多物理场耦合的研究工作提供了大量的原位试验数据。其中，较为典型的项目有欧美国家联合进行的 DECOVALEX 项目[33-34]、加拿大 URL 原位试验项目[35-36]、美国 Yucca Mountain 项目[37-38]等。

另外，围岩的失稳往往具有明显的时间效应，研究岩石在渗流-应力耦合作用下的蠕变特性是分析岩石长期稳定性的关键。但目前这方面的研究尚不够充分，陆银龙等[39]运用损伤和断裂力学理论，建立了基于微裂纹演化的岩石细观蠕变损伤本构模型及破裂准则，并应用 MATLAB 将模型嵌入 COMSOL 中，对岩石进行双轴蠕变试验。张玉等[40]通过渗流-应力耦合作用下的流变和渗透特性试验，研究了碎屑岩的流变特性及其在流变过程中的渗流规律和演化机制。阎岩等[41]通过室内渗流-流变耦合试验，研究了多孔隙石灰岩在不同应力及水压下的流变力学特性，分析了试件应变和渗透系数随应力与水压的变化规律。王如宾等[42]通过三轴流变力学试验研究了变质火山角砾岩在不同围压下的蠕变特性及其在蠕变过程中的渗透率变化规律。黄书岭等[43]通过水压和应力耦合下的三轴蠕变试验，研究了大理岩的蠕变特性，指出孔隙水压可以增大大理岩的时效变形能力。Heap 等[44]研究了不同围压恒定孔隙水压下及恒定围压不同孔隙水压下砂岩的蠕变特性。

（3）渗流-应力耦合本构模型的建立。本构模型可以从理论上对岩石的渗流-应力耦合行为进行定量的预测与分析，研究者多从数学和力学的角度对渗流-应力耦合本构模型进行推导，并通过数值模拟对模型进行应用与验证，取得了较丰富的成果，陆银龙[26]、刘仲秋等[45]和盛金昌等[46]对这些研究成果进行了系统的回顾总结，其中刘仲秋等[45]在仵彦卿[47]所归纳的模型基础上将渗流-应力耦合问题分为六种力学模型，即等效连续介质模型、双重介质模型、裂隙网络模型、连续损伤力学模型、断裂力学模型和统计模型。其中，前三种模型主要从经典的黏弹塑性本构考虑，侧重于处理渗流场；后三种模型则从分析岩石在耦合作用下的损伤破裂行为入手，着重于研究岩体内部结构发生质的改变所带来的更为复杂的耦合效应。陆银龙[26]对上述六种模型的前五种做了简要的回顾与阐述。

损伤场的引入是为了对多场耦合作用下材料的劣化和裂隙的萌生、扩展进行定量化的描述，以使模拟和预测结果更符合工程实际。损伤场的研究主要是通过构建损伤因子来描述多场耦合过程中材料参数的变化，如温度、化学作用及材料破坏造成的损伤等[48]。Elsworth 等[49]于 1986 年研究了岩块试件在变形过程中的渗透特性与应变的关系，并且引入损伤来研究渗透性问题。进入 21 世纪以来，损伤场的研究便如雨后春笋般涌现：Shao 等[50]提出了各向异性损伤-渗流耦合模型，该模型可以反映脆性岩石裂纹发展直至破坏的过程及其渗透特性随损伤发展的演化规律。Oda 等[51]通过三轴试验分析了花岗岩在损伤破坏过程中的渗透率演化过程，并指出采用岩相学方法可以很好地确定岩石的密度、孔隙率、渗透率等参数。Tang 等[52]基于细观统计损伤模型，提出了真实破裂过程的分析方法，建立了渗流-应力-损伤耦合模型，模型引入渗透突跳系数来表征损伤引起的渗透系数的增大，并模拟了脆性岩石在常水头作用下的变形、失稳过程，分析了岩石在各阶段的声发射规律及其渗透特性。朱珍德等[53]通过试验研究了渗透水压力对脆性岩石损伤劣化的影响及其变形过程中渗透特性的变化规律。结果表明，渗透水压力会加剧岩石裂隙的张开与扩展变形。郑少河等[54]引入了渗透压力附加柔度张量的概念以考虑渗透张量的演化行为，研究了裂隙岩体损伤变形与渗流之间的相互作用机理，并在此基础上建立了基于两场耦合的裂隙岩体渗流损伤模型。Lyakhovsky 等[55]建立了裂隙岩体损伤模型，该力学模型是 Biot 孔隙弹性理论与损伤流变模型的结合，并应用此模型对高孔隙岩石的裂纹和渗流演化规律进行了分析。卢应发等[56]提出了一种能够描述岩石的弹性、损伤变形及其他不可逆变形能的正交损伤模型。周建军等[57]应用细观力学方法推导出了脆性岩石的各向异性损伤和渗流耦合细观模型。胡大伟等[58]在朱其志等[59]所提出的细观损伤模型的基础上，对摩擦准则和加载函数进行了修改，采用改进模型进行了 Lac du Bonnet 花岗岩三轴压缩试验，然后引入渗透系数的计算方法，对 Lac du Bonnet 花岗岩的现场试验结果进行了模拟。赵延林等[60]从岩体结构力学及细观损伤力学的角度，通过裂隙发育与工程尺度的关系，建立了裂隙岩体渗流-损伤-断裂耦合模型，并开发出了裂隙岩体渗流-损伤-断裂耦合分析的三维有限元程序。谭贤君等[61]推导了含夹层盐岩储气库在温度、地应力和注-采气压力联合作用下的温度-渗流-应力-损伤耦合模型。朱万成等[62]在多场耦合方程中引入损伤变量，基于质量和能量守恒原理，推导出了岩体损伤过程的温度-渗流-应力耦合模型。Jiang 等[63]通过试验研究了脆性岩石损伤的各向异性及渗透性的演化过程。李利平等[64]考虑充填介质的压剪和拉剪双重破坏准则，引入适合描述充填介质损伤前后阶段的应力-渗流-损伤耦合方程，分析了采动应力扰动和高压承压水双重作用下底板采动裂隙演化、断层介质活化直至突水通道形成的灾变演化过程。贾善坡等[65]基于多孔介质流-固耦合理论，建立了含夹层盐岩双重介质耦合损伤模型。Arson 等[66]提出了渗透率在损伤过程中的演化模型。Li 等[67]提出了热-水-力-损伤耦合模型，并采用真实破裂过程的分析方法对其进行应用验证。贾善坡等[68]以热力学和弹塑性力学理论为基础，建立了热-力-损伤耦合模型及其参数演化方程，采用 ABAQUS 二次开发将理论模型应用到现场数值分析中。陆银龙等[39,69]运用损伤力学与断裂力学理论，建立了基于微裂纹演化的岩石细观蠕变损伤本构方程及破裂准则。王军祥等[70-71]建立了岩石弹塑性应力-渗流-损伤耦合模型，并通过数值模拟应用该模型对渗流场、应力场、损伤场进行了模拟。袁小清等[72]提出了受荷细观损伤和裂隙宏观损伤的概念，应用损伤力学和断裂力学理论，建立了宏细观缺陷耦合的非贯通裂隙岩体在荷载作用下的损伤本构模型。

上述学者对损伤场的引入主要从以下两个角度进行考虑：①采用室内试验的

方法分析温度场、应力场、渗流场等综合作用下岩石裂纹的萌生、扩展过程及渗透参数等的变化规律，从而建立多场耦合本构方程；②采用数学和力学公式对多场耦合控制方程进行理论推导，并将控制方程通过计算程序来实现，对试验或工程进行模拟仿真，将数值计算结果与试验或工程数据对比以分析控制方程的合理性。另外，在试验技术和研究方法方面，许多学者致力于更细观、更精细化层次的探索，光学显微镜、SEM、CT 技术的应用使得对岩石微裂纹损伤演化的直观观察成为可能，这也是岩石损伤研究的一个发展方向。例如，冯夏庭等[73]研制了应力-水流-化学耦合下岩石破裂全过程的细观力学试验系统，该系统能够对岩石破坏过程进行全场及显微放大观测、数字记录，并能给出裂纹扩展尺寸等。仵彦卿等[74]则借助CT技术对渗流与应力关系试验进行实时观测。周宏伟等[18]通过盐岩渗透性试验CT技术实时扫描，揭示了盐岩渗透率较低的细观原因。Watanabe等[75]采用CT技术得到含人工和天然裂隙的花岗岩在围压从5 MPa变化到50 MPa的图片，将得到的 CT 技术扫描结果通过 CT 数与裂纹开度的关系转化为三维裂纹分布图，进而进行数值模拟计算，分析流体在裂隙中的流动规律。

1.2.2 复合岩体损伤破裂过程研究现状

复合岩体是岩石在成岩过程中经矿物的挤压、脱水、重结晶、胶结等作用后按一定次序被沉积压实的结果。其结构形态多为层状或板状，层理、节理、片理等结构面较为发育。根据围岩赋存应力水平及层理厚度、角度的不同，该类岩体工程易发生屈曲、滑移、剪切及拉伸劈裂等破坏[76]。复合岩体的岩性和岩层组合方式对工程岩体赋存环境与围岩稳定性有较大影响。

国内外学者通过理论分析[77-80]、相似模拟[81-83]、数值模拟[84-86]、室内声发射试验[87]等方法从宏观变形和微观损伤的角度对复合岩体做了系统的研究，研究内容主要涵盖复合岩体的力学特性、变形特征、破坏准则及损伤破裂过程等，取得的成果丰富，并深化了对复合岩体的认识。例如，Tien 等[78]通过三轴试验探讨了岩块体积比、围压及层面倾角对复合岩体强度及变形的影响，据此提出了Tien-Kuo 破坏准则，采用有限差分法对试样的破坏强度和强度异向性进行了模拟分析，验证了 Tien-Kuo 破坏准则的正确性。张桂民等[82]针对我国盐岩的地质赋存特征开展了一系列物理模拟试验，以探讨夹层、倾角、界面对软硬互层盐岩变形破坏的影响规律。随后，王兵武等[83]据此试验进一步探讨了界面倾角对层状复合材料应力-应变关系、强度参数、破坏特征等的影响。熊良宵等[85]应用FLAC 3D 数值模拟对互层状岩体进行单轴压缩蠕变试验，数值分析考虑了大理岩与绿片岩的破坏强度比值、大理岩夹层的倾角及大理岩夹层的体积含量对互层状岩体破坏强度的影响。Liu 等[88]、刘杰等[89]制作了五种岩石强度的岩-煤-岩复合岩体试样，测试岩石强度对复合岩体力学行为的影响，结果表明：在煤体强度相同的条件下，岩石强度较低时，复合岩体试样的破坏裂纹会由煤体向岩石内延伸扩展，导致煤岩的整体破坏；岩石强度较高时，破裂则主要发生在煤体内。左建平等[90-92]将现场所取煤样和粉砂岩组合成 ϕ35 mm×70 mm 的复合试件，先后对其进行单轴压缩、三轴压缩和分级加卸载试验以分析复合岩体的力学、变形特性，研究成果较为丰富：①煤岩复合体的破坏主要发生在煤体内部，单轴压缩条件下煤岩复合体的破坏以劈裂破坏为主，而煤体内部的破坏裂纹可能会扩展、贯通到岩石中，从而导致岩石的破坏，并且煤岩复合体破坏后几乎完全丧失承载能力；而在三轴压缩试验中，煤岩复合体以剪切破坏为主，但破坏后仍有一定的承载能力。②分级加卸载下煤岩复合体以脆性破坏为主，与单轴压缩相比，分级加卸载作用下煤岩复合体的破坏更为破碎，且破坏强度有所提高，但轴向和环向应变却有所降低。③围压越大，煤岩复合体峰后延性特征越明显。朱卓慧等[93]也进行了煤岩复合体分级加卸载试验，并得到了类似的结论。

层状岩体一般被看作横观各向同性岩体进行理论分析，影响最为深远的是 Jaeger[77]的基于层间剪切力和层面倾角之间关系的 Jaeger 破坏准则，之后，Duveau 等[94]对 Jaeger 破坏准则进行了修改，称为广义 Jaeger 破坏准则。Tien 等[78,81]则基于 Jaeger 破坏准则和最大轴向应变理论提出了 Tien-Kuo 破坏准则，并通过室内三轴试验对其进行了验证。张桂民等[82]、王兵武等[83]结合 Jaeger 破坏准则和物理模拟试验对互层状盐岩变形破损规律进行了研究，分析了界面倾角对互层状盐岩强度特征和变形破坏模式的影响规律。层状复合岩体损伤破裂方面的研究较为薄弱，并且多不涉及岩体的损伤演化过程。例如，鲜学福等[95]理论分析了层状岩体的受力状态和变形特征，并结合试验研究了由灰岩、泥岩和砂岩“拼接”的复合岩体的应力-应变特征，指出层状复合岩体的破坏最先发生于强度最低的岩层，该破坏强度为初始强度值，最后发生于强度最高的岩层，该强度值才是最终破坏强度。刘立等[80,87,96]在此基础上引入了声发射和 SEM 扫描等研究手段从岩石微观与损伤角度对层状复合岩体做了进一步的研究，得到了层状复合岩体损伤本构方程和失稳准则。

1.2.3 支护结构作用机理研究现状

在以新奥法为主导的隧道施工建设中，支护结构多采用复合式衬砌，其中初期支护是隧道施工的关键工序和主要支护结构。初期支护主要由喷射混凝土、钢筋网片和锚杆等联合支护组成，当隧道所处围岩地质条件较差时，还可辅以型钢或格栅架。因此，在进行初期支护参数设计时，支护结构对隧道围岩的作用机理、计算力学模型、作用效果等是不得不考虑的问题。本书主要对锚杆、喷射混凝土和钢拱架（型钢、格栅架）作用的研究成果做简要回顾。

1. 锚杆支护作用机理

锚杆系统自被应用到矿山巷道支护以来，以其快速、高效、占用空间位置少、经济等优点得到工程技术人员的认可，目前已广泛应用于矿山、隧道、水利、边坡等岩土工程中。但锚杆种类繁多，锚固方式不一，作用机理复杂，工程地质赋存环境多变。以隧道工程为例，广泛应用的就有系统锚杆、超前锚杆和锁脚锚杆等。根据锚固长度的不同，锚杆锚固方式又可分为端部锚固、加长锚固和全长锚固三种。锚杆的锚固效果取决于对其锚固机理的理解，而锚杆作用机理是一个极其复杂的力学传递过程，涉及三种介质两个界面[97]。

国内外众多学者针对岩土锚固机制问题，从锚杆荷载传递机制和锚杆锚固效果两个角度[98-107]，采用理论分析、实验室模拟试验、现场原位支护试验等方法，进行了大量的研究工作。Freeman[103]通过对全长黏结锚杆在试验隧道中的应用分析，首先提出了中性点的概念，其被广泛认可和应用，但中性点的位置较难确定。Li 等[107]研究了锚杆在拉拔试验、原位各向同性变形岩体和单一节理岩体中的力学特性，提出了三种解析模型。Cai 等[98]得到了预测锚杆轴力的解析模型。Carranza-Torres[100]提出了锚杆加固隧道的闭合形式解，并通过数值分析证实了锚杆对增加隧道围压和控制围岩变形具有重要作用。陈璐等[108-109]进行了加锚岩石力学试验研究，分析了加锚岩石的力学性质和破坏特征。赵同彬等[97,110]进行了加锚岩石拉拔试验和流变试验，分析了锚杆界面剪应力的传递规律和加锚岩石的流变特性。Zhang 等[101]分析了含预制交叉裂隙的加锚岩石的力学性质，指出交叉裂隙岩石的单轴抗压强度高于单裂隙岩石。刘泉声等[111]对深部裂隙岩体锚固机制的研究现状进行了系统、全面的总结。张宁等[112]研究了锚杆对三维表面裂隙岩体的加固止裂效果。

岩体工程的失稳破坏常常与其内部的节理、裂隙等密切相关，而锚杆对节理岩体的锚固效果显著，锚杆对节理岩体的锚固作用机理也是众学者努力解决的问题之一。目前已有研究成果认为，锚杆对节理岩体的加固作用主要是增强岩体节理面的抗剪能力，阻止岩体沿节理面发生层间错动[111,113]。但影响锚杆对节理面加固效果的因素较多，如锚杆尺寸、钻孔直径、预紧力、注浆体及锚固岩体强度等，国内外学者针对这些因素做了较多的研究工作。

Bjurstrom[114]于 1974 年对花岗岩在全长锚固下的剪切性能进行了系统的研

究，指出锚杆的切向抗剪能力可显著提高节理岩体的稳定性。随后，国外学者针对影响节理岩体锚固效果的因素进行了系统而丰富的研究，主要包括岩石类型[104,115-116]、锚杆材质及力学参数、节理粗糙度[115,117-118]和锚固角度[119]等。例如，Haas[104]研究了锚杆对石灰岩和页岩剪切性能的影响，指出锚杆可提高岩体节理面的抗剪能力。Yoshinaka 等[115]通过节理岩体锚固试验分析了节理岩体抗剪刚度与锚杆数量、弹性模量、倾角、岩体变形参数和截面几何参数等的关系。Spang 等[120]研究了锚杆对节理岩体材料的抗剪作用，指出岩体的变形能力对锚固岩体的抗剪性能有着重要的影响。Ferrero[118]进行了加锚混凝土剪切试验，指出了锚杆杆体材质、尺寸和岩石类型对锚固体抗剪强度的影响。Jalalifar 等[121]通过室内剪切试验和数值模拟方法研究了不同强度岩体在不同预应力全锚锚杆作用下的荷载传递机制和力学特性，指出岩体强度和预应力大小对节理面抗剪能力、剪切位移和锚固体破坏特征均有较大影响。Kim 等[122]综合分析认为，加锚试件的力学性质与锚杆材料性质有关，但随着锚杆刚度的增加，最终影响加锚试件力学强度的最主要的因素是岩石试件自身的力学性质。Grasselli[123]分析了普通锚杆与注浆锚杆在试件抗剪试验中的作用机理，并采用数值模拟的方法进一步对现场应用进行了研究。国内学者采用实验室模拟的方法对上述问题也做了较多的研究。葛修润等[124]针对影响锚杆支护效果的影响因素，采用相似试件试验的方法针对锚杆尺寸、材料，锚杆安装角度及试件自身强度等进行了抗剪试验研究。陈文强等[125]在此基础上，建立了结构面加锚试件抗剪强度计算公式，并通过相似试件验证公式的正确性。张波等[126]研究了含裂隙岩体在试件加锚条件下单轴压缩时的力学性质，进一步验证了锚杆作用于含裂隙岩体的“销钉作用”。陈璐等[108-109]采用原岩试件加锚的方法，对原岩进行抗拉、抗压、压剪试验，对加锚试件的裂纹起裂、扩展等进行了详细的规律总结，同时验证了加锚与试件力学强度（抗拉、抗压、抗剪）增强的关系，进一步分析了加锚机理。刘爱卿等[127]采用物理模拟的方法，研究了锚杆预应力对岩体抗剪切能力的影响。张伟等[128-129]则采用实验室模拟试验（物理模拟）的方法，针对含节理面的模型材料进行加锚剪切试验研究，研究发现，普通端锚锚固方式无法限制层面剪切错动，锚杆抗剪作用是在节理面已经发生剪切错动后利用锚杆的“销钉作用”实现的。

在锚杆对层状岩体的锚固作用机理方面，杨延毅[130-131]研究了系统锚杆对层状岩体的锚固效果与机理，提出了加锚层状岩体的本构关系，并指出锚杆对岩体裂隙有增韧止裂作用，从而降低岩体损伤，提高围岩强度。杨松林等[113,132]将加锚层状岩体作为等效连续介质，推导了加锚层状岩体本构方程。他们通过对公式的分析认为，锚杆对节理岩体的加固作用主要表现在提高节理变形能力和抗剪强度两个方面。张强勇等[133]认为岩体加锚后锚杆将与围岩联合作用，将锚杆与其所加固的裂隙岩体作为损伤锚柱单元来考虑，该单元和周围损伤岩体一起构成加锚损伤岩体单元，计算时将锚柱单元的刚度叠加到相应受损岩体单元的刚度矩阵上，以此来反映锚杆对围岩变形的约束作用。杨建辉等[134]采用室内物理模拟试验对层状岩石锚固体变形过程进行研究，认为锚杆对层状岩体的锚固作用主要表现为提高了锚固体峰后承载力和锚固层韧性，对峰前力学性质影响较小。王刚等[135]认为裂隙和渗透压力的存在与变化使岩体损伤特性发生改变，变形过程中刚度降低，锚杆则可以改善岩体的力学和损伤特性，提高其刚度，他们提出用附加刚度的概念来反映锚杆对裂隙岩体的锚固作用。刘泉声等[111]、张伟等[128-129]对已有节理岩体锚杆加固理论做了全面、系统的归纳总结，指出深部裂隙岩体锚固机制的研究应综合考虑实际工程应用效果和加锚岩体的性态、加锚构件的效应等。Zhang 等[101]、张宁等[112]通过室内预制裂隙岩石加锚试验研究了含裂隙加锚岩体的力学特性和破坏特征。

2. 喷射混凝土支护作用机理

喷射混凝土技术最早应用于美国，具有施工简单、快速，早强的特点，从而得到大力发展和应用。喷射混凝土的施工方法可分为干喷法和湿喷法两种：干喷法将干拌过的水泥和骨料置于机器内，用压缩空气通过软管将材料压送至喷射面，材料水化所需的水由喷嘴部位加入；湿喷法则是先向拌和材料内加入水化所需的水，再通过设备泵送湿料，与干喷法相比具有生产率高、回弹率小、粉尘量低的优点。目前世界上70%的混凝土喷射量都是采用湿喷法施工，但我国限于混凝土喷射机的发展，湿喷法未能全面推广。

新奥法施工中，喷射混凝土常与锚杆、钢筋网、钢拱架联合使用，喷射混凝土黏结在掌子面围岩表面，可有效改善洞周围岩的性态，当其硬化时可为围岩提供一定的支撑压力，但在喷射混凝土硬化之前及其开始承担荷载的早期阶段，喷射混凝土的强度和刚度都是随时间变化的。另外，实际施工过程中，掌子面往往在喷射混凝土完全硬化之前就开始向前开挖，喷射混凝土所承受的荷载是一个与开挖速率有关的动态变化的量[136]。基于这两点考虑，常燕庭[136]将喷射混凝土的刚度看作与开挖速率及时间有关的函数。吴洪词[137]将一种新的曲线结构单元引入块体弹簧算法中，对圆形断面隧道围岩表面喷射不同混凝土衬砌的支护机理及开挖速度对喷射混凝土材料早期强度的影响进行了分析，认为开挖速度对混凝土喷层的早期强度有显著影响，并且开挖速度与早期强度之间存在最佳匹配关系。Oreste[138]应用收敛-约束法分析了喷射混凝土层的力学行为，并开发出了能够反映混凝土刚度与强度随时间变化的曲线的程序。张德华等[139]结合隧道工程，进行了一系列喷射混凝土现场试验，发现了喷射混凝土强度和弹性模量的增长规律，确定了喷射混凝土硬化速度对初期支护性能的影响规律。

在喷射混凝土的支护作用机理方面，研究最多的则是混凝土喷层对围岩力学性质、受力状态的改善作用及其对围岩的支护作用。例如，周昌达[140]通过室内试验研究了素喷射混凝土拱和配竹筋喷射混凝土拱的承载能力，发现在试验过程中喷射混凝土拱的断裂总是发生在厚度较薄的部位，指出巷道断面不同部位的喷射混凝土厚度应尽量保持一致。张德兴[141]认为隧洞开挖后锚杆立即打入，将与围岩一起发生弹塑性变形，而喷射混凝土是在开挖后一定时间施工，考虑地层的蠕变效应，喷射混凝土主要承受地层的蠕变压力。宋德彰[142]理论分析了喷射混凝土对围岩的支护作用，指出混凝土喷层可以改善塑性区围岩的受力状态，提高塑性区围岩的承载能力，有效地改善围岩岩性，从而减小洞周塑性区的范围。吴洪词[137]指出混凝土喷层的支护机理包含三个阶段，即喷层与围岩表面黏聚力支护、喷层弯曲抗力支护及薄膜效应支护。刘启琛等[143-144]总结了整体状、层状、块状、软弱四种围岩情况的锚喷支护受力机制和设计原理，并通过工程实践效果，提出锚喷支护的加固作用和支护作用的受力机制适用于任何岩体，对于坚硬块状岩体，加固作用是主要的，对于完整软弱岩石，支护作用则是主要的。韩斌等[145]通过分析传统支护理论与实践存在的不足，提出湿喷混凝土在不良岩体巷道支护中的支撑作用、充填与隔离作用及应力转化作用。孙河川等[146]以三峡工程地下厂房拱顶设计为例，研究了洞顶岩石拱结构形成及加固机理，指出锚喷支护可以提高围岩的抗压强度，激发围岩的自承能力，提高岩石接缝或不连续处的剪切强度，加固松散岩块。

此外，还有一些学者应用理论分析和现场监测等方法分析了喷射混凝土层的受力状态及其支护安全性。徐明新等[147]根据隧道施工过程中喷射混凝土层的量测位移来进行隧道结构安全性评价，并给出了支护结构截面失效功能函数及支护内力计算公式。付成华等[148]提出了喷层支护节理岩体的流变模型，并在此基础上推导出了喷层支护节理岩体的本构关系，建立起一种喷层支护节理岩体等效力学模型。文竞舟[149]、文竞舟等[150]根据喷射混凝土支护隧道围岩的界面力学特点，考虑喷层与围岩结合界面的受力和变形协调关系，并结合围岩承载拱效应，建立了围岩喷层结构的复合曲梁共同承载模型。Wang 等[151]通过试验研究了干湿循环条件下硫酸盐对喷射混凝土的侵蚀性。李文秀等[152]针对软岩隧道提出采用喷射活性粉末混凝土单层衬砌取代复合式衬砌，通过试验和数值模拟分析发现，喷射活性粉末混凝土单层衬砌可提高软岩地层隧道的承载和防水能力，改善隧道环境。李洪泉等[153]根据支护测量位移推导了格栅架喷混凝土的内力计算公式。

3. 钢拱架支护作用机理

型钢和格栅架是隧道工程中最为常用的两种钢拱架，两者各有优缺点。型钢拱架刚度大，承受初期受力的能力强，但其与喷射混凝土的热膨胀系数不同，温度变化时，易沿型钢钢架产生收缩裂缝，并且型钢背后的喷射混凝土的充填密实度差，影响支护效果；格栅架则与喷射混凝土的接触面积大、黏结效果好，不会出现上述收缩裂缝，而且也不容易出现背部空洞现象[154]。目前针对两者在不同地质条件下的支护效果尚存在较大争议[155]，也一直是研究的重点所在。

谭忠盛等[156]和李健等[157]针对郑西高速铁路大断面黄土隧道，进行了不同钢拱架形式的作用机理研究，现场试验结果表明，型钢和格栅架初期支护变形相当，但格栅架围岩-初期支护接触压力的分布较为均匀。根据黄土隧道围岩级别的差异宜选用不同的钢拱架，IV 级黏质老黄土大断面隧道采用格栅架经济性更好，施工速度更快，V 级砂质新黄土大断面隧道宜选用型钢钢架支护，并且喷射混凝土厚度需达 35 cm。

曲海锋等[154]以广州龙头山隧道为试验背景，通过对现场监测数据的分析，得到了钢拱架支护下的初始释放荷载规律及两种支护结构的承载力随时间的变化规律。他们指出，钢拱架适用于地质条件极差的地段，当初始20 h内释放的荷载大于 0.1 MPa 时，应选用钢拱架初期支护形式，小于 0.1 MPa 时，应选用格栅架初期支护形式，为了提高整体刚度，可以加密格栅之间的间距。

沈才华等[158]认为钢拱架在柔性支护中起到骨架受力作用，应用力学原理，对钢拱架弯矩与轴力进行计算，结合隧道开挖中事故发生过程的特点，分等级判别安全性，提出了钢拱架锚喷支护安全性预测判别方法。

刘波等[159]采用有限元法分析了不支护、锚喷支护、钢拱架与锚喷联合支护等不同支护情况下导流隧洞围岩的位移、应力分布情况，并计算了喷层、锚杆和钢拱架的应力分布。结果表明，与普通锚喷支护相比，将钢拱架与喷层、锚杆组成联合支护体系能够对围岩变形提供直接抗力。

文竞舟等[160]建立了含有钢拱架和喷射混凝土的隧道复合初期支护的地基曲梁力学模型，并运用地基曲梁相关理论，通过现场监测的钢拱架应力推求了隧道复合初期支护内力解析式，从而迅速得到隧道支护结构的应力集中部位。

王克忠等[161]基于复合支护力学作用机制的研究，分析了钢拱架在初期支护中的应力及变形特性，并结合工程实例研究了复合支护中钢拱架、钢筋网和喷层所分担的围岩压力比例。

由此可见，以往针对钢拱架的支护作用机理的研究多以现场监测和数值模拟分析为主，所得结论与其所处工程背景密切相关，普适性较差。室内试验研究则可以更好地控制试验条件和研究变量，更有利于对钢拱架支护作用机理进行全面的研究和分析，而目前这方面的研究成果较少，如陈锋宾[155]通过型钢和格栅架室内对比试验，以结构受力为出发点，分析了这两种支护形式的受力特征、破坏特性和极限承载力的异同。郑刚等[162]对 8 根型钢水泥土组合试验梁进行了抗弯试验，对比分析了型钢水泥土组合试验梁的截面含钢率、加载方式及减摩剂等对组合梁抗弯工作性能、型钢与水泥土之间相互作用的影响。

1.2.4 开挖损伤区研究现状

开挖损伤区是开挖和应力重分布所引起的围岩力学、水力及化学等特性发生变化的区域，于20世纪80年代核废料储藏工程的安全评价中受到重视，并在世界范围内开展了一系列国际重大现场试验研究项目，如 DECOVALEX 项目[163-165]，英国、法国、瑞典联合开展的开挖扰动试验研究项目[166-167]，以及日本核循环发展研究所开展的开挖损伤区现场试验[168]。现场试验项目采用声发射、微震、超声波、多点位移计等方法对开挖前后的洞室进行监测，以分析开挖损伤区分布范围和深度，并对试验区进行现场采样，在室内测试岩石的力学特性、内部组分等，分析开挖损伤区的形成发展与岩性、岩石组构等的关系。

开挖损伤区的影响因素较多，目前已有研究在开挖损伤区检测、围岩岩性、岩石组构、原岩应力、开挖方法等方面已经有了一些认识。在开挖损伤区的现场检测方面，以声发射、微震和超声波最为常用，Falls 等[169]介绍了声发射和超声波在加拿大原子能公司地下工程实验室与瑞典 SKB 公司开挖扰动试验研究项目中的应用。通过监测结果，分析了坚硬岩石（花岗岩）所处地应力及开挖方法对开挖损伤区的影响。Schuster 等[170]总结了微震在黏土层开挖损伤区检测的应用，检测出开挖损伤区深度在 0.6～2.2 m 波动，平均深度约为 1.0 m。Young 等[164]采用微震和声发射监测了加拿大地下工程实验室的开挖损伤区，并应用超声波识别了开挖损伤区在发展过程中围岩性质（如裂纹密度）的变化。Pettitt 等[166]应用微震和超声波监测了瑞典地下实验室硬岩的开挖损伤区的发展过程。Cai 等[171]根据微震事件监测数据得到的裂纹长度、密度及分布情况提出了开挖损伤区定量评估方法。Malmgren 等[172]通过开挖损伤区微震监测发现，开挖损伤区岩石的弹性模量为非扰动区岩石的 50%～90%。另外，近年来又有学者采用了地质雷达[3]和钻孔窥视[173]的方法，也取得了较好的效果。

开挖损伤区的岩石力学性质、内部结构、温度、渗透特性等的改变对水、气流动，核素迁移等有着较大的影响，是地下核废料储存工程研究的重点。

Pardoen等[2]研究了通风巷道开挖损伤区中渗透演化与水分迁移的规律。Martino等[174]指出除原岩应力、隧道形状、开挖方法、岩石内部成分对开挖损伤区有影响外，温度、孔隙水压的改变及隧洞接近岩体的开挖均会影响开挖损伤区的发展。Everitt等[165]还指出结构面对开挖损伤区有着较大的影响，并通过现场取样研究发现即使像花岗岩这样的致密坚硬岩体，其内部也含有较多结构面，从而导致花岗岩体的力学、变形性质的各向异性。开挖后开挖损伤区的发展过程与岩体的这种各向异性密切相关，有的结构面甚至对开挖损伤区的发展方向起着控制作用。Bossart等[167]调查统计了开挖损伤区的结构面和水文地质信息，但没有探讨结构面和水文地质间的相互作用机理及其对开挖损伤区的影响过程。

1.3 本书的主要内容

基于上述论述结果，本书的主要研究内容如下。

（1）含水页岩基本力学特性及损伤破裂过程研究。在现场掌子面取样，并于室内加工处理后分别进行了单轴压缩、三轴压缩、巴西劈裂及分级加载蠕变试验，研究不同层理倾角、不同含水率页岩的基本力学特性，试验过程中同步进行声发射试验，并对试验后的试件进行CT技术扫描，得到了页岩的变形破裂特征和损伤演化规律。

（2）页岩各向异性及损伤本构模型研究。根据室内试验得到的页岩力学参数，分析了不同层理倾角、不同含水率页岩的强度特征、力学特性和破裂模式的各向异性，研究了不同层理倾角、不同含水率页岩的变形特性、破坏准则，并建立了页岩的损伤本构模型。

（3）层状复合岩体损伤特性研究。通过层状复合岩体单轴压缩试验，借助声发射和CT技术探究了不同组合方式与体积比的复合岩体损伤破裂过程，并通过CT图像分析了不同组合方式下复合岩体的损伤破坏程度和复合岩体不同部位的损伤规律，引用分形理论分析了破坏后复合岩体不同部位的分形特征。

（4）支护结构作用机理研究。针对现场锚杆、钢拱架和喷射混凝土等支护结构失效的问题，设计室内物理模拟试验，进行了加锚试件单轴压缩试验和钢拱架-组合梁抗弯性能试验，分析了加锚试件力学特性、变形特征及锚杆和钢拱架对层状岩石强度的增强作用机理。随后，进行了含孔洞加锚岩石单轴压缩试验，分析了毛洞、系统锚杆支护、钢花管支护、系统锚杆+喷射混凝土支护、钢花管+喷射混凝土支护、系统锚杆+喷射混凝土+钢拱架支护、钢花管+喷射混凝土+

钢拱架支护七种支护情况下含孔洞加锚试件的力学特性，得到了锚杆、喷射混凝土、钢拱架对隧洞的支护作用机理。对破裂试件进行 CT 技术扫描，分析其内部裂隙分布情况，得到了锚杆对岩石内部裂纹的遏制作用机理。

（5）开挖损伤区检测研究。为对支护结构设计提供参考，提出了基于室内岩石力学试验结果的开挖损伤区理论预测方法，并在马嘴隧道现场综合应用地质雷达和岩体三维超声成像检测技术对开挖损伤区进行检测，并对理论预测结果与现场检测进行了对比验证。

本书将通过室内试验、理论分析、数值模拟等研究方法展开工作，首先通过室内试验研究层状页岩（第 2 章）和层状复合岩体（第 4 章）的力学及损伤特性，根据试验结果建立页岩的损伤本构模型，进而理论推导渗流-应力-损伤耦合模型（第 3 章）。然后在对层状岩石力学、损伤特性认识的基础上设计层状岩石的加锚试验，通过室内物理模拟试验和 CT 技术研究支护结构对层状岩体的支护作用机理（第 5 章），并通过室内试验和数值模拟分析不同支护结构作用下层状含孔洞岩石的损伤破裂特性（第 6 章）。最后通过隧道工程现场开挖损伤区的检测对试验所得理论模型进行验证（第 7 章）。具体技术路线见图 1.4。

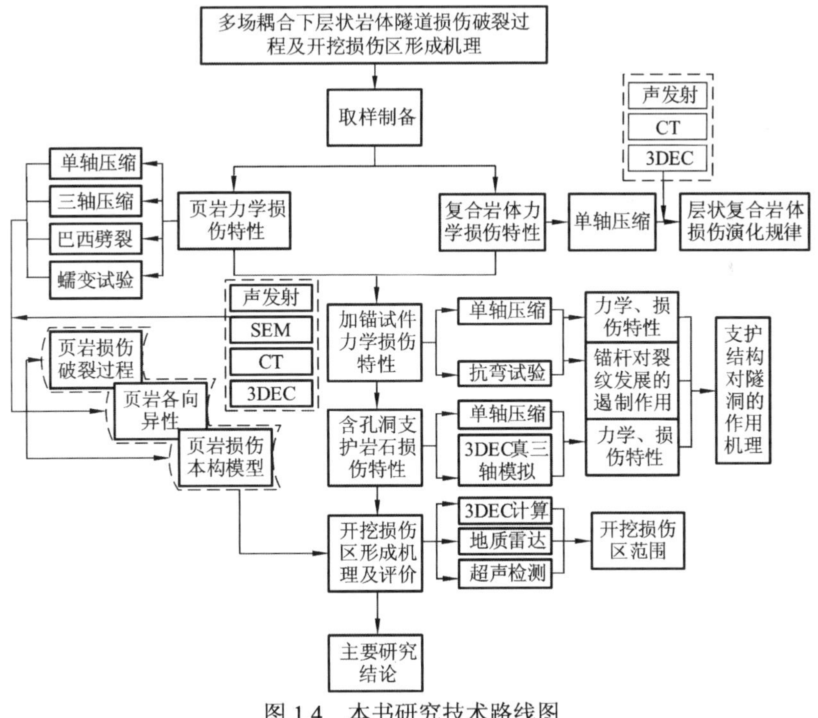

图 1.4　本书研究技术路线图

3DEC 为三维离散元软件

第2章 层状含水岩石损伤特性

2.1 引 言

页岩在西南地区分布较广[7]，其层理发育，强度受矿物成分含量、排列方式及胶结程度影响较大，各向异性显著，遇水更易劣化，极易引发工程问题[8-9]。研究含水页岩损伤破坏过程及其特征对认识层状含水隧道变形破坏过程有极大的帮助，可为现场隧道支护方案提供指导，为未来西南地区公路隧道建设提供有力的技术支持。

由于页岩气的丰富储量和可观开采前景[175]，近年来国内外学者针对页岩的研究主要集中在分析其吸附特性、变形特征及强度的各向异性上[176-180]。研究内容由宏观走向微观，研究手段也朝多元化发展，借助理论分析、力学试验、X射线衍射、SEM 扫描及数字化分析等综合研究方法使得对页岩的矿物组成和力学特性有了一个更全面、深刻的认识。

页岩在压密胶结的成岩过程中形成了较多层理、裂隙等结构面，这些结构面的存在往往决定着页岩的强度特征。国内外学者对此进行了较多的研究工作。Rybacki 等[178-179]综合采用多种分析方法全面分析了欧洲地区黑色页岩的力学特性，指出了矿物成分、温度、含水率、孔隙率、荷载方向等对黑色页岩强度参数的影响规律。衡帅等[180]、Cho 等[181]、侯振坤等[182]、陈天宇等[183]研究了不同层理角度页岩的各向异性，并得出了类似的结论。魏元龙等[184]分析了重庆彭水含天然裂隙页岩在单轴压缩下的变形破坏特征，指出天然裂隙使页岩性质局部劣化，从而导致了屈服应力、破裂应力和峰值强度等的减小。侯鹏等[185]利用自行改造组装的高压气体压力系统研究了层理方向对重庆彭水黑色页岩变形、强度、声发射特征和破坏形态的影响。水是影响页岩特性的另一个重要因素。水对岩石的损伤是物理、化学、应力等相互作用的过程，作用机理极为复杂，各因素对岩石劣化的程度很难量化[186-187]，而页岩层理的存在使这一问题更为复杂。Rybacki 等[178]通过研究得出了含水率越高，页岩的强度和弹性模量越低的结论。杨彩红等[188]通过不同含水状态下的页岩三轴蠕变试验分析了含水率对页岩蠕变的影响规律。邓华锋等[189]研究了砂岩在水岩作用下的劣化效应和机制。胡昕等[190]

通过不同含水率的单轴压缩试验分析了含水率对红砂岩变形和强度特性的影响，并建立了反映含水率影响的红砂岩损伤统计模型。

以上学者着重研究了矿物成分及其排列方式、温度、层理、含水率等对页岩强度和变形特性的影响，没有关注层理对页岩损伤破坏过程的影响，也极少讨论水与层理对页岩的损伤劣化机理。本章通过室内力学试验、声发射及数值模拟试验，结合层状页岩细观试验结果，分析不同层理角度、不同含水率下页岩在常规岩石力学试验及分级加载蠕变试验下的力学、变形特性和损伤破坏过程。

2.2　试验研究工程背景

重庆南川至贵州道真高速公路马嘴隧道设计为双向四车道，全长 3 711 m，最大埋深 441 m。由野外调查、钻探、物探声波测试和室内试验资料可知，隧址区处于四川盆地东南缘，大娄山脉的北西侧地区，构造上属新华夏构造体系的新洲褶皱带。隧道穿越的地层主要为第四系（Q）残坡（崩坡）积层、下志留统（S_1）页岩和中上奥陶统（O_{2+3}）灰岩。隧址区延伸大、贯通性好的构造裂隙多发育在灰岩等脆性硬质基岩中，但中风化带裂隙间距一般较大，裂隙不发育。页岩等软质岩构造裂隙延伸小，但在局部有密集、短小的分布特征，使局部岩体较破碎。地下水类型主要为孔隙潜水、风化裂隙水和岩溶裂隙水。马嘴隧道穿越金佛山向斜末端，隧道基本垂直穿越金佛山向斜[图 2.1（a）]。

隧道在穿越页岩段施工时经常出现拱顶喷射混凝土开裂、掉块现象，部分洞段变形较为严重，拱顶沉降值可达 28.6 cm，底鼓量达 12.5 cm，导致格栅钢拱架扭曲变形、底板隆起开裂。对现场变形最为严重的 ZK17+320～ZK17+475

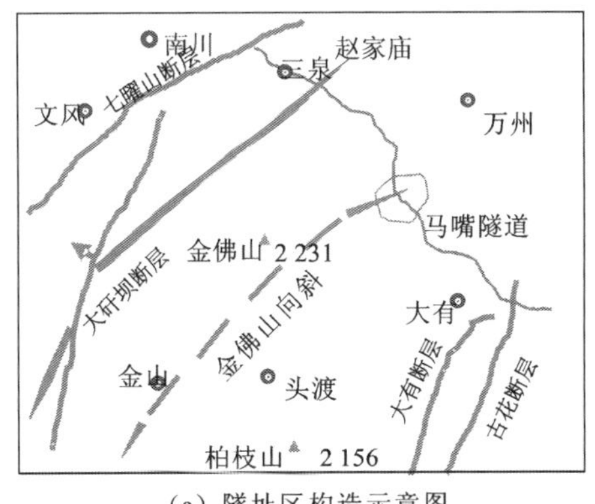

（a）隧址区构造示意图

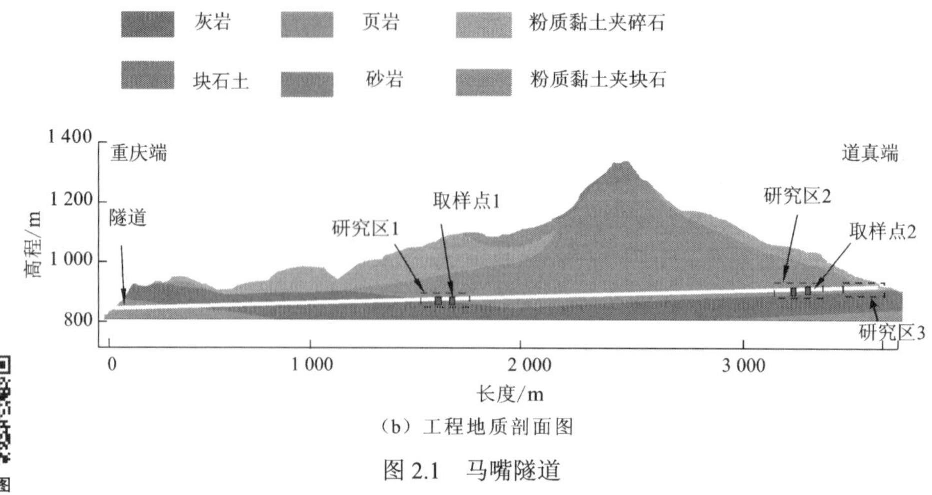

（b）工程地质剖面图

图 2.1　马嘴隧道

扫一扫 看彩图

段[图 2.1（b）中研究区 1]和 ZK19+300～ZK19+420 段[图 2.1（b）中研究区 2]进行初步调查发现大变形段具有如下特征。

（1）层理发育，层厚较薄。大变形段围岩拱顶均为页岩，层理较为发育，且厚度较小，拱顶部位的岩层厚度平均只有 10～20 cm，层间含胶结物[图 2.2(a)]，层理倾角为 2°～3°。

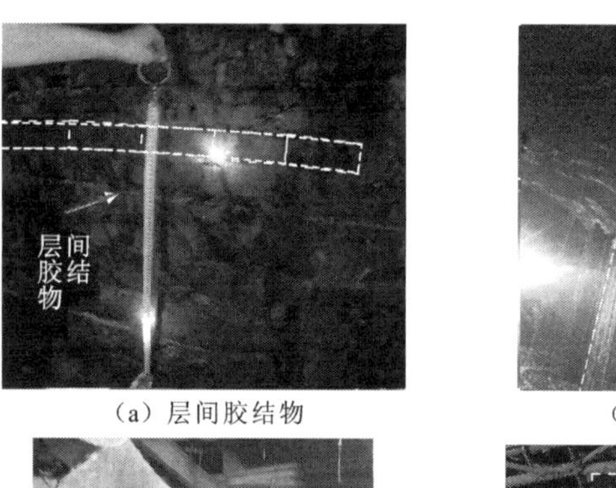

（a）层间胶结物

（b）裂隙水涌出

（c）掌子面积水

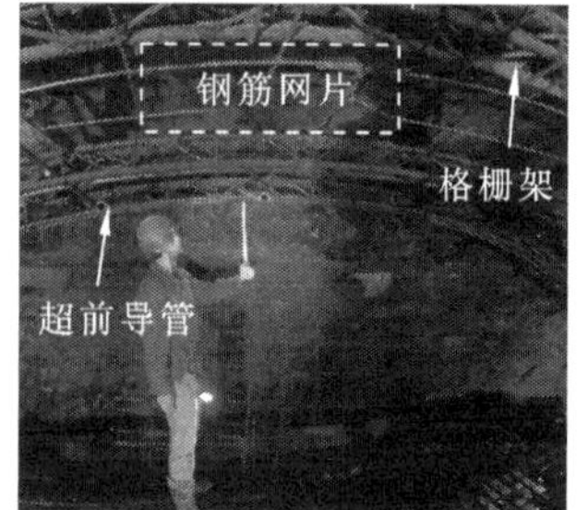

（d）锚网喷辅以超前导管和格栅架支护

图 2.2　大变形段掌子面地质、水文及支护情况

（2）赋存围岩均为层状复合岩体。研究区 1 为隧道洞身岩体由灰岩向页岩逐渐过渡段，灰岩向底板处逐渐尖灭，页岩由拱顶逐渐显露。研究区 2 发生底鼓，底板以下 5 m 处为灰岩。由此可见，大变形段围岩均可看作页岩和灰岩的层状复合岩体。

（3）裂隙水发育。大变形段洞内裂隙水呈股状或淋状涌出[图 2.2（b）]，在对掌子面涌出水进行昼夜抽排的情况下，研究区 2 掌子面的积水深度仍达 20 cm [图 2.2（c）]。

（4）支护刚度弱。研究区围岩均为 IV 级，原设计初期支护均为锚网喷辅以超前导管和格栅架支护[图 2.2（d）]，在发生了如图 1.1（b）所示的格栅架扭曲变形后变更为 16#工字钢，虽不再出现严重的钢拱架变形现象，但拱顶喷射混凝土开裂、掉块现象仍频繁出现。

由研究区上述四个特点可以发现，要探究研究区围岩失稳的原因，至少需要深入研究层理、水、岩层组合方式、支护结构四个因素对围岩力学、变形特性的影响及各因素间的相互作用机理。本章即通过室内试验和数值模拟相结合的方法来分析层理和水对页岩力学、变形特性的影响，岩层组合方式和支护结构将在第 4 章和第 5 章中讨论。

2.3　试验方案设计

2.3.1　试样采集及制备

试样取自如图 2.1（b）所示的取样点 1 和取样点 2，是下志留统龙马溪组页岩，呈黄灰色、黑色，页理状构造。将现场选取的隧道内同一掌子面的完整新鲜岩块带回实验室进行取心，取心之前先将现场带回的岩块在切割机上切割成如图 2.3 所示的水平层理长方体岩体，再用 SC300 自动取芯机进行取心，SC300 自动取芯机可调整钻取速度，由于页岩取心率较低，钻取速度不宜过高，一般取 2 mm/min。取心时钻头的钻取方向分别与岩块层理面成 0°、30°、60°和 90°夹角以分别得到层理角度为 90°、60°、30°和 0°，直径为 50 mm 的岩心。另外，选取现场层理较厚的岩块，钻取一组不含层理的岩心作为对比。取心后对试件进行分组摆放并切割打磨，最后加工成 ϕ50 mm×100 mm 和 ϕ50 mm×25 mm 两种试件，其两端面平行度为±0.02 mm。试样制备过程及制取的试样见图 2.3。

将试件分组，分别做如下处理：①在烘干机内 105 ℃下烘 24 h，作为烘干岩样；②自然晾干，作为天然岩样；③在烘干机内 105 ℃下烘 24 h，然后在水中浸泡

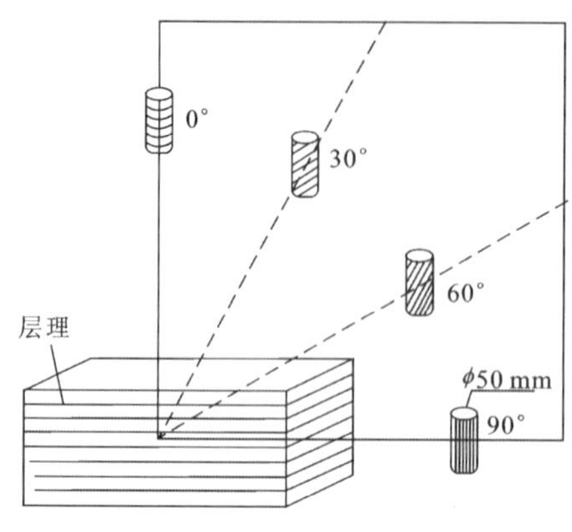

（a）试样制备过程

（b）制取的试样

图 2.3 研究区含层理页岩取心过程

48 h，作为不饱水岩样；④在烘干机内 105 ℃下烘 24 h，然后在水中浸泡 120 h，作为饱水岩样。处理后测得的上述四种试件的平均含水率 ω 为 0、1.8%、2.7%、3.4%。试件加工及处理设备见图 2.4。

（a）SCQ-1型自动切割机

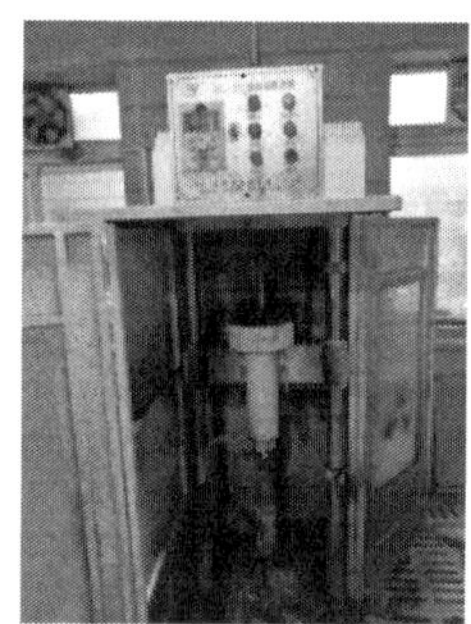

（b）SC300自动取芯机

（c）M250打磨机

（d）鼓风干燥机

图 2.4 试件加工及处理设备

2.3.2　室内岩石力学试验方案

1. 单轴压缩试验

选取制备好的四种含水状态五种层理的岩样进行单轴压缩试验，试件编号及其层理与含水状态见表 2.1。

表 2.1　试件编号及其层理与含水状态

层理角度/（°）	烘干	天然	不饱水	饱水
不含层理	S1-1	S1-2	S1-3	S1-4
0	S2-1	S2-2	S2-3	S2-4
30	S3-1	S3-2	S3-3	S3-4
60	S4-1	S4-2	S4-3	S4-4
90	S5-1	S5-2	S5-3	S5-4

进行单轴压缩试验时以轴向位移为控制指标，以 0.1 mm/min 的速度加载试件直至破坏。单轴压缩过程中同步进行声发射实时定位试验。

试验过程中的声发射信号采用美国声学物理公司生产的 PCI-2 声发射系统进行采集。声发射试验检测门槛值设为 40 dB，定时参数设置为峰值鉴别时间 PDT=50 μs，撞击鉴别时间 HDT=200 μs，撞击闭锁时间 HLT=300 μs，采集频率取为 140 kHz。试验将 8 个传感器探头均匀布置在试件两端，探头与试件间涂抹凡士林以增强贴合效果。声发射传感器布置方式见图2.5。试验前，先用签字笔敲击试件以模拟信号源，观察各探头通道的反应，确保各探头正常后方可进行试验。

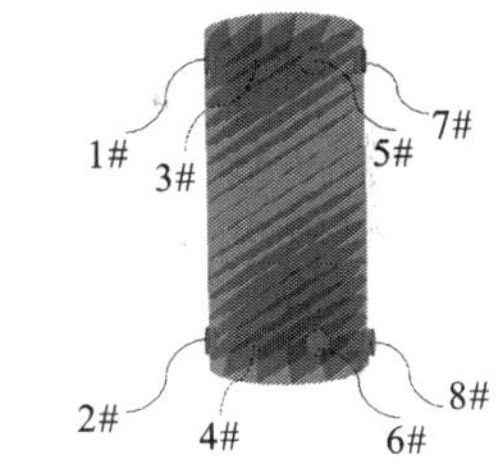

图 2.5　声发射传感器布置示意图

2. 三轴压缩试验

岩样层理角度及含水状态选择与表 2.1 相同。围压分别取 5 MPa、10 MPa、20 MPa。将轴向位移作为控制指标，以 0.1 mm/min 的速度加载试件直至破坏。

3. 巴西劈裂试验

选取四种含水状态的岩样，沿与层理成 0°、30°、60°和 90°夹角的方向进行加载，岩样见图 2.6。加载与层理角度见图 2.7。

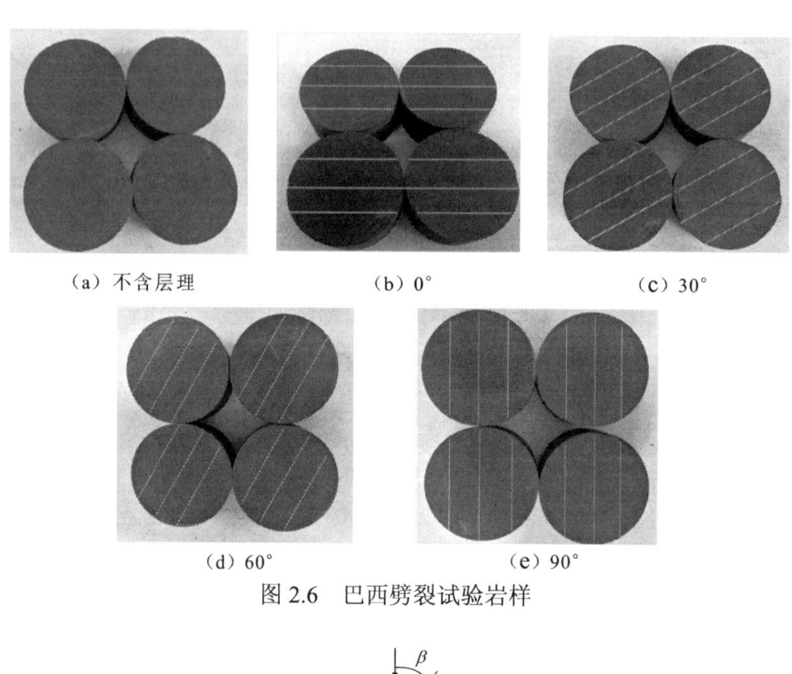

(a) 不含层理　(b) 0°　(c) 30°　(d) 60°　(e) 90°

图 2.6　巴西劈裂试验岩样

图 2.7　不同层理角度加载示意图

β 为层理角度

加载方式：将轴向位移作为控制指标，以 0.05 mm/min 的速度加载试件直至破坏。

4. 分级加载蠕变试验

岩石的蠕变试验加载方式可分为分别加载和分级加载两种，分别加载能够直接得到岩样的蠕变全过程曲线，但需要保证仪器、试验条件、试件等完全相同，这在实际操作中往往是难以做到的，而分级加载是对同一试件加载不同级别的应力，既能保证试件性质的均匀性，又能节省大量的时间，因此，试验采取分级加载的方式。

Griggs[191]于 1939 年对灰岩、页岩和砂岩等岩石进行了一系列蠕变试验，认为岩石在荷载达到其抗压强度 σ_c 的 12.5%～80.0%时就发生蠕变。因此，试验根据单轴压缩试验所得的结果，将第一级荷载设定为 10%σ_c，然后按 20%σ_c、30%σ_c、40%σ_c 等分级加载。加载至高应力阶段后，当蠕变轴向变量大于 0.001 mm/h 时，下一应力级别取提高 5%σ_c。各级荷载的持续时间不小于 12 h，且当应变增量小于 0.001 mm/h 时，认为该级荷载所产生的蠕变已基本稳定。每级荷载的加载速率为 30 N/s，加载过程中数据采集的频率为 100 次/min，加载后 30 min 内为 1 次/min，之后为 0.1 次/min。

2.3.3　细观试验方案

页岩的变形、力学特性及其渗透规律除与其所处的应力、温度、化学等物理环境有关外，其内部矿物成分、矿物排列方式、原生微裂纹等也对其性质有着重要的影响[192-193]，随着光学显微镜、SEM、CT 技术等的发展，对岩石的这种内部微观世界的窥视成为可能。本书通过场发射 SEM（TESCAN MIRA3）来分析页岩内部的矿物成分、排列方式和原始损伤等，从而为从岩石细观损伤角度分析常规力学试验的结果提供依据。

CT 技术可以清晰、准确地检测出物体内部结构和原始缺陷，具有快速、清晰、无损检测等优点。试验前后采用德国西门子 SOMATOM Scope 型 X 射线螺旋 CT 机对试件进行无损扫描，检测试件内部裂隙的发育及分布情况。CT 机的空间分辨率为 0.35 mm×0.35 mm，密度对比分辨率为 3 HU，扫描层厚为 0.75 mm。已有研究[194-195]表明，该 CT 机可以满足岩石细观损伤研究尺度(10^{-4} m)的需要。细观试验设备见图 2.8。

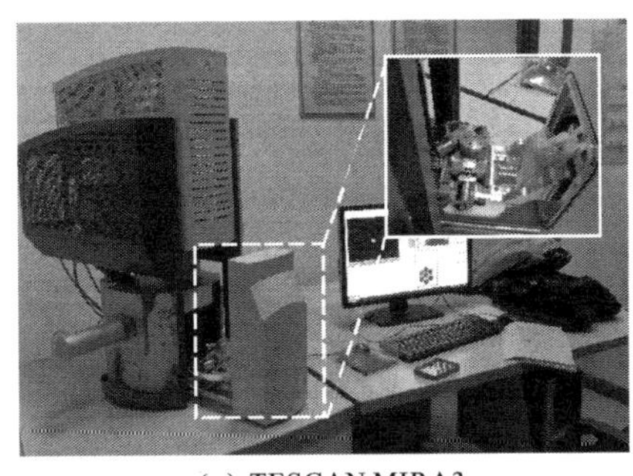

(a) TESCAN MIRA3

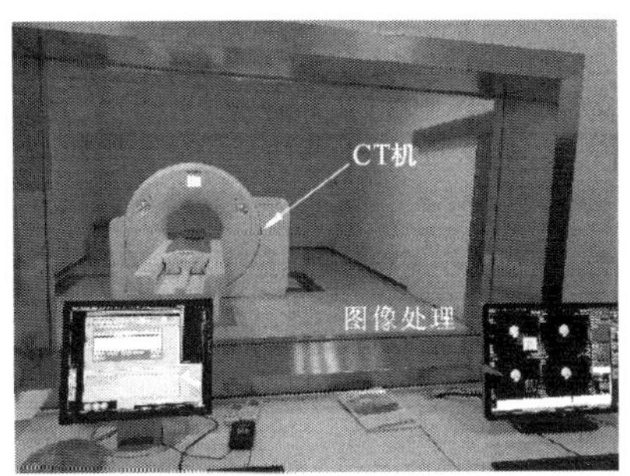

(b) CT机

图 2.8　细观试验设备

2.3.4 数值模拟试验方案

页岩在成岩过程中形成的裂隙、层理等结构面使得连续介质力学方法在其力学分析中的应用受到了极大限制。而非连续介质力学方法，尤其是应用广泛的离散元法则可以很好地分析非连续问题[196-199]。采用美国 ITASCA 公司研发的三维离散元软件 3DEC 来分析含水率及层理角度对页岩应力、变形的影响规律。

建立不含层理，层理角度分别为 0°、30°、60° 和 90° 共五种数值模型，模型尺寸分别为 ϕ50 mm×100 mm、 ϕ50 mm×25 mm，如图 2.9 所示。不同含水率下页岩的岩石力学参数也不同，因此，为考虑含水率对页岩破坏规律的影响，所建立的五种数值模型所采用的块体力学参数也不同，块体力学参数根据室内试验结果选取。层理的力学参数如内摩擦角、内聚力、剪胀角、抗拉强度及法向和切向刚度等一般可以通过室内试验（即三轴压缩或直剪试验）获得，也可以通过试算法获得。对于一组等间距的层理，可以采用式（2.1）对其刚度进行估算，有时运算中为了提高计算效率，层理的刚度应小于 10 倍的其相邻块体的等效刚度，即式（2.2）[200]。本书层理的力学参数采用式（2.2）结合试算法进行估算。

$$\begin{cases} k_n = \dfrac{E_{\mathrm{m}} E_{\mathrm{r}}}{s(E_{\mathrm{r}} - E_{\mathrm{m}})} \\ k_s = \dfrac{G_{\mathrm{m}} G_{\mathrm{r}}}{s(G_{\mathrm{r}} - G_{\mathrm{m}})} \end{cases} \tag{2.1}$$

式中：E_{m}、E_{r} 分别为岩体、岩石的弹性模量；G_{m}、G_{r} 分别为岩体、岩石的剪切模量；s 为层理间距；k_n 为层理法向刚度；k_s 为层理切向刚度。

$$k_n\ , k_s \leqslant 10.0\left[\max\left(\frac{K + 4/3G}{\Delta z_{\min}}\right)\right] \tag{2.2}$$

式中：K、G 分别为层理相邻块体的体积模量、剪切模量；$\Delta z_{\min}$ 为层理相邻块体在法向的最小宽度。

（a）单轴和三轴压缩试验

（b）巴西劈裂试验

图 2.9　3DEC 试验数值模型

模型下边界固定，在上边界加载，加载速率为 0.1 mm/min。

2.4　页岩微结构

图 2.10 为页岩层理处 SEM 图像，选取层状特征最为明显的区域观察其在 100 μm、20 μm、5 μm 和 2 μm 四个尺度下的形貌特征。由图 2.10 可见，层理处的矿物排列具有很好的方向性，沿层理方向分布有较为密集的微孔隙、裂隙，微孔隙、裂隙主要发育于石英、片状伊利石、碳酸盐等矿物颗粒间。推测页岩内部

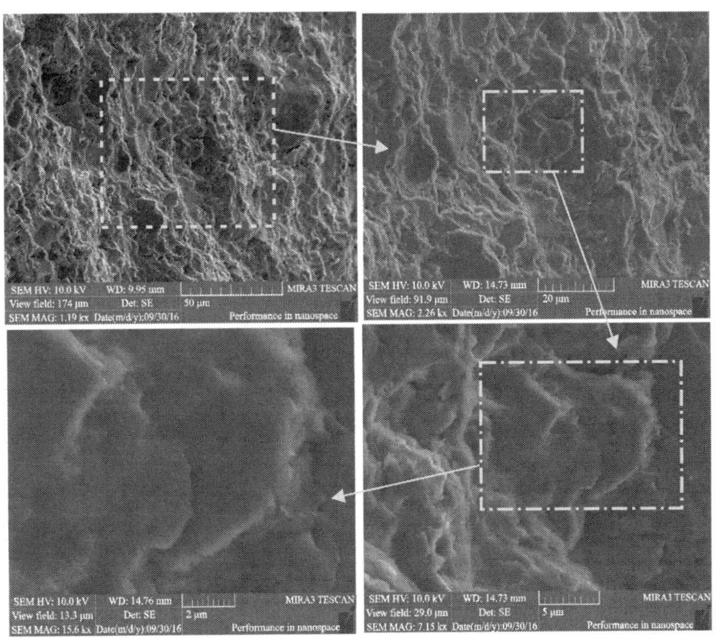

图 2.10　页岩层理处 SEM 图像

的原生微孔隙、裂隙是页岩在成岩过程中矿物颗粒被长期的地质沉积挤压，黏土矿物脱水，伊利石、长石等矿物溶蚀作用的结果。矿物颗粒垂直于沉积挤压方向定向排列，并沿颗粒边界形成原生微裂纹，不稳定矿物则在溶蚀作用下形成微小孔洞。

图2.11为远离页岩层理部位的SEM结果，任选一部位分别观察其在100 μm、20 μm、5 μm和2 μm四个尺度下的形貌特征。由图2.11可见，相比于原生微裂纹，该研究区域的微孔洞更为发育，且微孔隙、裂隙的分布不具有明显的方向性。另外，在该研究区域观察到了由黄铁矿颗粒紧密堆集构成的集合体，其呈蜂窝状分布，直径约为2 μm，黄铁矿集合体附近发育有较密集的微孔洞。

由此可见，页岩内部矿物颗粒的排列、原生微裂隙、孔隙等结构信息可以反映出页岩在成岩过程中的受力方向、化学溶蚀作用等，通过这些成岩历史信息可以分析、推算页岩在荷载作用下的力学特性及其损伤破裂演化过程。

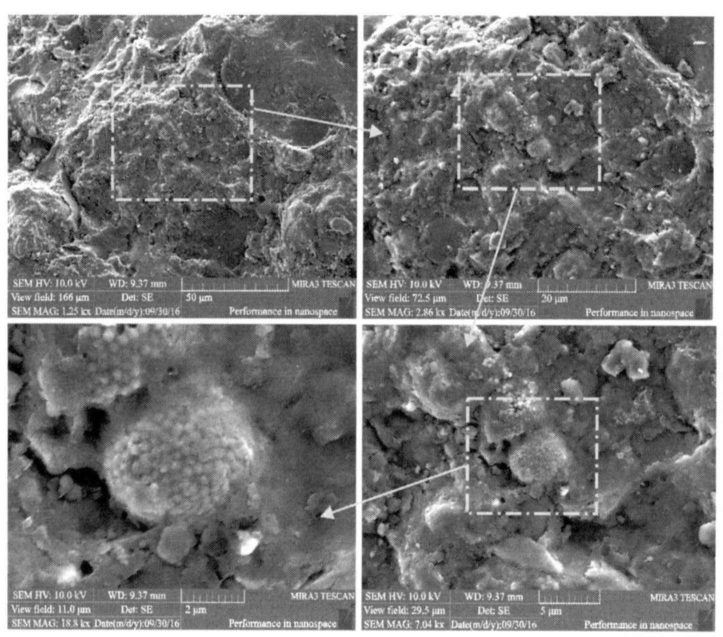

图2.11　页岩非层理处SEM图像

2.5　单轴压缩试验结果

单轴压缩时，页岩破裂模式与其强度、层理角度和加载速率等多个因素有关。Rybacki等[178]将黑色页岩破坏模式分为轴向劈裂破坏、单破裂面剪切破坏和共轭剪切破坏，并根据页岩应力-应变曲线提出其变形具有脆性、较低的弹性应变硬化及突然破坏的特点。衡帅等[180]根据层理角度将页岩破坏机制分为四种：①张拉劈裂破坏；②滑移剪切破坏；③贯穿层理和沿层理剪切破坏；④贯穿层理张拉破坏。他们认为层理弱面是页岩单轴压缩破坏各向异性的主要原因。

上述研究均利用试件破坏形态从宏观角度对页岩破裂模式进行分类，并未考虑页岩内部矿物成分种类、颗粒大小、矿物排列方向及加载方向与岩石内部微裂隙方向的关系等对页岩破坏过程和破坏模式的影响。实际岩石内部多含有许多原生微裂隙，在荷载作用下，原生微裂隙被逐渐压密或扩张发展成为新的裂隙，与其他裂隙连通并进一步发展直至破坏。试件的加载破坏过程即原生裂隙的压密、扩张，次生裂隙的萌生发展及各裂隙间的相互连通过程。裂隙的萌生、扩张、连通过程往往又与岩石矿物成分、矿物排列方式及加载方向密切相关。Rybacki 等[178]虽对欧洲不同地区的页岩进行了 SEM 扫描（图 2.12），分析了页岩在荷载作用下变形前后的微结构，指出页岩内部存在较多原生微裂隙及孔隙结构，宏观裂隙常沿矿物边界发展，但他们未指出原生微裂隙分布与层理方向的关系，也未讨论页岩内部矿物成分的不均性问题，更未研究加载方向与岩石裂隙发展的关系。本书从以上几个角度对页岩 SEM 结果进行如下深入分析。

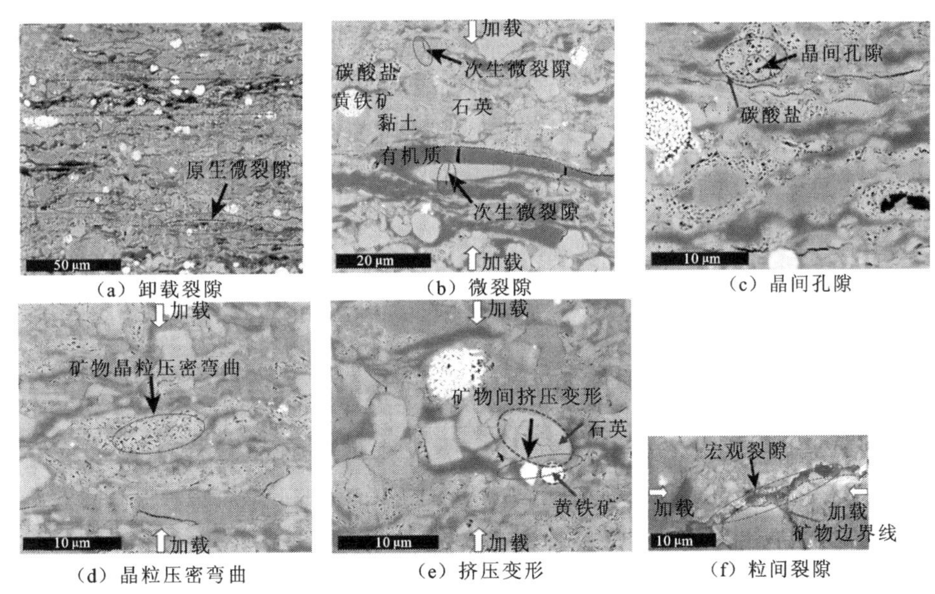

（a）卸载裂隙 （b）微裂隙 （c）晶间孔隙

（d）晶粒压密弯曲 （e）挤压变形 （f）粒间裂隙

图 2.12 加载前后页岩的微结构（改自文献[178]）

图 2.12 为水平层理页岩[图 2.12（a）～（e）]及垂直层理页岩[图 2.12（f）]加载变形前后的微结构。层状页岩含较多原生微裂隙[图 2.12（a）]，微裂隙沿层

理方向密集延伸分布形成微裂隙群，即层理弱面。施加荷载后，垂直于荷载方向的原生微裂隙压密闭合，平行于荷载方向产生较多次生微裂隙[图 2.12（b）]。矿物成分不同，晶体孔隙结构也不同，如碳酸盐矿物晶间孔隙较大[图 2.12（c）]，荷载作用下晶粒被压密弯曲[图 2.12（d）]，而黄铁矿与石英孔隙较小，荷载作用下两者发生挤压变形[图 2.12（e）]，可见，矿物晶粒的这种不均匀性及排列的随机性决定着次生微裂隙的形式{矿物内部裂隙[图 2.12（b）]、矿物弯曲[图 2.12（d）]、矿物间挤压变形[图 2.12（e）]}及其分布情况，这也是岩石在荷载作用下次生微裂隙分布难以确定的根本原因。岩石内部微裂隙的萌生、发展情况常决定着岩石的强度特征及渗透性，而对岩石破坏模式影响较大及起控制作用的则是宏观裂隙。图 2.12（f）为垂直层理页岩，加载方向沿水平方向，所产生的宏观裂隙方向与层理方向并不一致，而是平行于加载方向沿矿物边界发展，可见宏观裂隙的萌生、发展由矿物排列和加载方向共同决定。因此，要掌握岩石的损伤破裂过程，弄清其矿物成分、矿物排列和加载方向是关键。

工程应用中，岩石矿物成分及其排列细节的确定往往是比较困难和不经济的。在实际脆性材料裂纹扩展和发生形变过程中，内部能量会迅速释放，从而产生瞬态弹性波，即声发射现象。通过声发射定位技术可以确定岩石破裂过程中微裂隙的损伤累积、裂纹成核及宏观裂纹发展规律[201]。本章就通过声发射定位技术来分析层状页岩在加载过程中的损伤破裂过程。

2.5.1 单轴压缩下破坏模式

室内及 3DEC 模拟试验得到的不同层理角度下的几种典型的破坏模式见表 2.2。室内试验与 3DEC 模拟试验试件的破坏形态基本一致。根据试件层理角度及破坏形态可将试件破坏模式分为如下四种。

表 2.2 单轴压缩作用下层状含水页岩典型破坏形式

试件编号	典型破坏模式	室内试验破坏形态	3DEC 模拟试验破坏形态
S1-4 （不含层理，ω=3.4%）	剪切劈裂 复合型破坏		

续表

试件编号	典型破坏模式	室内试验破坏形态	3DEC 模拟试验破坏形态
S2-2（β=0°，ω=1.8%）	"阶梯状"剪切劈裂破坏	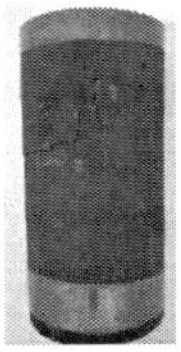	
S3-1（β=30°，ω=0）	剪切滑移破坏		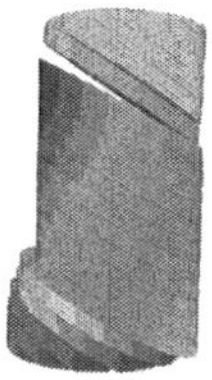
S4-3（β=60°，ω=2.7%）	剪切滑移破坏	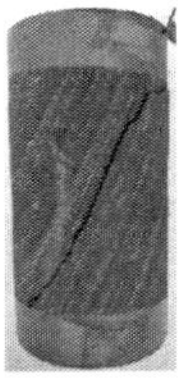	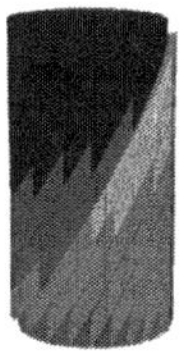
S5-2（β=90°，ω=1.8%）	张拉劈裂破坏	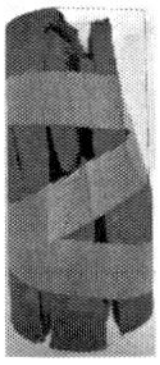	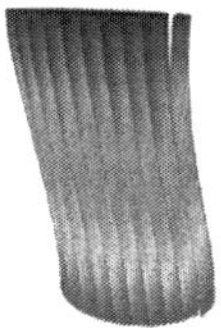

（1）剪切劈裂复合型破坏。试件不含层理，含水率为 3.4%。从室内试验试件的宏观破坏形态可以看出，宏观破裂面分为两种：一种破裂面平行于加载方向，沿轴向分布，占破裂面的多数，为典型的张拉劈裂破坏；另一种破裂面与轴线相交，并贯穿至试件端部，为剪切破坏。两种破裂面相互贯通发展直至试件破坏。试件的这种复合型破坏形态可以通过表 2.2 中 3DEC 模拟试验破坏形态更为直观地反映出来。

（2）"阶梯状"剪切劈裂破坏。试件为水平层理，含水率为 1.8%。破裂面沿轴向和水平层理"阶梯状"分布，轴向破裂面将水平破裂面连通并沿轴向向试件端部发展直至试件破坏。其本质是试件内部沿轴向加载方向及矿物边界产生了竖向宏观裂隙[其微观机理见图 2.12（f）]，宏观裂隙起到连通各水平层理的作用，由于层理具有止裂作用，竖向宏观裂隙未能沿轴向进一步发展成一条直线，而是错落分布，如表 2.2 中所示的“阶梯状”。数值模拟不考虑试件内部原生裂隙及矿物排列的影响，破裂面在试件中部沿层理方向发展。

（3）剪切滑移破坏。试件层理角度为 30° 和 60°，含水率分别为 0 和 2.7%。该破坏形式在层状页岩中比较典型。剪切破裂面可有单个或多个，多沿层理面分布，表 2.2 中只给出了单破裂面情况。宏观破裂面的形成是试件内部沿层理方向分布的次生微裂隙群[图 2.12（b）]在荷载作用下扩张滑移的结果。

（4）张拉劈裂破坏。试件为垂直层理，含水率为 1.8%。沿试件层理面张拉劈裂形成多个破裂面，脆性破坏显著，部分试件破坏时伴随有爆裂响声，试件在干燥状态下易爆裂为薄状碎屑，如图 2.13 所示。其微观损伤破坏过程为沿轴向层理分布的次生微裂隙群的横向扩张、挤压、连通过程。

图 2.13　90° 层理试件爆裂为薄状碎屑

从以上几种典型层状页岩的破坏模式及特征分析可以看出，层状页岩的损伤破坏模式由荷载与试件内部原生微裂隙群的方向所控制。次生微裂隙常沿矿物边界发展，与加载方向基本一致，最终形成宏观裂隙，起到连通层理破裂面的作用。

2.5.2　单轴压缩应力–应变曲线

应力–应变曲线可以反映出岩石的弹、脆、塑等形变过程与特征。声发射空间定位点的分布则可以反映出层状页岩在单轴压缩过程中的破裂演化过程。图 2.14 为表 2.2 中所列五个典型破坏试件的应力–应变曲线与声发射空间分布图。

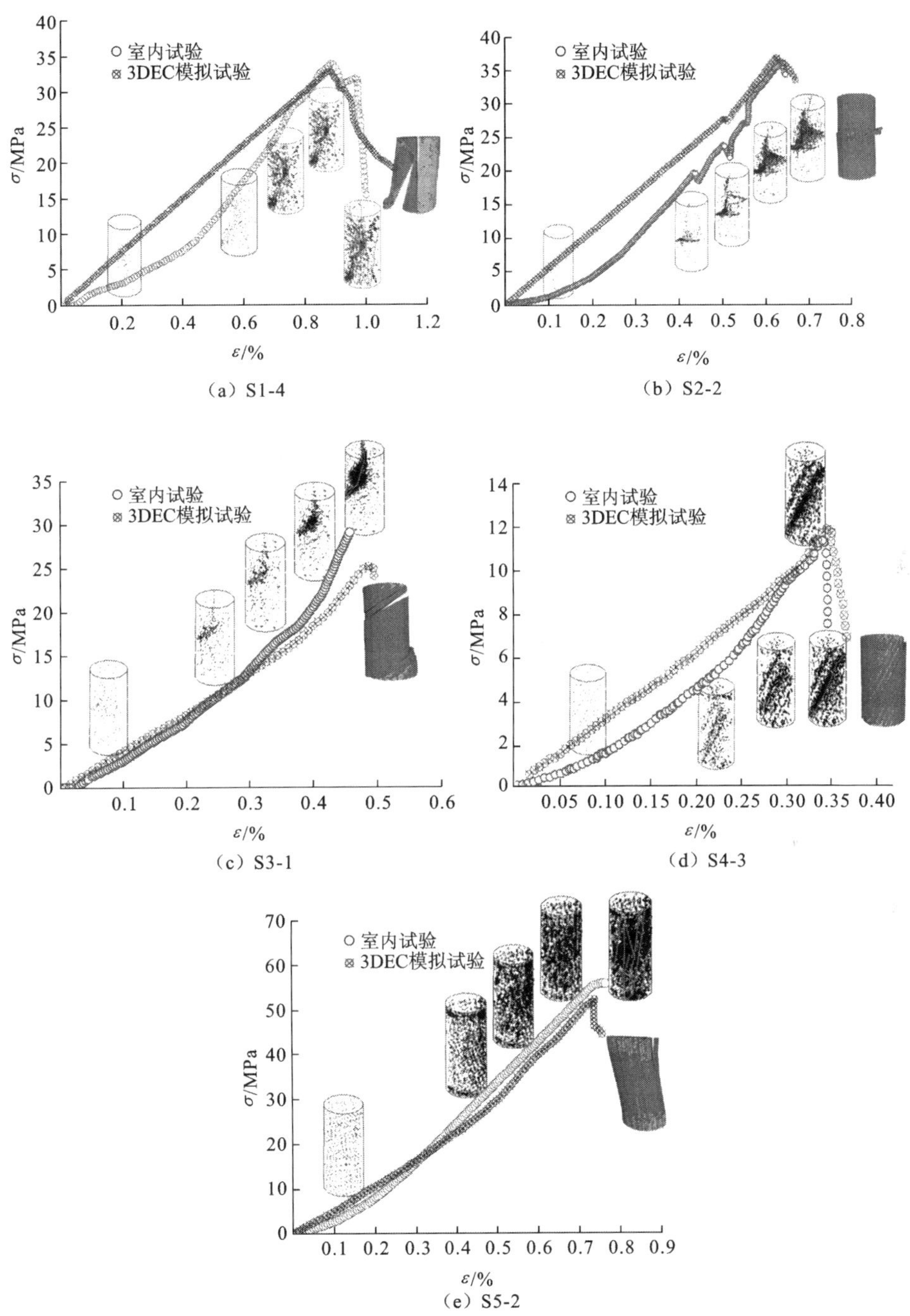

图 2.14　应力-应变曲线及声发射空间分布图

σ 为应力；ε 为应变

图 2.14 给出了室内试验及 3DEC 模拟试验的应力-应变曲线，两者总体较为相近，但 3DEC 模拟试验中不考虑岩石内部孔隙，岩块采用块刚性体，层理采用节理进行模拟，故 3DEC 模拟试验所得应力-应变曲线没有初始压密阶段。3DEC 模拟试验采用的页岩的物理力学参数由室内试验结合试算法微调获得，见表 2.3。

表 2.3　层状页岩物理力学参数

试件编号	层理角度/(°)	含水率/%	弹性模量/GPa	泊松比	内聚力/MPa	内摩擦角/(°)	抗拉强度/MPa
S1-4	—	3.4	3.825	0.353	14.215	37	12.314
S2-2	0	1.8	2.896	0.267	6.319	34	4.377
S3-1	30	0	6.333	0.244	12.104	31	9.922
S4-3	60	2.7	3.331	0.247	6.003	27	4.027
S5-2	90	1.8	7.364	0.253	5.911	35	3.051

由图 2.14 中应力-应变曲线可知，重庆南川页岩在单轴压缩下的变形特征与已有研究成果[178,182]类似，即脆性、突然破坏和强度变形参数的各向异性，各向异性可通过现场调查及室内试验进行评估预测，而脆性和突然破坏具有难以量化与突发性的特点，对地下工程围岩稳定性危害极大。例如，脆性的定义尚未统一，量化方法尚不明确，对页岩的脆性研究更是少见[202]，因此隧道现场进行支护设计施工时很少考虑页岩脆性的危害，利用工程类比法进行施工设计往往带来难以预料的地质灾害，图 2.15 即页岩隧道现场拱顶右侧初期支护开裂。现场变形监

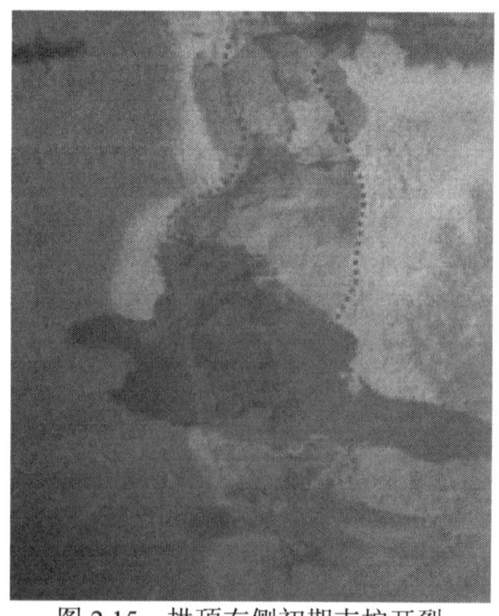

图 2.15　拱顶右侧初期支护开裂

测显示，拱顶变形较小即发生开裂，开裂后变形剧增，严重时使格栅架扭曲变形。这一现象与页岩在较小变形下就发生破坏、破坏后残余强度较小或无残余强度的脆性特征是密切相关的。

图2.14中的声发射空间分布反映出了不含层理及不同层理角度页岩的损伤破裂演化过程。声发射与岩石裂纹的萌生、扩展和断裂有关，岩石裂纹的萌生、扩展与断裂则是应力调整、能量积聚和释放的表现形式。由图2.14可得层状页岩声发射空间分布的特征。

（1）初始压密阶段就产生声发射事件。页岩包含层理[图 2.12（b）～（e）]时，声发射空间分布与层理方向一致；不含层理[图 2.12（a）]时，声发射空间分布具有随机性。其原因如下：初始压密阶段试件内部的原生微裂隙逐渐闭合，应力不断调整，使少量微裂纹缓慢萌生、扩张。沿层理方向原生微裂隙分布密集[如图 2.12（a）中的原生微裂隙群]，裂纹的闭合、萌生，应力及能量的调整较其他区域活跃。而对于不含层理页岩，其原生微裂隙的分布具有随机性，矿物排列的主控方向也难以确定，裂纹的活动也就具有随机性。

（2）弹性阶段能量进一步积聚，弹性阶段后期多个微裂隙扩展连通为宏观裂隙，能量得以释放，声发射事件剧增，至应力峰值点附近，宏观裂隙迅速扩展连通，能量集中猛烈释放，页岩破裂迅速发生。声发射事件在宏观裂隙转折及交点处聚结成核。

（3）声发射事件初始成核区受层理影响。声发射事件初始积聚于试件中部层理附近，后沿层理法向方向向端部（0°～60°）或两侧（90°）发展。其原因为：页岩可近似看作横观各向同性体[180-182]，平行于层理方向矿物排列一致，均质性较好，而垂直于层理方向矿物粒度不一，排列方向紊乱，非均质性显著。在荷载的持续作用下，矿物颗粒的非均质性易导致图 2.12 中微裂隙的萌生及矿物间的挤压变形，并逐渐连通为宏观裂隙，其间伴随着能量的积聚释放及声发射事件的发生。

2.6　三轴压缩试验结果

2.6.1　三轴压缩下破坏模式

不同层理角度的含水页岩在三轴压缩时的破坏形式见表 2.4，可见，不含层理的页岩试件在围压为 5 MPa 时主要表现为单斜面控制的剪切破坏，并在局部发育有与主破坏面平行的剪切破坏面，与单轴压缩情况下的剪切劈裂复合型破坏相比，脆性破坏特征明显降低，试件破坏面也显著减少，且各破坏面均表现为方向性较好的剪切破坏。β=0°的页岩试件在垂直于层理面的轴向荷载作用下，原生微裂隙、孔隙及矿物颗粒被压密、闭合，使其沿层理面的劈裂破坏受到抑制，在围压的限制作用下，页岩的骨架颗粒在应力集中下产生剪切裂纹，剪切裂纹在荷载作用下不断扩展贯通，最终导致试件的剪切破坏。β=30°的页岩试件在三轴压缩作用下的破坏模式不再是沿层理面的剪切破坏，其剪切滑移破坏面贯穿层理面，局部沿层理面发育有宏观破坏裂纹。β=60°的页岩试件与单轴压缩试验的破坏模式类似，仍为层理面控制的剪切滑移破坏，破坏裂纹较为单一。β=90°的页岩试件的破坏模式有无围压差异较大，单轴压缩下，试件沿层理面张拉劈裂为较多碎块，破坏过程伴随着爆裂的响声，而在 20 MPa 的围压限制下，试件破裂面为与层理面成一定角度的剪切滑移面，破裂面较为单一。

表 2.4　三轴压缩作用下层状含水页岩典型破坏形式

试件情况	不含层理，ω=1.8%，围压 5 MPa	β=0°，ω=0，围压 10 MPa	β=30°，ω=3.4%，围压 10 MPa	β=60°，ω=1.8%，围压 20 MPa	β=90°，ω=2.7%，围压 20 MPa
室内试验破坏形态			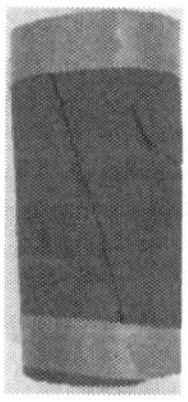		
3DEC 模拟试验破坏形态	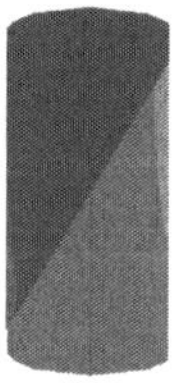			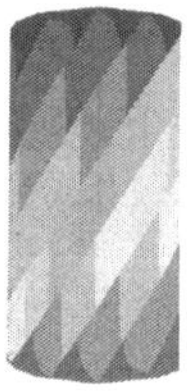	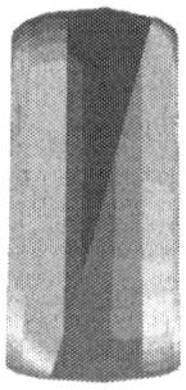

从上述对不同层理页岩在单轴和三轴压缩试验中的破坏模式的对比分析可以发现，单轴压缩作用下，层理面对页岩的破坏模式影响较大，甚至是起控制作用（如层理面角度为 30°、60°和 90°的页岩），三轴压缩试验中，在围压的限制作用下，试件的破坏模式转变为由页岩基质体控制的剪切滑移破坏，并且围压越大，试件的破坏裂纹越单一。

另外，表 2.4 中涵盖了页岩在干燥（ω=0）、自然（ω=1.8%）、不饱水

（ω=2.7%）、饱水（ω=3.4%）四种含水状态下的破坏形态，由于在对试件破坏状态进行分析时未见含水率对破坏模式的影响规律，故可以认为页岩的含水率对其破坏模式影响较小。但有学者研究指出[203]页岩的破坏模式虽然与含水率关系不大，但会影响次生裂纹的形成及主裂纹与荷载的方向，较高的含水率会导致一些与主裂纹平行的次生裂纹的产生，如表 2.4 中 β=30°，含水率 ω=3.4%的页岩，即有一组与主裂纹平行的次生裂纹，并且通过一条沿层理发育的裂纹与主裂纹相连接。因此，在对较高含水率页岩的破坏进行分析时应注意考虑由水引起的这些次生裂纹的产生。

2.6.2　三轴压缩应力-应变曲线

试验得到的五种层理页岩在不同含水率、不同围压下的应力-应变曲线见图 2.16～图 2.20。在加载初始阶段，页岩的应力-应变曲线近似线性，表明页岩较为致密，内部原生微孔隙、裂隙的压密作用不明显，随荷载的不断增加，根据层理角度的不同，页岩试件矿物颗粒间胶结强度较差的地方（0°、30°、90°页岩）或倾斜层理面处（60°页岩）率先破坏，引起该处晶体颗粒的位错滑移，形成次生微裂纹，若围压较低，该微裂纹会在荷载的持续作用下不断扩展并与附近原生或次生微裂纹汇聚贯通，最终形成宏观裂纹，直至试件破坏；若围压较大，产生滑移错动的颗粒在滑动到一定位置后会由于围压的限制作用而被挤压密实，若要使其继续滑动，就需要更大的轴向应力。这也是在相同条件下，围压越大，页岩的峰前强度越高的原因。

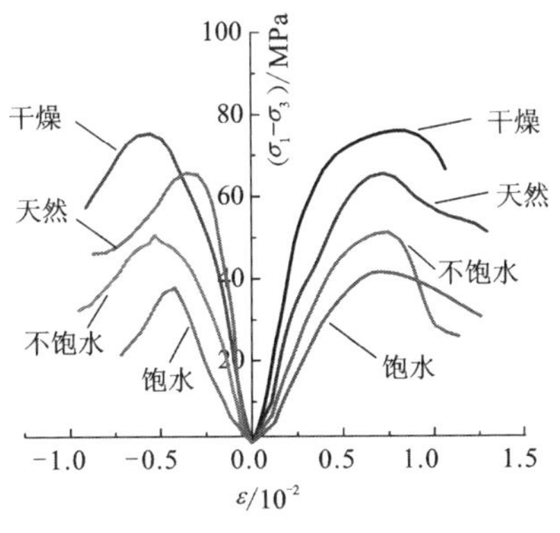

（a）围压5 MPa

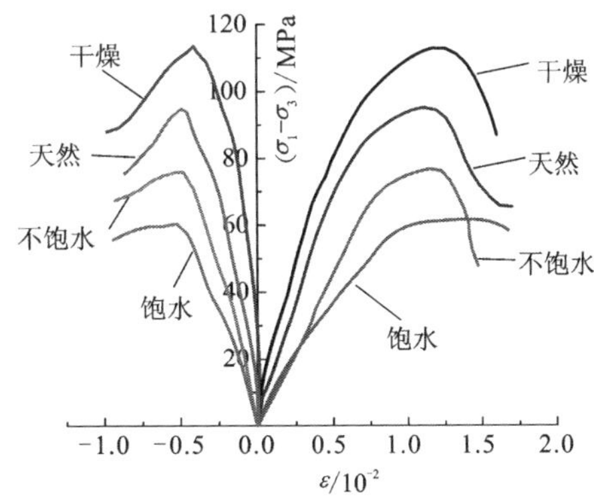

（b）围压10 MPa

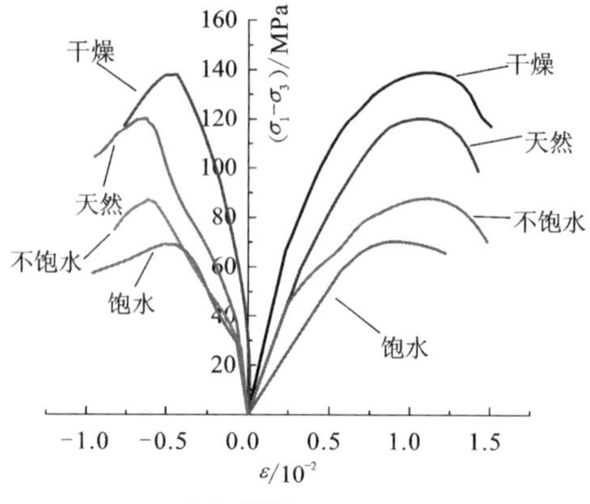

（c）围压20 MPa

图 2.16　不含层理时不同含水率的页岩在不同围压下的应力-应变曲线

σ_1 为轴向应力；σ_3 为围压

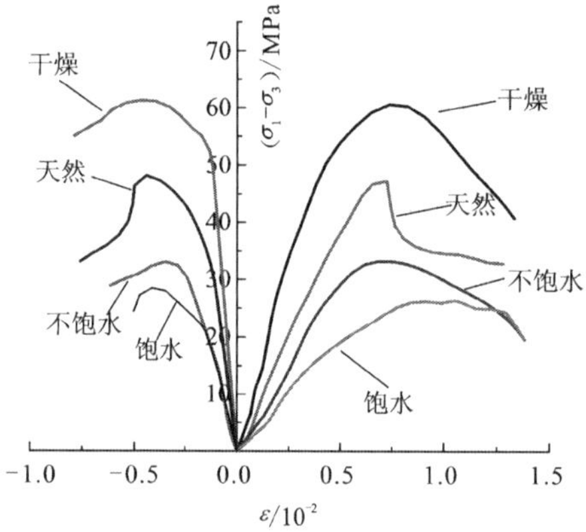

（a）围压5 MPa

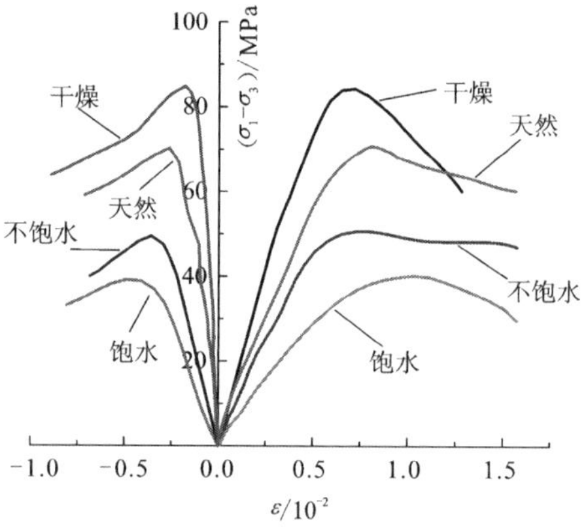

（b）围压10 MPa

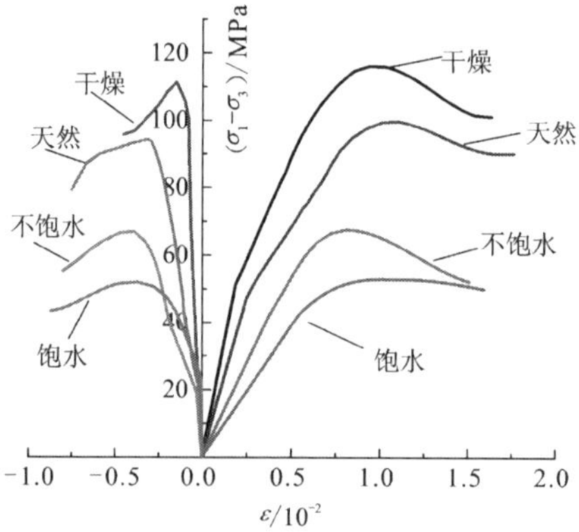

（c）围压20 MPa

图 2.17　0°层理时不同含水率的页岩在不同围压下的应力-应变曲线

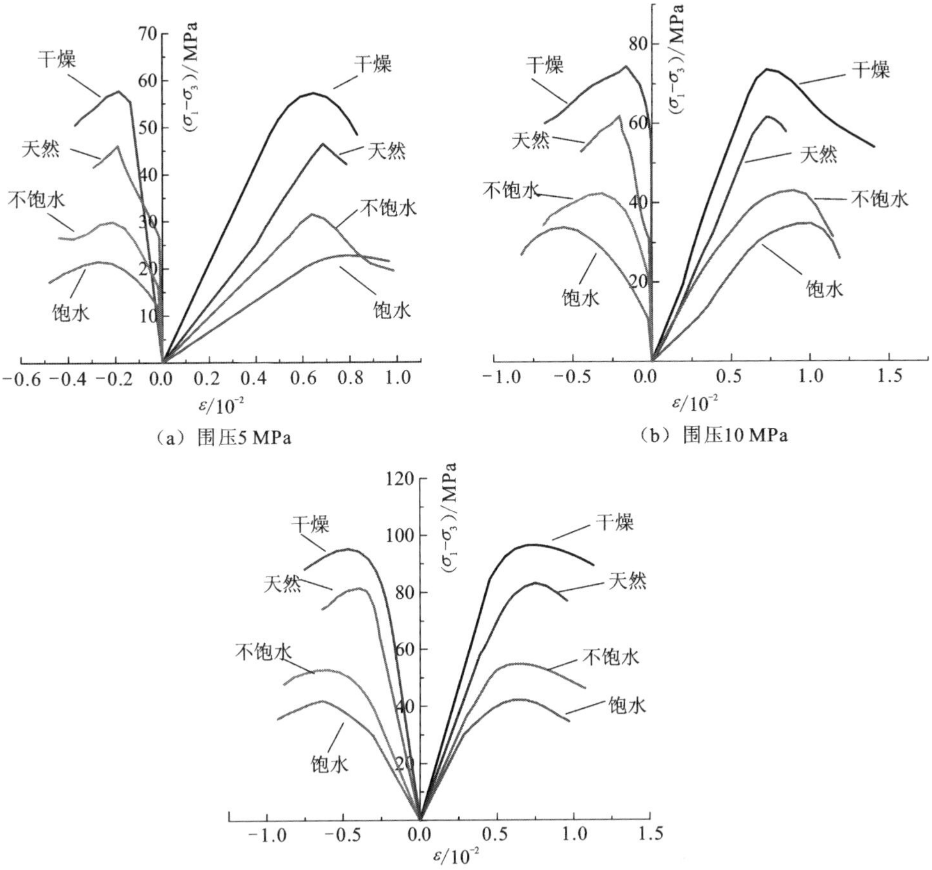

（a）围压5 MPa　　（b）围压10 MPa

（c）围压20 MPa

图 2.18　30° 层理时不同含水率的页岩在不同围压下的应力-应变曲线

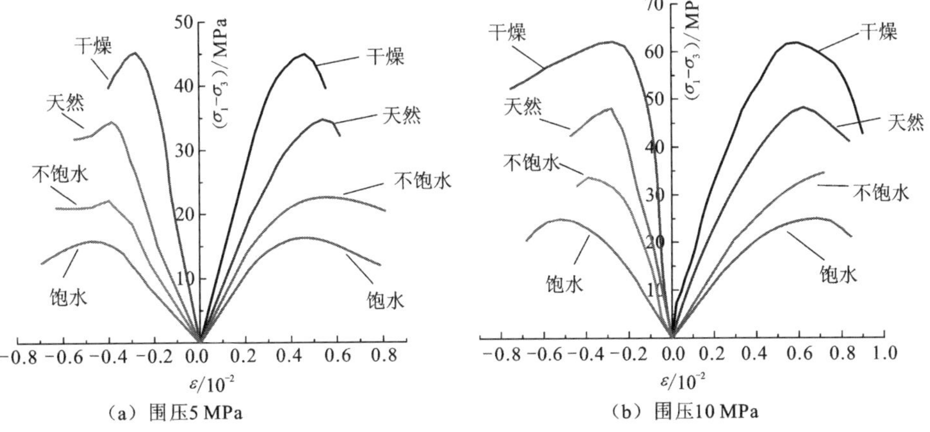

（a）围压5 MPa　　（b）围压10 MPa

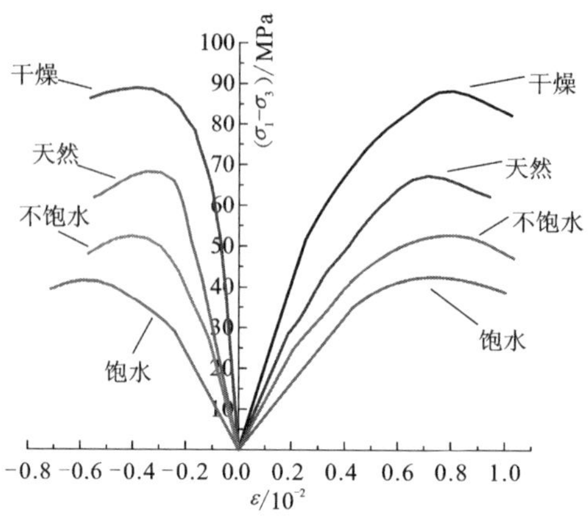

(c) 围压20 MPa

图 2.19　60°层理时不同含水率的页岩在不同围压下的应力-应变曲线

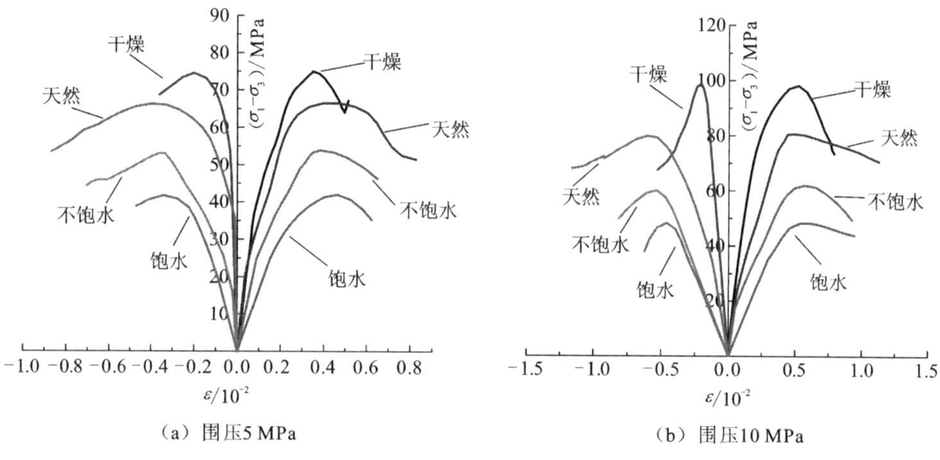

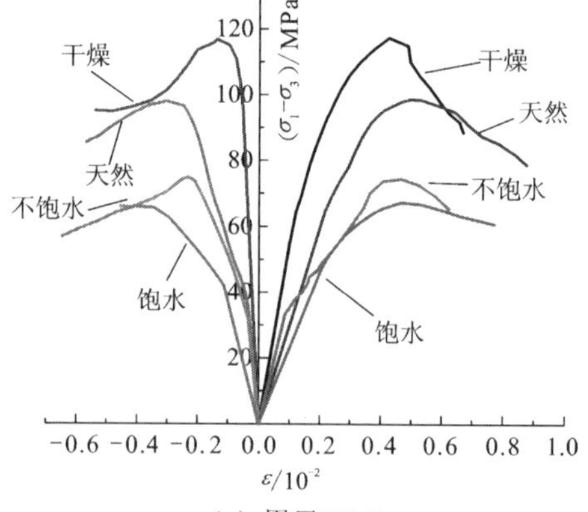

(c) 围压20 MPa

图 2.20　90°层理时不同含水率的页岩在不同围压下的应力-应变曲线

对比单轴和三轴压缩试验的应力-应变曲线可知，在单轴压缩情况下，页岩常表现为弹脆性行为，而在三轴压缩情况下，页岩表现出延性特征，并且随含水率的增加，这种延性特征更为明显，在应力-应变图中表现为试件的应力峰值显著降低而应变明显增大。因此，可以认为，在三轴压缩作用下，水降低了页岩的强度而使其变形能力增强。

2.6.3　围压对含水页岩强度的影响规律

定含水率不同围压下页岩的峰值强度随层理角度的变化曲线见图 2.21。针对围压及层理角度对页岩强度的影响规律已有较多研究[178,180,204]，Ramamurthy[205]将横观各向异性岩石的强度随层理角度的变化规律分为三种类型（图 2.22）：U形、波浪形、“肩”形。总体而言，页岩强度随层理角度的增加近似呈中间低两边高的U形或“肩”形分布。将不含层理的页岩考虑进去，不含层理页岩试样的强度最高，60° 层理页岩试样的强度最低。围压对页岩强度的影响在已有研究中

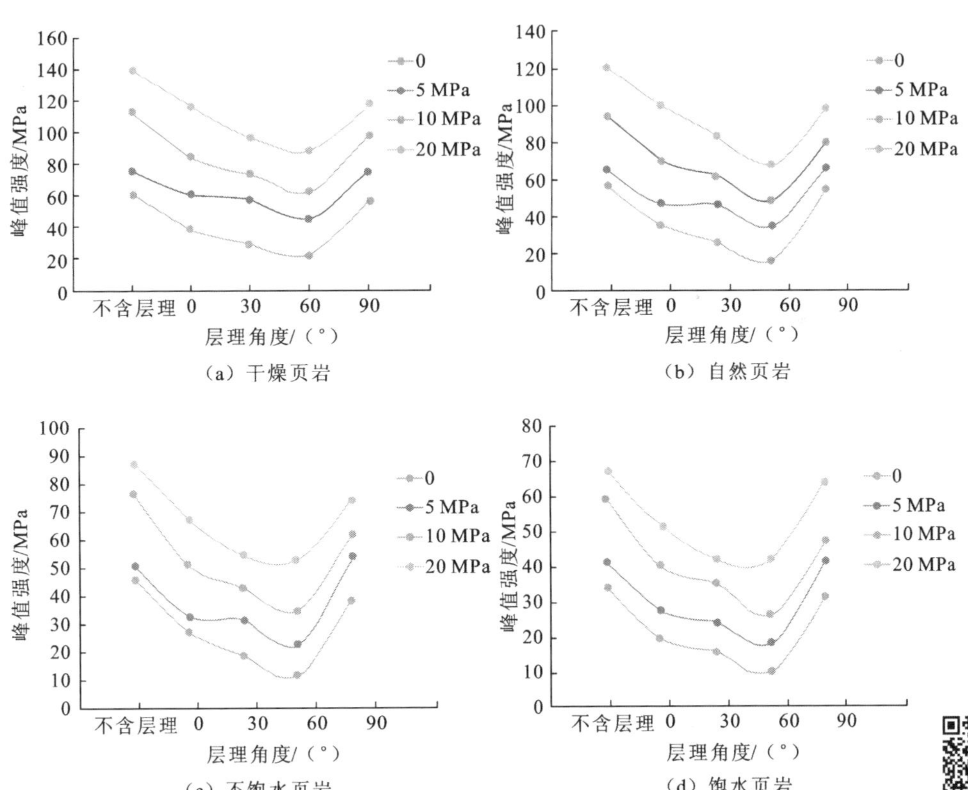

图 2.21　定含水率不同围压下页岩的峰值强度随层理角度的变化曲线

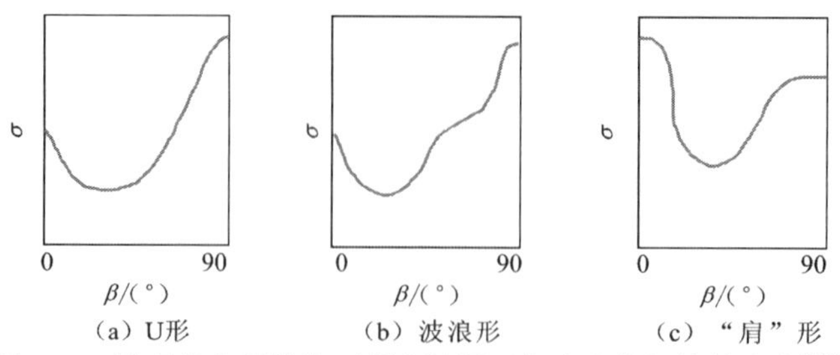

图 2.22 横观各向异性岩石强度随层理角度变化规律的分类[205]

已经有了较为一致的结论，即围压越高，页岩的峰值强度越大。有学者[204]认为，围压与页岩的峰值强度呈线性关系，并给出了拟合线性方程，页岩在围压作用下的峰值强度大小与页岩内部的矿物类型、颗粒分布及胶结程度等密切相关，在低围压状态下受层理和基质体的共同影响，在高围压状态下则主要受基质体的影响，因此，在分析围压与页岩峰值强度的定性关系时，需针对围压状态分别进行考虑。本试验所得结论，即同种含水率的页岩随围压的增加峰值强度也不断增大，与已有研究结果一致，这里不再做过多阐述。

2.6.4 含水率对页岩强度的影响规律

定围压下不同含水率页岩的峰值强度随层理角度的变化曲线见图 2.23。随层理角度增加，四种含水状态的页岩的峰值强度先减小后增加，层理角度为 60° 时最小，不含层理和层理角度为 90° 时最大。随含水率增加，五种层理角度的页岩的峰值强度均减小。可见，层理和水对页岩的强度均有损伤劣化作用，但损伤规律有所不同。为此有必要对两者的损伤机理进行讨论。页岩层理的损伤机理已在 2.5.2 小节做过阐述，水对页岩的损伤作用将在 2.9 节进行讨论。

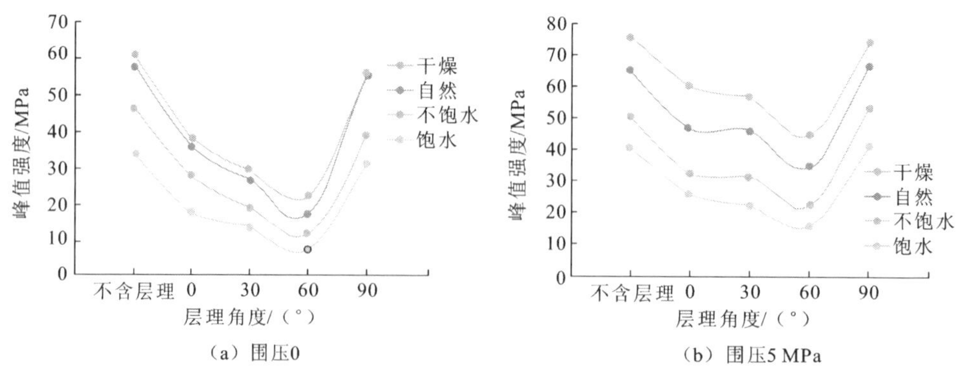

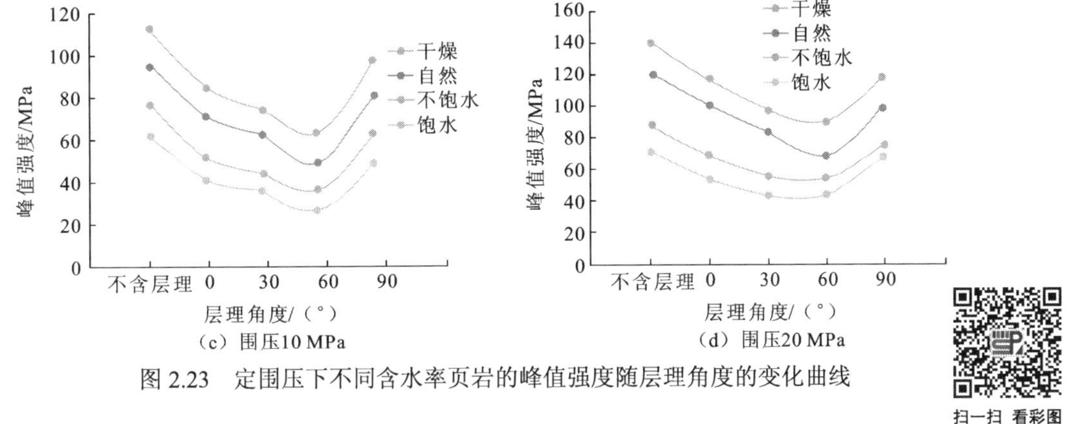

（c）围压10 MPa　（d）围压20 MPa

图 2.23　定围压下不同含水率页岩的峰值强度随层理角度的变化曲线

扫一扫　看彩图

2.7　巴西劈裂试验结果

2.7.1　巴西劈裂破坏模式

由层理结构引起的岩石力学、变形性质的各向异性问题近年来得到了国内外学者[178-179,181,183,206-207]的广泛关注。在巴西劈裂试验中，对于不含层理结构的完整岩石试件，圆盘首先从两加载端起裂，然后裂纹贯穿圆盘中心形成竖向贯通裂缝。层理导致的岩石变形各向异性会使拉伸裂纹偏离圆盘中心位置而产生非中心裂纹，从而使岩石的破坏模型复杂化。目前，研究者通过巴西劈裂室内试验和数值模拟技术对含层理岩石的破坏模式做了较多的研究工作，根据已有研究结果，这里归纳出几种典型的层理岩石的巴西劈裂破坏模式，如图2.24所示，以与本书试验研究结果进行对比。Roy 等[208]在通过试验研究温度对层状花岗岩抗拉强度的影响时归纳了 0°、30°、60° 和 90° 花岗岩的破坏模式[图 2.24（a）]。Tavallali 等[209]将层状砂岩的巴西劈裂破坏模式分为中央裂纹、非中央裂纹和层理裂纹三种[图 2.24（b）]，侯鹏等[210]受该裂纹分类方式的启发，将黑色页岩的巴西劈裂破坏模式也归纳为这三种模式。杨志鹏等[211]将不同层理角度的黑色页岩的巴西劈裂破坏模式分为月牙形、曲弧形和直线形三种[图 2.24（c）]，认为 15° 页岩的破坏裂纹为月牙形，30°～75° 页岩的破坏裂纹为曲弧形，0° 和 90° 页岩的破坏裂纹为直线形。由此可见，层状岩石的巴西劈裂破坏模式的争论点主要在 0°<β<90° 的岩石上，该层理角度岩石的破坏模式受其基质抗拉、抗剪强度和层理抗拉、抗剪强度的共同控制，随荷载与层理方向的不同，试件可能发生基质和

层理的拉伸破坏、基质和层理的剪切破坏、基质和层理的拉剪复合型破坏等，从而呈现出不同形状的破坏裂纹。0°和90°岩石虽然破坏机理不同（0°岩石为基质拉伸破坏，90°岩石为层理拉伸破坏），但破坏裂纹均与不含层理岩石的破坏裂纹一样，通过圆盘中心，贯穿圆盘。

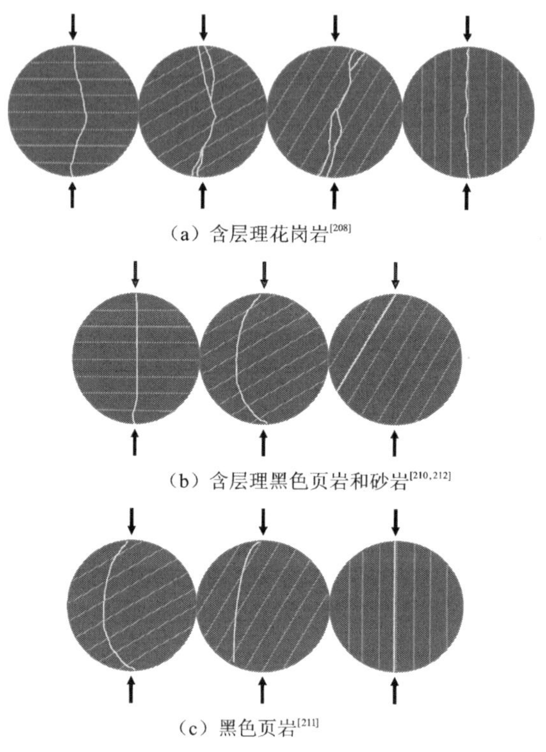

（a）含层理花岗岩[208]

（b）含层理黑色页岩和砂岩[210,212]

（c）黑色页岩[211]

图 2.24 含层理岩石的巴西劈裂典型破坏模式

本试验得到的不同层理角度的含水页岩的巴西劈裂试验的破坏形式见表 2.5。0°页岩与不含层理页岩的破坏模式相同，破坏裂纹为通过圆盘中心的中央裂纹，90°页岩的破坏模式则与已有研究所得结论不再完全一致，主破坏裂纹仍为通过圆盘中心的直线形裂纹，但沿层理方向产生了与之平行的次生裂纹，注意到该岩样的含水率 ω=3.4%，为饱水页岩，可以推断该次生裂纹是水对层理面抗拉强度弱化作用的结果。30°和 60°页岩同样出现了次生裂纹现象，主破坏裂纹起裂于加载一端，逐渐偏离圆盘中心，呈直线或弧形，次生裂纹起裂于加载端附近，与主裂纹近似平行扩展。不含层理页岩的含水率为 ω=2.7%，破坏裂纹通过圆盘中心，整体近似呈直线，并未出现次生裂纹，说明水主要是沿着层理面附近的裂隙进入岩石内部对岩石产生损伤的，另外，也有研究[213]表明，含层理岩石浸水后的主要变化是充填于层理面附近的黏土矿物的体积膨胀，层理面附近及岩石内部的颗粒及胶结物的形态没有明显变化。因此，与三轴压缩试验破坏模式所得推论一致，页岩的巴西劈裂破坏模式主要与其层理和荷载的加载方向有关，水对含层理页岩的巴西劈裂破坏模式没有太大影响，但会影响次生裂纹的形成，且所产生的次生裂纹与主裂纹基本平行。

表 2.5　巴西劈裂试验层状含水页岩典型破坏形式

试件情况	不含层理，ω=2.7%	β=0°，ω=0	β=30°，ω=3.4%	β=60°，ω=1.8%	β=90°，ω=3.4%
室内试验破坏形态			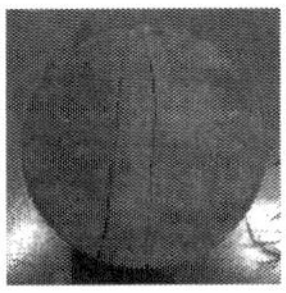	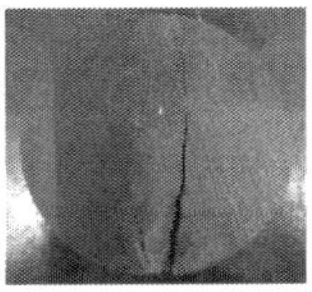	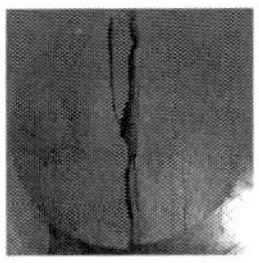
3DEC 模拟试验破坏形态		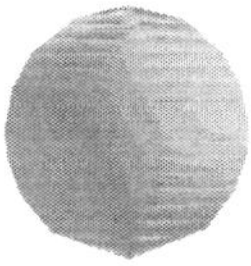	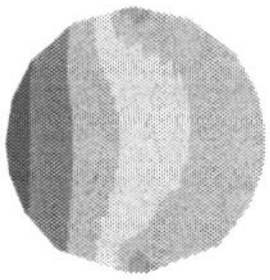		

2.7.2　层理和水对抗拉强度的影响规律

巴西劈裂试验抗拉强度的计算公式为

$$\sigma_t = \frac{2P}{\pi Dt} \tag{2.3}$$

式中：σ_t 为抗拉强度；P 为破坏荷载；D、t 分别为圆盘的直径和厚度。式（2.3）不考虑岩石的各向异性，而由岩石的各向异性引起的岩石强度的变化往往是不容忽视的，为此，Claesson 等[214]建立了可以考虑岩石层理倾角的横观各向同性岩石的抗拉强度计算公式，即

$$\sigma_t = \frac{2P}{\pi Dt}\left[\left(\sqrt[4]{\frac{E}{E'}}\right)^{\cos(2\beta)} - \frac{\cos(4\beta)}{4}(b-1)\right] \tag{2.4}$$

式中：$b = \dfrac{\sqrt{EE'}}{2}\left(\dfrac{1}{G'} - \dfrac{2\upsilon'}{E'}\right)$，$E$、$E'$ 分别为平行和垂直于各向同性面的弹性模量，

υ' 为垂直于各向同性面的泊松比，G' 为垂直于各向同性面的剪切模量。E、E' 和 υ' 可以通过对不同层理角度的岩石进行单轴压缩试验测得，G' 则可以采用圣维南经验公式进行计算[215]，即

$$\frac{1}{G'}=\frac{1}{E}+\frac{1}{E'}+\frac{2\upsilon'}{E'} \tag{2.5}$$

计算得到的不同含水率页岩的 5 个弹性常数见表 2.6。

表 2.6　不同含水率页岩的弹性常数

含水率/%	E/GPa	E' /GPa	υ	υ'	G' /GPa
0	8.77	6.73	0.27	0.25	2.97
1.8	7.36	5.27	0.28	0.24	2.40
2.7	5.24	4.68	0.31	0.26	1.94
3.4	4.28	3.13	0.32	0.29	1.35

注：υ 为平行于各向同性面的泊松比。

分别采用式（2.3）和式（2.4）得到含层理页岩的抗拉强度，如表 2.7 和表 2.8 所示。对表 2.7 和表 2.8 相应状态的抗拉强度值做差值，通过式（2.6）求两种计算方法的误差绝对值 e，结果见图 2.25。由此可见，两者的计算结果差别不大，差值幅度在 0.02～0.08，即通过两种方法计算得到的岩石抗拉强度的最大误差不超过 10%，而式（2.3）不需要通过对含层理页岩进行不用方向的单轴压缩试验来确定弹性常数，使用更为简单便捷，因此，本书采用常规计算方法得到页岩的抗拉强度。

$$e=\left|\frac{\sigma_{t1}-\sigma_{t2}}{\sigma_{t1}}\right| \tag{2.6}$$

式中：σ_{t1} 为表 2.7 的抗拉强度；σ_{t2} 为表 2.8 的抗拉强度。

表 2.7　常规计算方法所得抗拉强度

层理角度/（°）	σ_t（干燥）/ MPa	σ_t（自然）/ MPa	σ_t（不饱水）/ MPa	σ_t（饱水）/ MPa
不含层理	9.33	8.99	8.54	8.41
0	8.62	7.43	6.46	5.56
30	7.20	6.08	4.85	3.47
60	6.49	4.44	2.65	1.60
90	7.50	5.56	4.18	3.17

表 2.8　Claesson 等[214]公式所得抗拉强度

层理角度/（°）	σ_t（干燥）/ MPa	σ_t（自然）/ MPa	σ_t（不饱水）/ MPa	σ_t（饱水）/ MPa
不含层理	9.33	8.99	8.54	8.41
0	9.19	6.96	6.81	5.35
30	7.80	5.60	5.19	3.30
60	6.68	4.32	2.71	1.58
90	8.09	5.15	4.45	3.03

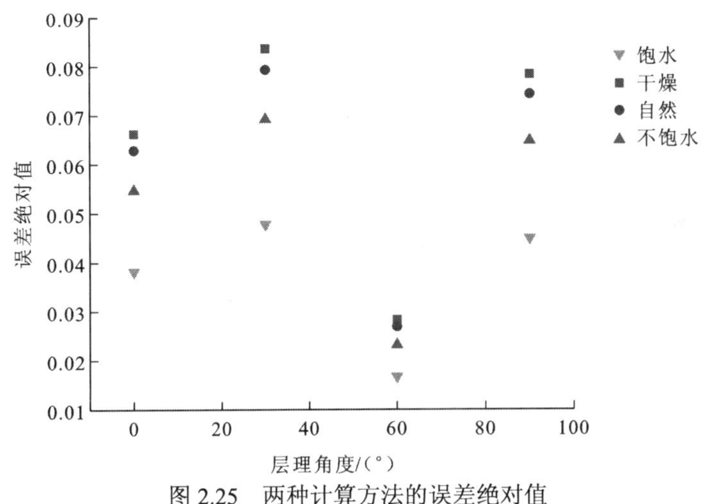

图 2.25　两种计算方法的误差绝对值

不同含水状态的页岩的抗拉强度随层理角度的变化曲线见图 2.26。四种含水状态的页岩的抗拉强度均随其层理角度的增加呈现先逐渐减小后增大的变化趋势，0° 和不含层理页岩的抗拉强度最大，层理角度增至 60° 时抗拉强度达到最小值，90° 时有小幅度的上升。0° 页岩在四种含水状态下的抗拉强度分别为 8.62 MPa、7.43 MPa、6.46 MPa、5.56 MPa，在含层理页岩中抗拉强度最大，相比于不含层理页岩抗拉强度分别降低了 7.61%、17.35%、24.36%、33.89%。这说明水和层理的存在降低了页岩的抗拉强度，且含水率越高，降低幅度越大。60° 页岩在四种含水状态下的抗拉强度均最小，相比于不含层理页岩抗拉强度分别降低了 30.44%、50.61%、68.97%、80.98%。

对比相同层理角度不同含水状态页岩的抗拉强度可以发现，各角度层理页岩的抗拉强度均随含水率的增加而降低，说明水劣化了页岩的抗拉强度。但是，需要注意的是，不同角度层理页岩抗拉强度的水损伤程度不同，同一角度层理页岩

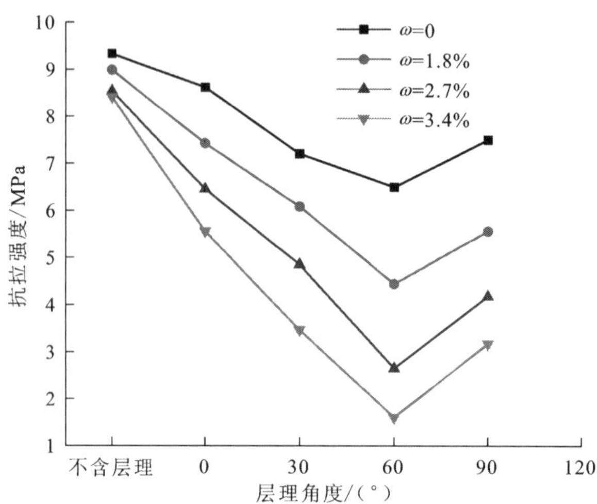

图 2.26　不同含水状态的页岩的抗拉强度随层理角度的变化曲线

在不同含水状态下抗拉强度的损伤程度也不同，如 30°页岩自然含水状态相比于干燥状态抗拉强度降低了 15.56%，而 60°页岩自然含水状态相比于干燥状态抗拉强度降低了 31.59%；60°页岩不饱水状态相对于自然含水状态抗拉强度降低了 40.32%，饱水状态相对于不饱水状态又降低了 39.62%。四种含水状态下不含层理页岩的抗拉强度分别为 9.33 MPa、8.99 MPa、8.54 MPa、8.41 MPa，不同含水状态之间抗拉强度分别降低了 3.64%、5.01%、1.52%，表明水对不含层理页岩的抗拉强度的影响较小。另外，对比不同角度层理页岩的饱水状态相对于干燥状态的抗拉强度的降低幅度发现，0°、30°、60°、90°页岩分别降低了 35.50%、51.81%、75.35%、57.73%，呈现先增大后减小的趋势，可见，在页岩同时受水和层理损伤作用时，受层理损伤的程度越大，水对其损伤的程度越高。据此，可以推断水对含层理页岩的抗拉强度的损伤作用主要是通过层理来实现的，关于这一点的进一步讨论将在 2.9 节进行。

2.7.3　声发射试验结果

试验得到的页岩中心拉应力-时间和振铃计数-时间关系曲线见表 2.9，由于试件较多，这里只列出了 30°干燥和不饱水页岩、60°干燥和不饱水页岩的结果。由表 2.9 可以发现如下规律。

表 2.9　不同层理页岩中心拉应力-时间和振铃计数-时间关系曲线

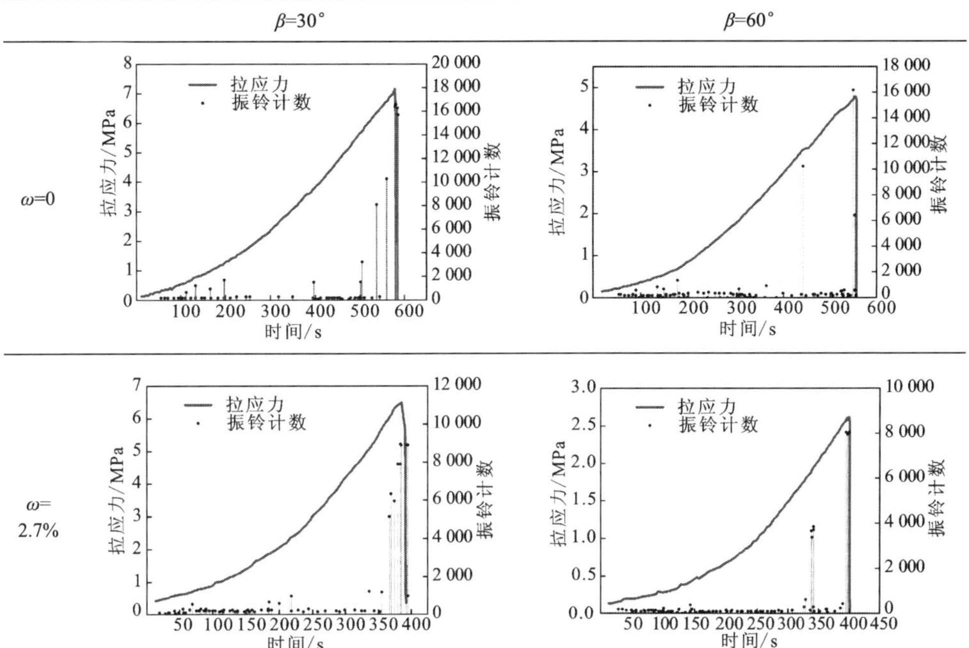

（1）试件在巴西劈裂试验各个加载阶段均有声发射信号产生，振铃计数最大值均在拉应力峰值前后出现并且持续时间较短。

（2）无论是 30° 页岩还是 60° 页岩，不饱水（ω=2.7%）页岩相对于干燥页岩振铃计数均明显减小，即含水率增加，其振铃计数减小。另外，30° 和 60° 不饱水页岩在应力峰值的80%左右出现了应力跌落点，相应的振铃计数显著增加，结合表 2.5 中所列试件破坏模式，可以认为，该跌落点是试件产生次裂纹的表现，但荷载尚未达到页岩的抗拉强度峰值，该次裂纹未能贯通，试件仍有一定的承载力，待加载到峰值强度时，试件才发生突然的脆性破坏，并沿层理或偏离层理一定距离的部位产生主破坏裂纹。因此，试件表现出表 2.5 中所述的多裂纹破坏现象。

（3）页岩的声发射振铃计数与层理角度密切相关。各种试件的声发射累计振铃计数与层理角度的关系如图2.27所示，层理角度β=0°～60°时，累计振铃计数逐渐减小，60°时降至最低点，60°～90°时略有上升，不含层理页岩的累计振铃计数最大。对比图2.27中不同含水率页岩的累计振铃计数可知，含水率越高，累计振铃计数越小，其中，对于相邻含水状态，干燥状态与自然含水状态页岩的累计振铃计数的差值最大。

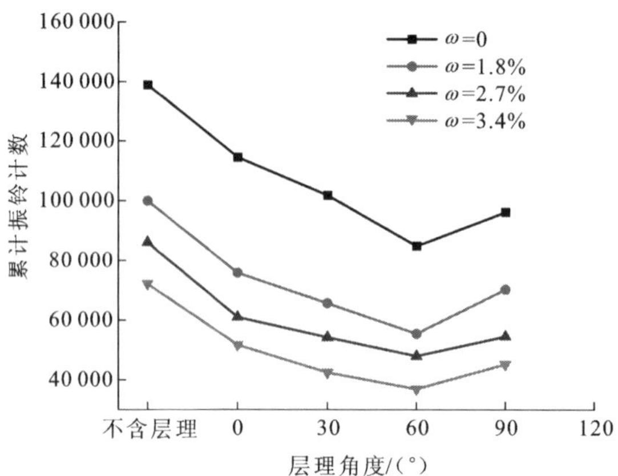

图 2.27 页岩声发射累计振铃计数-层理角度曲线

2.8 分级加载蠕变试验结果

岩石的蠕变特性研究始于20世纪30年代，Griggs[191]对灰岩、页岩和砂岩等岩石进行了一系列蠕变试验，认为岩石在荷载达到其抗压强度的 12.5%～80.0%时就发生蠕变。其后，国内外学者通过对现场岩体[216-218]或室内岩石[33,219-221]进行流变试验来分析岩体或岩石的蠕变特性，根据试验得到的蠕变数据建立了各种能够反映岩石弹、黏、塑性的流变模型。孙钧[217]、Brantut 等[219]对这方面工作做了较为详尽的回顾和总结。总体来看，对层状或含节理岩石、岩体的蠕变研究较为欠缺，比较典型的研究成果列举如下。韩庚友等[222]对 0°、30°和 90°层理石英云母片岩进行了单轴压缩蠕变试验，以研究加载方向和片理面对蠕变规律的影响。肖明砾等[223]通过三轴压缩蠕变试验进一步对 0°和 90°层理石英云母片岩进行了试验研究，研究结果表明，石英云母片岩具有明显的各向异性特性。Dubey 等[224]通过单轴压缩蠕变试验研究了含水平、竖直和斜交层理结构的盐岩在不同应力水平下的蠕变特性，指出应力水平越高，层理对盐岩蠕变特性的各向异性影响越小。熊良宵等[225]研究了轴向荷载方向与层理间角度对绿片岩的应力-应变关系、瞬时应变、轴向应变速率等的影响。吴创周等[226]通过对层状脆性绿片岩试件进行单轴压缩蠕变试验，研究了脆性层状岩石材料的各向异性蠕变规律。

另外，通过 2.6 节、2.7 节的分析可知，水对页岩的强度、变形特性影响较大，尤其是在含有层理的情况下，水对层理页岩的劣化作用更为显著，其损伤机理 2.6 节、2.7 节已经进行了初步分析，认为水主要是通过对层理面力学性质的损伤作用来实现劣化的，因此，可以预测，水对含层理页岩的蠕变特性有着类似的影响。实际上，已有学者研究了水对完整岩石的蠕变特性的影响，如杨彩红等[188]通过三轴蠕变试验分析了含水率对页岩蠕变规律的影响；黄小兰等[227]试验研究发现含水量的增加可以显著增加泥岩的蠕变变形和稳态蠕变率；王俊光等[228]认为岩石在加速蠕变阶段内部不断产生损伤，在衰减和稳态蠕变阶段损伤程度较小，水则会进一步加剧岩石蠕变的损伤程度。

2.8.1　层理角度对页岩蠕变规律的影响

为分析定含水率下层理角度对页岩蠕变特性的影响，这里给出各含水率下不同层理页岩的轴向蠕变-时间曲线，见图 2.28。页岩在加载瞬间即产生瞬时弹性应变，初始瞬时应变是页岩在轴向荷载作用下轴向压缩变形的结果，对于不含层理页岩，初始瞬时应变主要是岩石内部矿物颗粒及原生微孔隙、裂隙的压实，而对于含层理页岩，则还包括层理面的压密、闭合。因此，初始瞬时应变与页岩含层理与否及层理角度密切相关，其随角度的变化规律见图 2.29。由此可见，层理角度越大，页岩的初始瞬时应变越小。以自然含水状态的页岩为例，0° 页岩的初始瞬时应变最大，为 $0.451\,2\times10^{-2}$，不含层理页岩的初始瞬时应变最小，为 $0.035\,8\times10^{-2}$。30° 页岩的初始瞬时应变为 $0.196\,9\times10^{-2}$，相比于 0° 页岩初始瞬时应变减小了 56.36%，60° 页岩的初始瞬时应变为 $0.112\,2\times10^{-2}$，相比于 30° 页岩初始瞬时应变减小了 43.02%，90° 页岩的初始瞬时应变为 $0.048\,1\times10^{-2}$，与不含层理页岩的初始瞬时应变相比增加了 34.36%。由此可知，可以通过对比含层理页岩与不含层理页岩的初始瞬时应变来分析层理面的压密、闭合对应变的贡献率。例如，自然含水状态下，0°、30°、60°、90° 页岩相对于不含层理页岩的初始瞬时应变分别增加了 1 160.34%、450%、213.41%、34.36%，可以认为该增加比例是对层理面压密的结果。

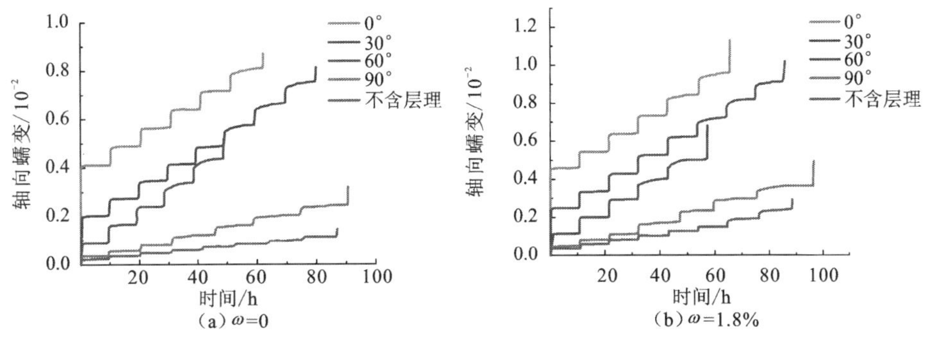

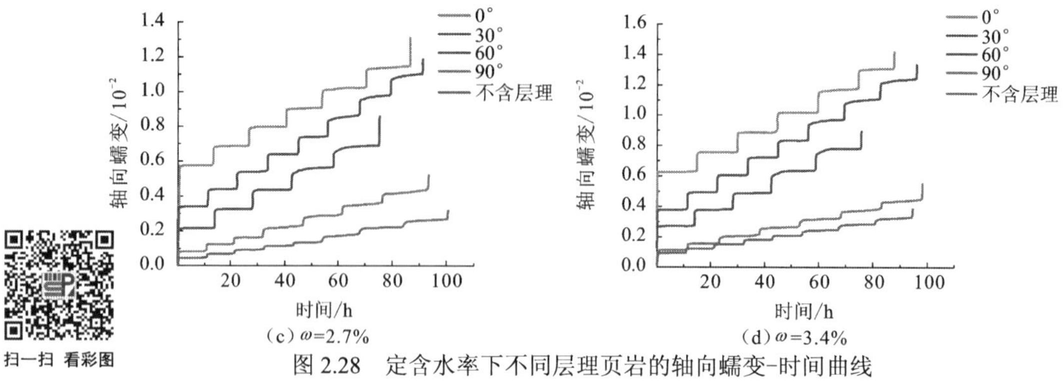

图 2.28　定含水率下不同层理页岩的轴向蠕变-时间曲线

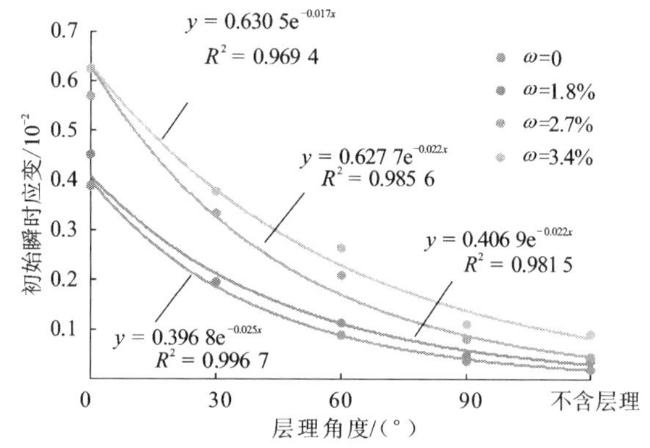

图 2.29　不同层理页岩初始瞬时应变的变化规律

同一含水状态下不同层理页岩在各级应力水平下的瞬时应变与加载应力水平大致呈线性关系，以自然含水状态页岩为例，其瞬时应变-应力水平曲线见图 2.30。各层理页岩的线性拟合方程的相关系数均在 0.9 以上，表明瞬时应变与

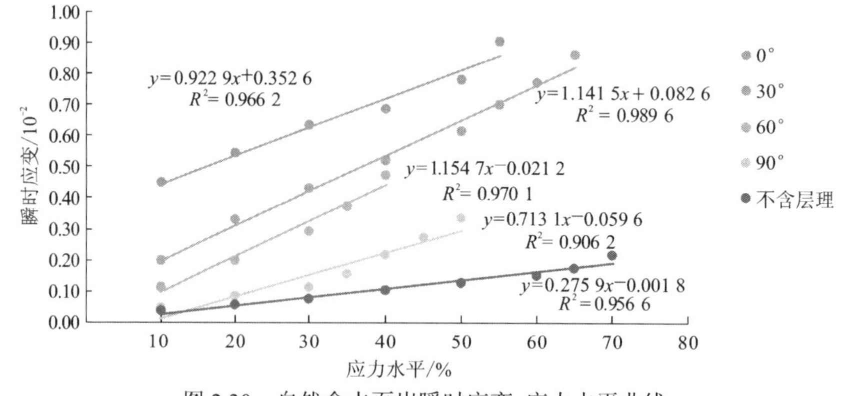

图 2.30　自然含水页岩瞬时应变-应力水平曲线

应力水平的线性相关性较好。通过该线性拟合方程可以看出各角度页岩瞬时应变随应力水平的增值速率，其中 30° 和 60° 页岩的拟合方程的斜率分别为 1.141 5 和 1.154 7，瞬时应变随应力水平的增长速率最快，不含层理页岩的拟合方程的斜率为 0.275 9，增长速率最慢。这说明，层理面倾角与试件的破裂角越相近，其瞬时应变的增长速率越快。

另外，对比图2.28中不同层理页岩在各级应力水平下所经历的总蠕变时间发现，60° 页岩总历时最短，90° 或不含层理页岩总历时最长，仍以自然含水状态页岩为例，60° 页岩从加载开始至最终发生脆性破坏共用时 57.30 h，90° 页岩则用时 96.48 h。

2.8.2　含水率对页岩蠕变规律的影响

定层理角度不同含水率页岩的轴向蠕变-时间曲线见图 2.31，由图 2.31 可知，含水率越高，页岩的初始瞬时应变越大，这一点也可以通过图2.29发现，如 0° 页岩在四种含水率下的初始瞬时应变分别为 $0.388\,6\times10^{-2}$、$0.451\,1\times10^{-2}$、$0.568\,7\times10^{-2}$、$0.623\,1\times10^{-2}$，近似线性增长，对不同层理角度的初始瞬时应变随含水率的变化规律进行拟合（图 2.32）可以发现，各角度层理页岩的初始瞬时应变均随含水率的增加线性增长，其拟合方程分别为 y=0.07x+0.369 7、y=0.054 8x+0.167 1、y=0.051 5x+0.067、y=0.020 8x+0.027 9、y=0.017 8x+0.012 7，分析其相关系数不难发现，相关系数在 0.726 1～0.922 浮动，并非所有角度的页岩均表现出较高的相关性。实际上，对比四种含水状态下页岩的初始瞬时应变发现，其在由自然含水状态向不饱水状态过渡时变化幅度是最大的，之后在由不饱水状态向饱水状态过渡时变化幅度明显减小。因此，页岩的初始瞬时应变的增长

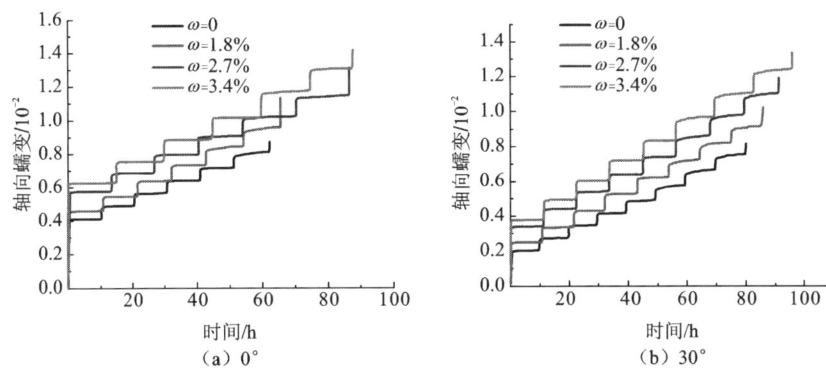

（a）0°　（b）30°

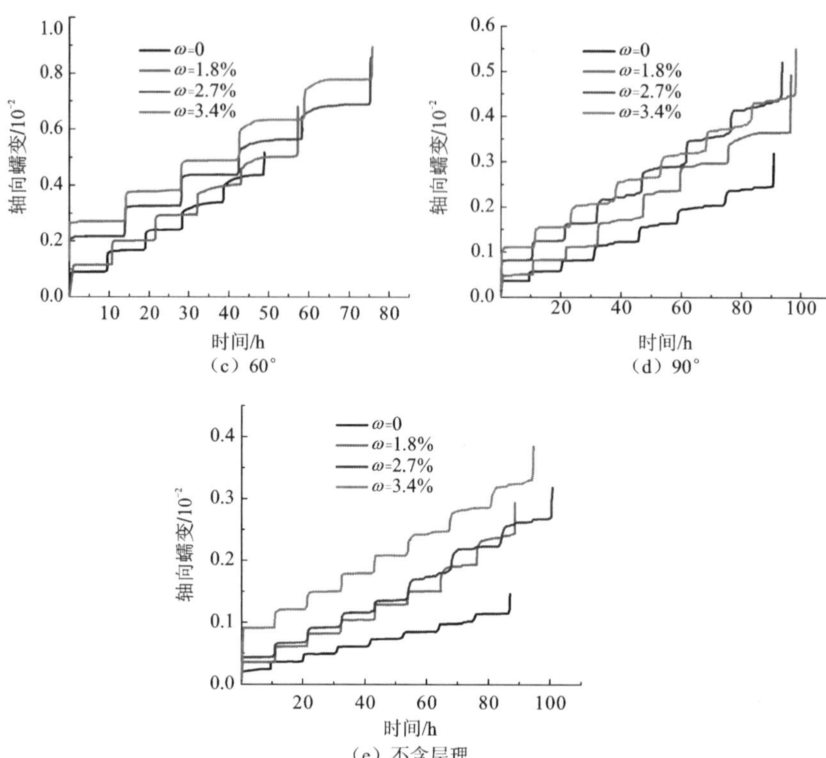

扫一扫 看彩图

图 2.31　定层理角度不同含水率页岩的轴向蠕变–时间曲线

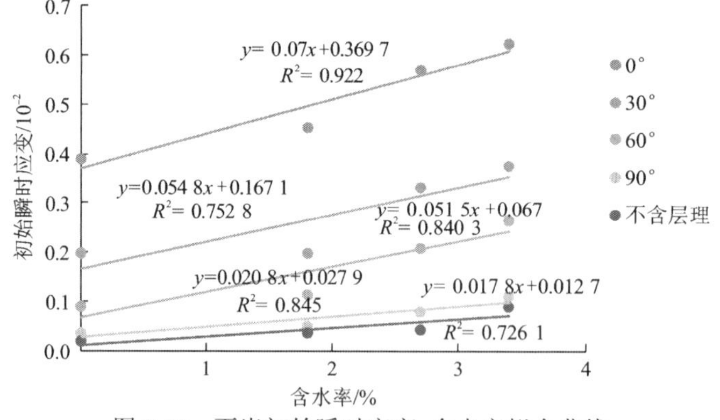

扫一扫 看彩图

图 2.32　页岩初始瞬时应变–含水率拟合曲线

幅度是一个先增加后减小的过程，其变形曲线应大致符合负指数或对数增长方式，由于本试验只考虑了四种含水率情况，数据较少，未能精确拟合出相关性较高的拟合方程。

页岩的瞬时应变在各级应力水平下均随含水率的增加而增加，以 30°页岩为例，其在不同含水状态下的瞬时应变-应力水平曲线见图 2.33，随应力水平的增加，任意含水状态下 30°页岩的瞬时应变近似呈指数函数增长，并且含水率越高，各级的瞬时应变越大。

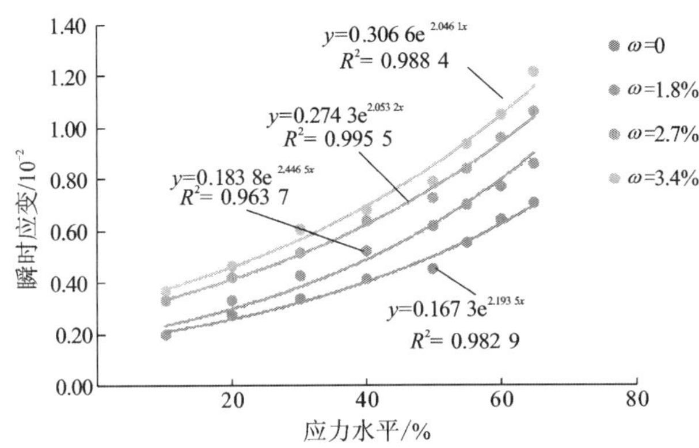

图 2.33　30°含水页岩瞬时应变-应力水平拟合曲线

2.8.3　页岩蠕变模型

1. 页岩蠕变模型建立

从 2.8.1 小节和 2.8.2 小节中页岩的轴向蠕变-时间曲线可以发现，页岩蠕变具有如下特点。

（1）页岩在各级应力水平下均产生瞬时弹性应变，因此，页岩的蠕变模型中应含有弹性元件。根据 2.5 节所得试验结果，页岩的弹性模量和抗压强度均与层理角度和含水率有关，弹性元件中应体现层理和水对页岩强度参数的影响。

（2）从轴向蠕变-时间曲线可以看出，页岩的轴向应变有随着时间的增加而增加的趋势，说明蠕变模型中应包含黏性元件。

（3）低应力水平下，页岩的应变速率随时间的增长而逐渐减小，应变值最后趋于稳定，当应力水平较高时，应变则随时间的增长而增加，应变速率逐渐趋于某一恒定值，表现为稳定蠕变。各试件均有瞬时弹性应变、衰减蠕变和稳定蠕变，并没有经历加速蠕变阶段，而是直接发生脆性破坏。

综上，本书选用伯格斯模型（图 2.34）来反映页岩的蠕变情况，伯格斯模型由麦克斯韦模型和开尔文模型串联而成，具有 4 个流变参数，即 E_1、E_2、η_1、

η_2，E_1和E_2分别为两弹性元件的弹性模量，η_1和η_2为两黏性元件的黏滞系数。

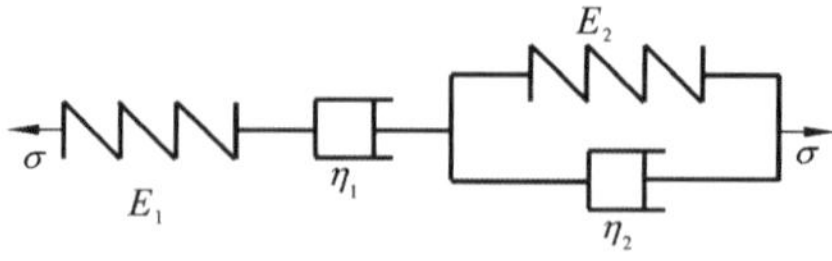

图 2.34　伯格斯模型

模型总应变为

$$\varepsilon=\varepsilon_1+\varepsilon_2+\varepsilon_3 \tag{2.7}$$

瞬时弹性应变为

$$\varepsilon_1=\frac{\sigma}{E_1} \tag{2.8}$$

黏性应变速率为

$$\dot{\varepsilon}_2=\frac{\sigma}{\eta_1} \tag{2.9}$$

开尔文体应变为

$$\varepsilon_3=\frac{\sigma}{E_2}-\frac{\eta_2}{E_2}\dot{\varepsilon}_3 \tag{2.10}$$

由拉普拉斯变换得伯格斯模型的本构方程，即

$$\sigma+\left(\frac{\eta_1}{E_1}+\frac{\eta_1+\eta_2}{E_2}\right)\dot{\sigma}+\frac{\eta_1\eta_2}{E_1E_2}\ddot{\sigma}=\eta_1\dot{\varepsilon}+\frac{\eta_1\eta_2}{E_2}\ddot{\varepsilon} \tag{2.11}$$

式中：$\dot{\sigma}$、$\ddot{\sigma}$分别为应力对时间 t 的一次求导和二次求导；$\dot{\varepsilon}$、$\ddot{\varepsilon}$分别为应变对时间t的一次求导和二次求导。求解式（2.11）即得伯格斯模型的蠕变方程，为

$$\varepsilon=\frac{\sigma}{E_1}+\frac{\sigma}{\eta_1}t+\frac{\sigma}{E_2}\left(1-\mathrm{e}^{-\frac{E_2}{\eta_2}t}\right) \tag{2.12}$$

2. 模型参数的确定

蠕变模型参数的确定较为复杂，目前较为常用的方法是根据试验数据进行曲线拟合，很多商业软件如 Excel、Origin、MATLAB 等都提供了较为强大的拟合功能或拟合工具包，可以通过这些软件对蠕变模型参数进行回归分析，本书应用MATLAB 的拟合工具对模型参数进行反演。由于试件较多，不同角度层理的应力加载水平也不同，这里只列出 60°干燥页岩的蠕变参数反演结果，见表 2.10。为了验证伯格斯模型及其参数的合理性，将试验数据与理论模型结果进行对比，如图 2.35 所示。由图 2.35 可见，两者吻合效果较好，说明伯格斯模型能够很好

地描述页岩的蠕变特征。

表 2.10　60° 干燥页岩的蠕变参数反演结果

应力水平/MPa	模型参数				相关系数 R^2
	E_1/MPa	E_2/MPa	η_1/（MPa·h）	η_2/（MPa·h）	
2.20	31.01	118.69	26 487.62	43.44	0.991
4.40	42.79	73.11	7 609.59	3.10	0.984
6.60	30.68	277.58	26 588.07	64.75	0.897
7.70	25.61	189.05	31 787.76	68.55	0.951
8.80	21.91	288.90	13 963.37	78.98	0.982

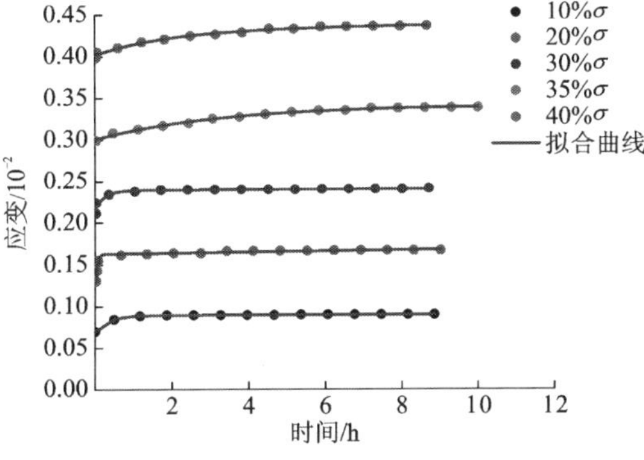

图 2.35　伯格斯模型与试验结果对比

2.8.4　考虑含水损伤的页岩蠕变模型

根据 2.8.1 小节和 2.8.2 小节的分析，页岩的蠕变特性受层理角度和含水率的影响较为显著，需在蠕变模型中体现出层理和水的影响。通过试验得到的瞬时弹性模量、黏性应变速率与层理角度、含水率的拟合关系可以将层理和水的影响反映到蠕变模型参数中。由于试件较多，这里只以自然含水页岩和 30° 页岩为例来分析其拟合结果。自然含水页岩的瞬时弹性模量与层理角度的拟合曲线见图 2.36，由于不同层理页岩的加载路径不同，只对应力水平为 10%σ、20%σ、30%σ、40%σ、50%σ 的几组数据进行拟合，可见，各级瞬时弹性模量与层理角度近似呈指数关系，则可以将两者的关系表达为

$$E(\beta) = a\mathrm{e}^{b'\beta} \tag{2.13}$$

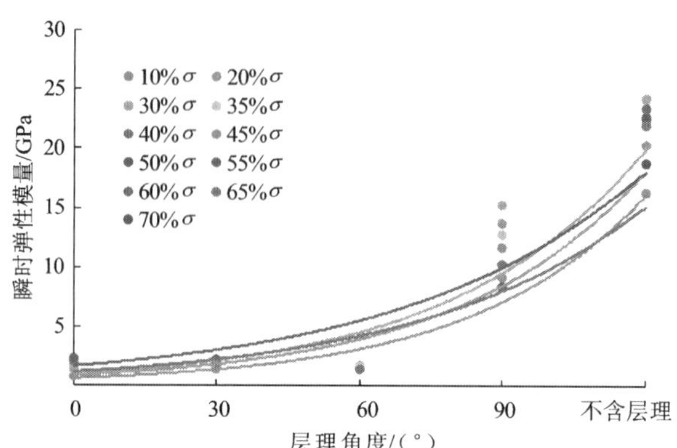

图 2.36　自然含水页岩瞬时弹性模量与层理角度的拟合曲线

30°页岩在各级荷载下的瞬时弹性模量与含水率的拟合曲线见图 2.37，可见，各应力水平下的瞬时弹性模量均随含水率的增加线性减小，因此，可以将瞬时弹性模量与含水率的关系通过线性关系式来表达：

$$E(\omega) = c\omega + d \tag{2.14}$$

联合式（2.13）和式（2.14），便可以得到瞬时弹性模量与层理角度和含水率的关系：

$$\begin{aligned} E_1 &= e'E(\beta) + fE(\omega) \\ &= ae'\mathrm{e}^{b'\beta} + cf\omega + fd \end{aligned} \tag{2.15}$$

令 $A = ae'$，$B = cf$，$C = fd$，则

$$E_1 = A\mathrm{e}^{b'\beta} + B\omega + C \tag{2.16}$$

式中：a、b'、c、d、e'、f 为拟合系数。

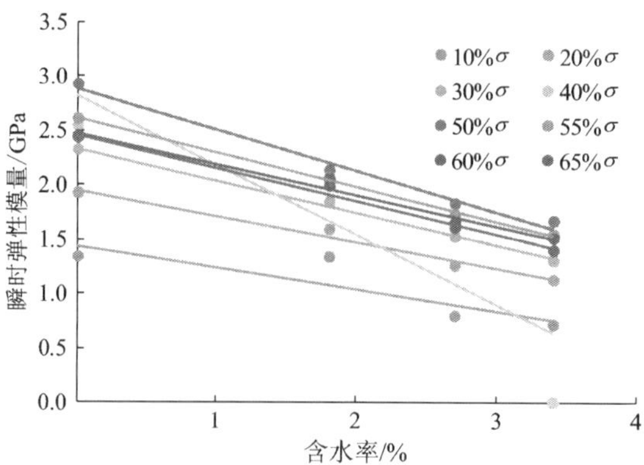

图 2.37　30°页岩瞬时弹性模量与含水率的拟合曲线

由式（2.9）可知，岩石的黏性应变速率与其黏滞系数 η_1 成反比，因此，可以通过页岩的黏性应变速率与层理、水的关系来求得黏滞系数 η_1 与两者的关系式。图 2.38 为自然含水状态下页岩的黏性应变速率与层理角度的拟合曲线，图中仍只对应力水平为 10%σ、20%σ、30%σ、40%σ、50%σ 的几组数据进行拟合。由拟合曲线可知，页岩黏性应变速率与层理角度呈指数关系。30° 页岩的黏性应变速率与含水率的拟合曲线见图 2.39，由图 2.39 可知，页岩的黏性应变速率随含水率的增加线性增加。类似式（2.16）的推导过程，可得黏滞系数 η_1 的表达式，即

$$\frac{1}{\eta_1} = D'\mathrm{e}^{m\beta} + H\omega + F \tag{2.17}$$

式中：m、D'、H、F 为拟合系数。

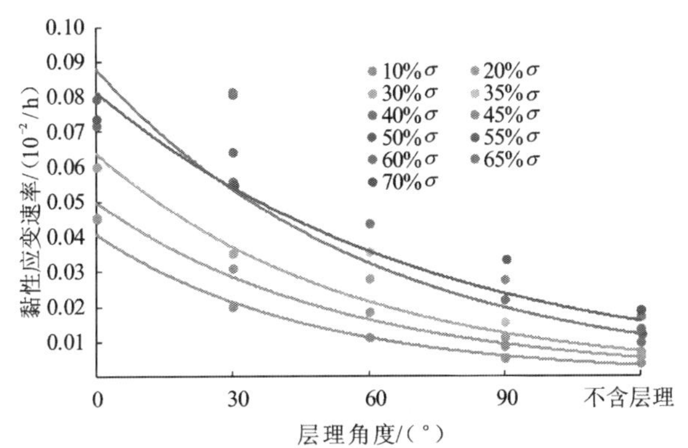

扫一扫 看彩图

图 2.38　自然含水页岩黏性应变速率与层理角度的拟合曲线

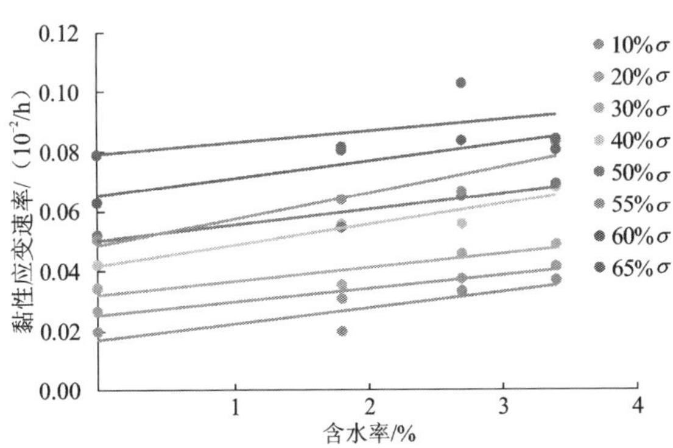

扫一扫 看彩图

图 2.39　30° 页岩黏性应变速率与含水率的拟合曲线

将式（2.16）和式（2.17）代入式（2.12）即可得到能够反映层理和含水率影响的蠕变方程：

$$\varepsilon=\frac{\sigma}{Ae^{b'\beta}+B\omega+C}+\sigma(D'e^{m\beta}+H\omega+F)t+\frac{\sigma}{E_2}\left(1-e^{-\frac{E_2}{\eta_2}t}\right) \tag{2.18}$$

2.9 水对含层理页岩的损伤机理

由上述试验结果可以发现，页岩的抗压、抗拉及蠕变特性均与其含水率和层理角度密切相关，层理对页岩强度、变形特性的影响机理已在 2.5 节进行阐述，这里着重分析水对含层理页岩的损伤机理。

岩石损伤理论认为，当岩石处于一个相对封闭的系统中时，岩石变形破坏的本质为不可逆能量耗散加剧了岩石损伤，从而导致岩石强度的下降，直至丧失。岩石损伤微观上表现为结合键发生位错与破坏，细观上表现为原始微裂纹的扩展、贯通和微孔洞的增长，宏观上则表现为力学参数的下降及力学性能的恶化[229]。地下水是一种重要的地质营力，它与岩石之间的相互作用，既改变着岩石的物理、力学和化学性质，又使地下水自身的物理、力学性质和化学组分发生变化。岩石在水的作用下劣化，可能引起岩土工程的围岩失稳，水对岩石性质的这种改变和劣化可以称为损伤效应，或者水岩作用。概括起来，水岩作用主要有三种：物理作用、化学作用和力学作用。物理作用主要包括润滑、软化作用和结合水的强化作用，化学作用包括溶解、溶蚀、水化离子交换及渗透作用，力学作用主要是孔隙静水压力和动水压力作用。这三种水岩作用常常是共同发生于水岩之间的，对两者性质的变化影响深远。

含层理页岩在不同含水率下表现出不同的力学、变形特性，与水岩之间的物理、力学和化学作用是分不开的。本节从页岩遇水后微结构变化的角度来分析页岩与水之间的物理、化学作用的微观损伤机理。

取不同含水率页岩的微小块体进行 SEM 扫描，观察其微结构，如图 2.40 所示。由图 2.40（a）可知，烘干的页岩试样内部矿物颗粒呈片层状按一定方向有序堆叠，整体形状较规则，结构较为致密，连续性好，内部偶见一定的微小孔隙。图 2.40（b）为自然含水状态页岩的微结构，内部含有一条较为明显的原生微裂隙，微裂隙附近整体比较致密，但散见少量片絮状颗粒，并且越靠近裂隙附近，片絮状颗粒的分布越密集。图 2.40（c）为介于自然和饱水状态的页岩的内部微结构，局部片层状松散颗粒数量开始增多，微孔隙数量也开始增加，该现象沿层理面方向呈条带状分布，而远离层理面处矿物颗粒排序仍较为致密。饱水页岩［图 2.40（d）］的这一现象更为明显，层理处颗粒变得极为松散、破碎，片层状颗粒明显剥落，微裂纹数量明显增加、宽度明显变大，部分连通、扩展为微裂隙。这说明，随着含水率的增加，页岩内部结构逐渐变得松散、破碎，微裂纹逐渐增多、变宽，并且这一现象随与层理面距离的不同而有所差异，具体表现为，越是靠近层理面处，该现象越明显，远离层理面处的变化则较弱，这便解释和印证了 2.7.2 小节所得试验结果与推断，即水对含层理页岩抗拉强度的损伤作用主要是通过层理来实现的。同时，也可以进一步认为，水对含层理页岩强度参数的损伤作用主要是通过层理来实现的。

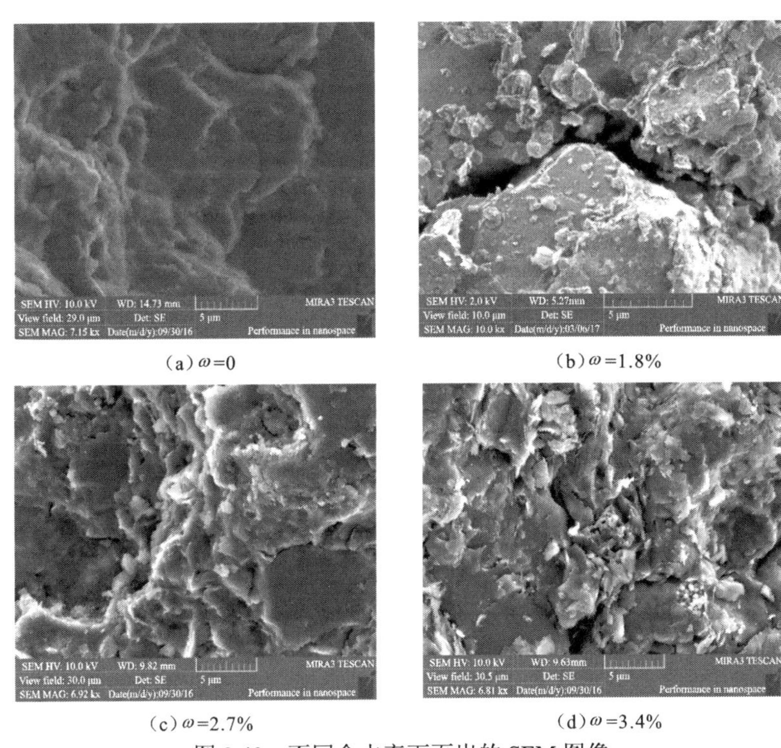

(a) $\omega=0$　(b) $\omega=1.8\%$

(c) $\omega=2.7\%$　(d) $\omega=3.4\%$

图 2.40　不同含水率下页岩的 SEM 图像

对页岩的内部矿物成分进行测试会发现，黑色页岩主要由石英、白云母、黄铁矿及蒙脱石、伊利石、高岭石等各类黏土矿物组成，见图 2.41。其中，黏土矿物遇水后会与水发生化学反应，产生膨胀作用，引起矿物颗粒的体积膨胀，从而使其松散、破碎，黏土矿物的这一性质是由其晶体结构决定的。以蒙脱石为例，其晶体结构是由两层硅氧四面体中间夹一层铝或镁氧八面体构成的层状硅酸盐（图 2.42）。两结构单元层之间通过分子间力进行连接，结构较为松散，在外力或极性水分子作用下，层间将产生相对运动而膨胀或剥离。有研究[230]表明，晶层间距的变化会使两晶层间的应力发生变化，从而在晶层间产生膨胀力作用，而含水率的增加会诱使晶层间距不断发生变化，所产生的层间膨胀力使页岩的微结构破坏，宏观上就表现为遇水膨胀、崩解及软化。

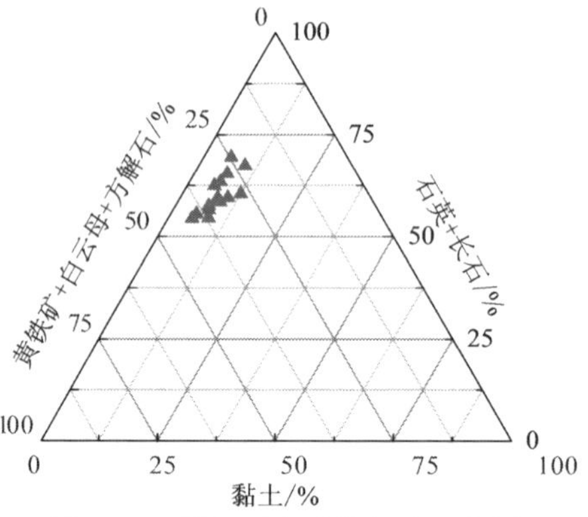

图 2.41　黑色页岩矿物组分三角图

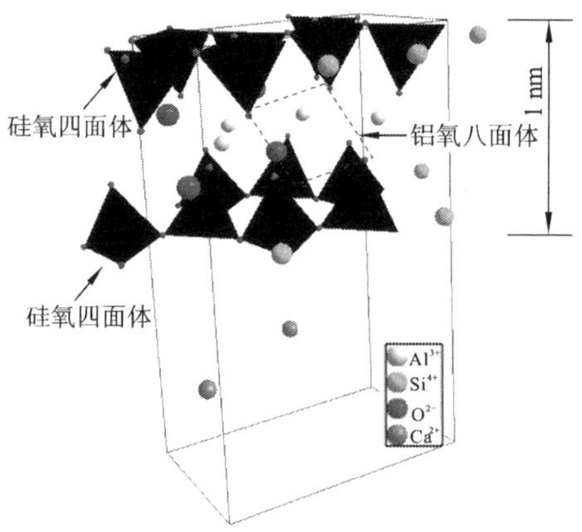

图 2.42　蒙脱石晶体结构

另外，不仅矿物颗粒晶体结构会遇水膨胀，矿物颗粒间的黏结力也会因水岩作用而发生改变。当岩石中有水存在时，矿物颗粒间的黏结力 F_c 可以分为颗粒间引力 F_g、颗粒与水的作用力 F_w、颗粒表面张力 σ_{gw} 和水压力 P_w。其中，颗粒与水的作用力包括强作用力 F_1、弱作用力 F_2 和毛细管力 P_c。毛细管力是能使润湿其管壁的液体自然上升的力，与颗粒表面张力成正比，与颗粒半径 r 成反比。岩石浸水后颗粒体积膨胀，颗粒半径增大，使得毛细管力减小，从而使矿物颗粒间的黏结力减小，岩石强度降低，该变化过程的示意图见图 2.43，图中 φ 为颗粒连线方向与颗粒半径方向的夹角，θ 为润湿角。毛细管力作用也是层状页岩遇水损伤劣化的主要原因之一。

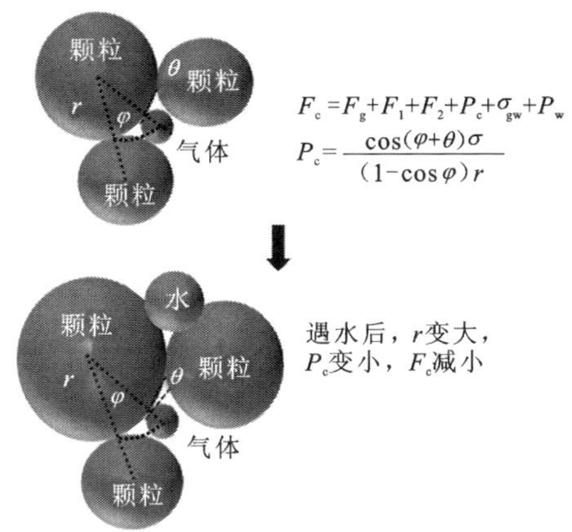

图 2.43　毛细管力与矿物颗粒间作用力遇水变化示意图

2.10　本章小结

本章通过对马嘴隧道现场研究区域的页岩进行室内岩石力学试验，分析了层理和水对页岩力学、变形特性的影响，并综合应用声发射、3DEC 模拟和 SEM 技术对层状含水页岩的损伤破坏机理进行了研究，得出的主要结论如下。

（1）通过 SEM 扫描发现，页岩的矿物成分、矿物排列方式和加载方向决定了其损伤破坏过程。具体表现如下：①层状页岩含较多原生微裂隙，微裂隙沿层理方向密集延伸分布形成微裂隙群，即层理弱面。②矿物晶粒的不均匀性及排列的随机性决定着次生微裂隙的形式及其分布情况。③宏观裂隙控制着页岩的破坏模式，而宏观裂隙的萌生、发展则由矿物排列方式和加载方向共同决定。

（2）层状含水页岩的单轴压缩、三轴压缩和巴西劈裂试验结果均显示，页岩的强度参数与层理角度和含水率密切相关。含水率对其强度参数的损伤作用呈现出线性关系，即含水率越高，其强度近似直线下降；而层理对其强度特性的影响则较为复杂，总体来说，其抗压和抗拉强度随层理角度的增加呈先减小后增加的趋势。另外，当页岩同时受水和层理的损伤作用时，受层理损伤的程度越大，水对其损伤的程度也越高。水虽然对含层理结构页岩的破坏模式影响较小但能够导致次生裂纹的形成。

（3）对层状含水页岩进行了单轴蠕变试验，结果表明，层理角度和含水率对页岩的蠕变特性均有较大影响。同一含水率下，层理角度越大，页岩的瞬时弹性模量越小，而其倾角与页岩的破裂角越相近，瞬时应变的增长速率越快。相同层理角度下，含水率越高，页岩的瞬时应变越大，其黏性应变速率也线性增长。采用伯格斯模型来描述页岩的蠕变情况，并对模型参数进行了反演和验证，结果表明，该模型能够较好地反映页岩的蠕变特征。

（4）通过对不同含水率含层理页岩的微结构的分析得到了上述变化规律的内在机理，即页岩层理面处的内部矿物颗粒遇水膨胀，产生膨胀力作用，使页岩内部结构变得松散、破碎，微裂纹逐渐增多、变宽，宏观上表现为次生裂纹的增多，矿物颗粒间的黏结力也在水的作用下降低，从而使页岩的强度下降、变形加剧。

第 3 章　页岩的各向异性屈服准则及渗流-应力-损伤耦合模型

3.1 引　言

岩土材料的各向异性是由其成岩过程中内部矿物颗粒的排列或后期所处应力环境的改变引起的结构特征和力学特性的差异，对隧道开挖、矿井掘进、页岩气开采等岩土工程有着极为重要的影响。根据成因不同各向异性可分为固有各向异性和应力型各向异性，固有各向异性是由岩土体内部矿物颗粒的排列方向不同引起的，应力型各向异性则是岩土体所处应力状态不同诱发的不同方向变形规律的不同[231-232]。一般而言，变质岩的各向异性主要源于片理、页理和解理，而沉积岩主要源于层理。由第 2 章研究结果可知，页岩的各向异性主要是其内部矿物颗粒的排列和层理引起的，因此，本书研究的页岩各向异性是其固有各向异性。

各向异性岩石的破坏准则研究对于分析其工程稳定性和预测围岩变形、破坏具有重要的意义。国内外学者在这方面也做了一些工作，郑艳妮等[233]提出了基于微结构张量的修正 Hoek-Brown 准则。李良权等[234]在 Hoek-Brown 准则的基础上，引入与岩体微结构面张量和加载方向相关的各向异性参数，对参数进行了改进，提出了一种各向异性强度准则。Taliercio 等[235]根据 Mohr-Coulomb 强度准则建立了各向异性层状岩石的破坏准则。Tien 等[78]基于 Jaeger 破坏准则和最大轴向应变理论提出了一种横观各向同性岩石破坏准则。Saroglou 等[236]在 Hoek-Brown 准则中引入能够反映强度各向异性的参数来描述片麻岩、片岩和花岗岩的破坏，但该准则不能用于描述固有各向异性的岩石，如沉积岩。Ismael 等[237]针对修正的 Hoek-Brown 准则各向异性参数的确定需要大量的试验数据及难以计算的问题，提出了一种能够通过少量的试验数据来考虑各向异性参数的变化趋势及其与最小各向异性参数之间关系的方法。佘成学等[238]基于 Cosserat 介质理论，针对具有弯曲变形效应的层状岩体，建立了考虑弯曲屈服效应的屈服准则。

以上研究在考虑岩石的各向异性时，多是根据室内单轴或三轴压缩试验数据引入能够反映岩石强度或变形的各向异性参数，进而将各向异性参数代入已有经验公式来表示各向异性岩石的屈服准则。该方法注重对各向异性岩石在试验过程中的宏观表现，如强度的各向异性，而忽略了岩石各向异性的内在机理。以第 2 章得到的页岩的试验结果为例，室内单轴、三轴压缩试验及微结构 SEM 扫描显示，含层理结构的页岩表现出的强度各向异性本质上是由不同层理角度页岩的内部矿物颗粒的排列方式及矿物组分决定的。采用岩石在不同层理方向的强度比来定义其各向异性[78,180,236]虽然能够从宏观上把握岩石的各向异性，预测其强度、变形规律，但不能反映岩石的各向异性微观机理，因此，本章采用 Pietruszczak 等[239]提出的微结构方法，将用来描述岩石内部矿物颗粒和微裂纹分布的微结构张量引入岩石的各向异性参数中来描述页岩的各向异性，并将该参数引入 Drucker-Prager 屈服准则，结合层理和水对页岩强度参数的损伤演化规律，构建考虑页岩微结构和损伤演化过程的渗流-应力-损伤耦合模型。

3.2 页岩的各向异性

由第 2 章试验结果可知，页岩的强度参数受层理和含水率的影响，表现出了明显的各向异性特征，这里采用 Duveau 等[94]定义的强度各向异性度计算公式对页岩的各向异性进行分析。Duveau 等[94]定义的岩石的压缩强度各向异性度为其压缩强度最大值与最小值的比值，见式（3.1）。

$$R_{\mathrm{c}} = \frac{\sigma_{\mathrm{cmax}}}{\sigma_{\mathrm{cmin}}} \tag{3.1}$$

式中：R_{c} 为压缩强度各向异性度；σ_{cmax} 为压缩强度最大值；σ_{cmin} 为压缩强度最小值。

通过式（3.1）计算的页岩的压缩强度各向异性度随围压及含水率的变化规律见图 3.1，由图 3.1 可知，含水率相同时，页岩的压缩强度各向异性度随围压的增加逐渐降低；相对于低含水率页岩，饱水页岩的压缩强度各向异性度随围压的增加降低趋势更为陡峭，说明围压的增加能够降低页岩的压缩强度各向异性度，含水率越高，围压的作用效果越好。分析图 3.1 中页岩的压缩强度各向异性度随含水率的变化趋势可以发现，围压相同时，含水率越高，页岩的各向异性越显著；低围压下，页岩的压缩强度各向异性度的变化趋势较为陡峭，高围压下，页岩的压缩强度各向异性度受含水率的影响不再明显。

类似地，可以定义页岩的抗拉强度各向异性度，为

$$R_{\mathrm{t}} = \frac{\sigma_{\mathrm{tmax}}}{\sigma_{\mathrm{tmin}}} \tag{3.2}$$

式中：R_t 为页岩的抗拉强度各向异性度；σ_{tmax} 为页岩的最大抗拉强度；σ_{tmin} 为页岩的最小抗拉强度。

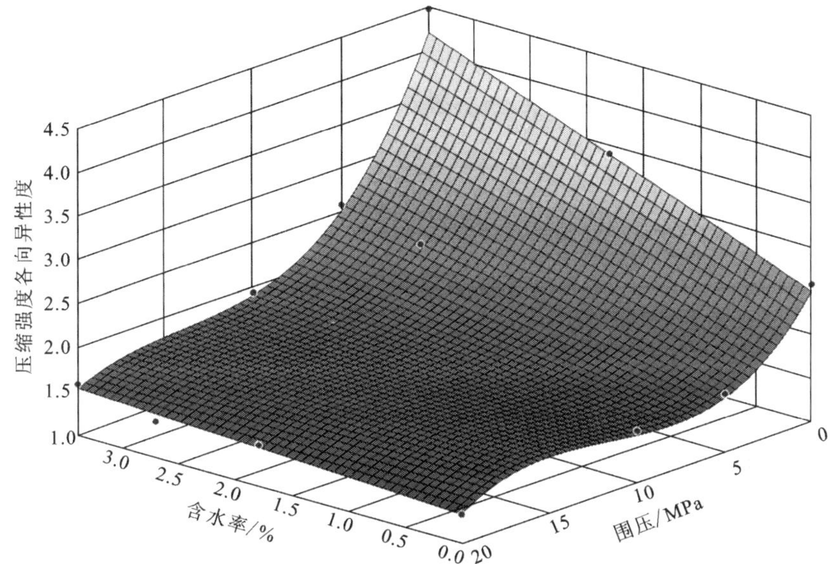

图 3.1　压缩强度各向异性度随围压和含水率的变化规律

由式（3.2）计算的页岩抗拉强度各向异性度随含水率的变化规律见图 3.2。由图 3.2 可见，与页岩的压缩强度各向异性度的变化规律类似，含水率越高，其抗拉强度各向异性度越大。

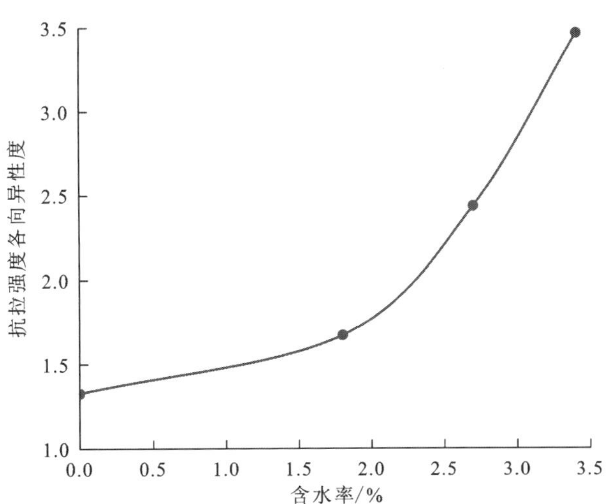

图 3.2　抗拉强度各向异性度随含水率的变化规律

3.3　考虑页岩固有各向异性的屈服准则

Pietruszczak 等[239]基于微结构对岩石力学特性的影响，对 Mohr-Coulomb 强度准则进行了改进，将岩石的固有各向异性引入流动法则中。改进的 Mohr-Coulomb 强度准则能够很好地描述页岩等的固有各向异性及其破坏特征。

1. 各向异性的微结构表达

微结构方法通过引入能够反映材料内部颗粒和微裂纹分布的微结构张量的分量 a_{ij} 来定义岩石的各向异性参数 η，其可由式（3.3）计算。

$$\eta = a_{ij} l_i l_j = \frac{\operatorname{tr}(a_{ik}\sigma_{ij}\sigma_{kj})}{\operatorname{tr}(\sigma_{pq}\sigma_{pq})} \tag{3.3}$$

其中，σ_{ij} 为应力张量的分量，$l_i = \dfrac{L_i}{\sqrt{L_k L_k}} = L_1 e^{(1)} + L_2 e^{(2)} + L_3 e^{(3)}$，$L_i$ 为定义的层理面法向牵引模量，$e^{(1)}$、$e^{(2)}$、$e^{(3)}$分别为第一主应力、第二偏应力、第三偏应力方向的单位向量，如图 3.3 所示。

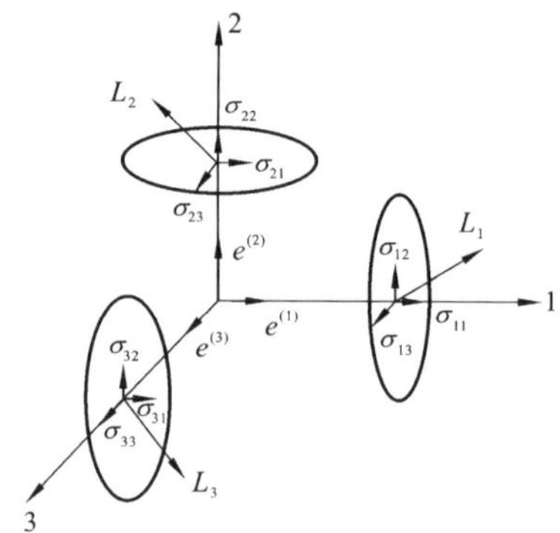

图 3.3　微结构张量三个主方向及牵引模量示意图

$$\begin{cases} L_1 = \sqrt{\sigma_{11}^2 + \sigma_{12}^2 + \sigma_{13}^2} \\ L_2 = \sqrt{\sigma_{21}^2 + \sigma_{22}^2 + \sigma_{23}^2} \\ L_3 = \sqrt{\sigma_{31}^2 + \sigma_{32}^2 + \sigma_{33}^2} \end{cases} \tag{3.4}$$

η 也可以采用通式式（3.5）来表示：

$$\eta = \eta_0 (1 + A_{ij} l_i l_j) \tag{3.5}$$

其中，$\eta_0=\dfrac{1}{3}a_{kk}$，$A_{ij}=\dfrac{1}{\eta_0}a_{ij}-\delta_{ij}$（$\delta_{ij}$ 为 Kronecker 符号），考虑高阶张量时，式（3.5）可被推广为

$$\eta=\eta_0(1+A_{ij}l_il_j+A_{ijkl}l_il_jl_kl_l+A_{ijklmn}l_il_jl_kl_ll_ml_n+\cdots) \tag{3.6}$$

为计算简便，可将高阶张量的分量定义为

$$A_{ijkl}=b_1A_{ij}A_{kl},\quad A_{ijklmn}=b_2A_{ij}A_{kl}A_{mn} \tag{3.7}$$

将式（3.7）代入式（3.6）可得

$$\eta=\eta_0[1+A_{ij}l_il_j+b_1(A_{ij}l_il_j)^2+b_2(A_{ij}l_il_j)^3+\cdots] \tag{3.8}$$

式中：b_i 为常数。

2. 将微结构表示的各向异性参数 η 引入 Drucker-Prager 屈服准则

将各向异性参数引入屈服准则中，屈服方程为

$$f=f(\sigma_{ij},a_{ij},\varepsilon_{ij}^{\mathrm{p}})=f(\boldsymbol{I}_1,\boldsymbol{J}_2,\boldsymbol{J}_3,\eta)=0 \tag{3.9}$$

式中：$\boldsymbol{I}_1$、$\boldsymbol{J}_2$、$\boldsymbol{J}_3$ 分别为第一主应力、第二偏应力、第三偏应力张量；$\varepsilon_{ij}^{\mathrm{p}}$ 为塑性应变张量的分量。

Drucker-Prager 屈服准则可以表达为

$$F=\sqrt{3}\bar{\sigma}-\eta_fg(\theta)(\sigma_m+C)=0 \tag{3.10}$$

其中，$\bar{\sigma}=(\boldsymbol{J}_2)^{\frac{1}{2}}$，$\sigma_m=\dfrac{1}{3}\boldsymbol{I}_1$，$\theta=\dfrac{1}{3}\sin^{-1}\left(-\dfrac{3\sqrt{3}}{2}\dfrac{\boldsymbol{J}_3}{\bar{\sigma}^3}\right)$，$g(\theta)=\dfrac{3-\sin\varphi}{2\sqrt{3}\cos\theta-2\sin\theta\sin\varphi}$，$\eta_f=\dfrac{6\sin\varphi}{3-\sin\varphi}$，$C=c\cot\varphi$，$\theta$ 为罗德角，φ、c 为内摩擦角和内聚力，F 为岩石微元强度。

假设 η_f 和 C 受层理方向的影响，以描述岩石固有各向异性，并且认为 η_f 与式（3.8）有类似的形式，即

$$\eta_f=\hat{\eta}_f[1+A_{ij}l_il_j+b_1(A_{ij}l_il_j)^2+b_2(A_{ij}l_il_j)^3+\cdots] \tag{3.11}$$

式中：$\hat{\eta}_f$ 为系数。

C 为常数，则梯度算子

$$\frac{\partial f}{\partial\sigma_{ij}}=\left(\frac{\partial f}{\partial\sigma_m}\frac{\partial\sigma_m}{\partial\sigma_{ij}}+\frac{\partial f}{\partial\bar{\sigma}}\frac{\partial\bar{\sigma}}{\partial\sigma_{ij}}+\frac{\partial f}{\partial\theta}\frac{\partial\theta}{\partial\sigma_{ij}}\right)+\frac{\partial f}{\partial\eta_f}\frac{\partial\eta_f}{\partial\sigma_{ij}} \tag{3.12}$$

如此，各向异性的影响便引入式（3.12）的最后一项中，并且有

$$\frac{\partial f}{\partial\sigma_{ij}}=2\hat{\eta}_f[1+2b_1A_{ij}l_il_j+3b_2(A_{ij}l_il_j)^2+\cdots]\frac{A_{ki}\sigma_{kj}\sigma_{pq}-A_{pk}\sigma_{pq}\sigma_{kq}\sigma_{ij}}{(\sigma_{mn}\sigma_{mn})^2} \tag{3.13}$$

3. 参数辨识

首先需要确定由式(3.11)所定义的材料函数η_f和C，$\eta_f=\eta_f(l_i)$与层理角度β有关，这里假设试件所受围压为p_0，并根据层理方向定义局部坐标(x_1,x_2,x_3)，见图 3.4。

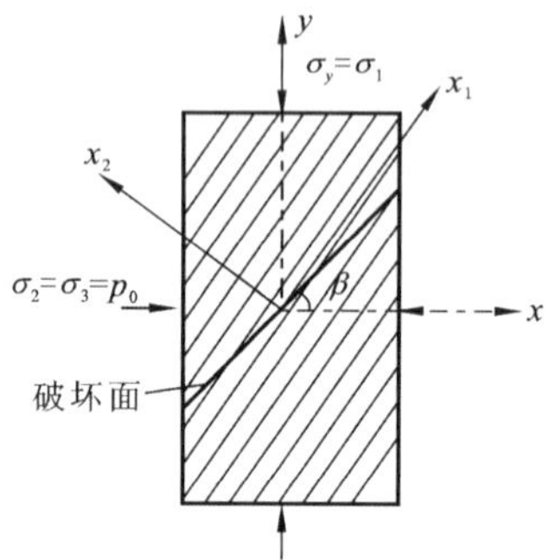

图 3.4　根据层理方向定义的局部坐标示意图

σ_y为y方向应力；σ_1为轴压；σ_2、σ_3为围压

因为$A_{ij}=A_1(1+3l_2^2)$（A_1为参数），所以

$$l_2^2=\frac{p_0^2\sin^2\beta+\sigma_1^2\cos^2\beta}{2p_0^2+\sigma_1^2} \tag{3.14}$$

代入式（3.11）得

$$\eta_f=\hat{\eta}_f[1+A_1(1-3l_2^2)+b_1A_1^2(1-3l_2^2)^2+b_2A_1^3(1-3l_2^2)^3+b_3A_1^4(1-3l_2^2)^4+\cdots] \tag{3.15}$$

注意到单轴压缩试验中$p_0=0$，$l_2=\cos\beta$，各向异性参数η_f成为层理角度β的显式函数：

$$l_2^2=\cos^2\beta\Rightarrow\eta_f=\hat{\eta}_f[1+A_1(1-3\cos^2\beta)+b_1A_1^2(1-3\cos^2\beta)^2+\cdots] \tag{3.16}$$

对于某一特定角度的试件，设其破坏面的应力参数为 m、n，则各向异性参数可由式（3.17）确定。

$$\eta_f=\frac{n}{m+c} \tag{3.17}$$

联合式(3.14)、式(3.17)便可得到一系列$(\eta_f,\ l_2)$的数据点，代入式(3.15)即得各参数值。

3.4　渗流-应力-损伤耦合模型

天然状态下，隧道围岩赋存于稳定的应力-水耦合环境中，在隧道开挖扰动作用下，这种平衡状态被破坏，应力不平衡使隧道围岩内部产生微裂纹（即损伤），微裂纹随应力的调整而逐渐扩展、汇聚、贯通形成宏观裂缝，应力随着裂纹的不断贯通而再次达到平衡，这种应力与损伤之间的相互作用即应力-损伤耦合。与此同时，应力状态调整引起的岩石损伤也会使其渗透性能发生改变，微裂纹发展及渗透性能的改变使岩石的应力状态和孔隙水压力分布发生变化，进一步引起岩石的损伤发展，这种相互耦合作用即渗流-应力-损伤耦合。岩石的渗流-应力-损伤耦合作用广泛存在于隧道开挖、矿山掘进、边坡及核废料处置等工程中，理解其作用机理和耦合特性具有较大的理论与工程意义。

3.4.1　损伤演化模型

Dougill[240]于 1976 年将损伤力学引入岩石力学研究中，损伤力学的首要任务是选择合适的损伤变量来定义材料的损伤程度和状态[241]，本书采用法国学者 Lemaitre[242]提出的应变等效性假说，该假说认为名义应力作用在损伤材料上所引起的变形等效于有效应力 σ'作用在虚拟无损材料上的变形，虚拟无损材料的承载面积和损伤材料的有效承载面积相等，如图 3.5 所示，图中 A、A'分别为无损材料的横截面积和损伤后的有效承载面积。假设岩石的损伤各向同性，则岩石的一维损伤本构关系为

$$\sigma=\sigma'(1-D)=E(1-D)\varepsilon \tag{3.18}$$

式中：σ 为应力；σ'为有效应力；D 为损伤变量；ε 为变形；E 为弹性模量。

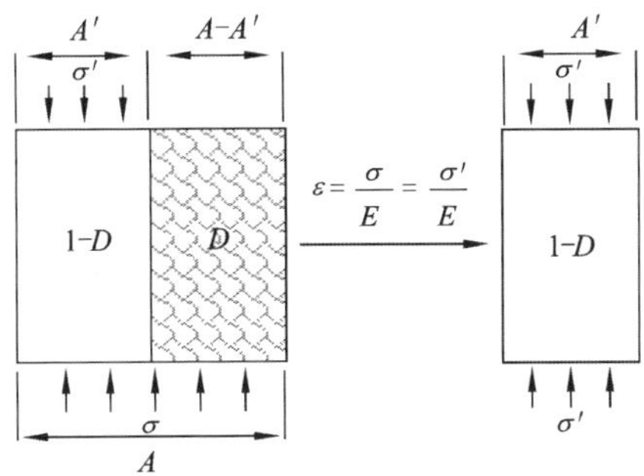

图 3.5　应变等效性假说示意图

由第 2 章页岩的微结构可知，岩石材料内部含有微裂纹、孔洞等初始损伤，矿物颗粒排列也较为随机，因此，可以认为页岩的强度是一个随矿物颗粒排列和初始损伤随机变化的量，这里采用 Weibull 分布来描述其强度分布的随机性，岩石材料微元破坏的概率密度函数为

$$P(F)=\begin{cases}\dfrac{m'}{F_0}\left(\dfrac{F}{F_0}\right)^{m'-1}\exp\left[-\left(\dfrac{F}{F_0}\right)^{m'}\right], & F\geqslant 0\\ 0, & F<0\end{cases}\tag{3.19}$$

式中：F 为微元强度的随机分布变量；m' 和 F_0 为反映材料非均质性的非负常数。定义损伤变量 D 为材料破坏的微元数 N_f 与微元总数 N 的比值，其范围为 0～1，则

$$D=\frac{N_f}{N}=\frac{N\int_0^F\dfrac{m'}{F_0}\left(\dfrac{x}{F_0}\right)^{m'-1}\exp\left[-\left(\dfrac{x}{F_0}\right)^{m'}\right]\mathrm{d}x}{N}=1-\exp\left[-\left(\frac{F}{F_0}\right)^{m'}\right]\tag{3.20}$$

将式（3.20）代入式（3.18）得

$$\sigma=E\varepsilon\exp\left[-\left(\frac{F}{F_0}\right)^{m'}\right]\tag{3.21}$$

本书采用 3.3 节建立的考虑页岩固有各向异性的 Drucker-Prager 屈服准则即式（3.10）来模拟岩石的屈服和破坏，岩石材料的微元强度可以表示为

$$F=\sqrt{3J_2'}-\eta_f g(\theta)\left(C-\frac{1}{3}I_1'\right)\tag{3.22}$$

式中：I_1' 和 J_2' 分别为应力第一不变量和应力偏量第二不变量，其表达式为

$$\begin{cases}I_1'=\sigma_1'+\sigma_2'+\sigma_3'\\ J_2'=\dfrac{(\sigma_1'-\sigma_2')^2+(\sigma_2'-\sigma_3')^2+(\sigma_3'-\sigma_1')^2}{6}\end{cases}\tag{3.23}$$

其中：σ_1'、σ_2' 和 σ_3' 分别为岩石材料的第一、第二和第三有效主应力，其相应的名义主应力分别为 σ_1、σ_2 和 σ_3，根据广义胡克定律和岩石材料的损伤演化规律可得

$$1-D=\frac{\sigma_1-\upsilon(\sigma_2+\sigma_3)}{E\varepsilon_1}\tag{3.24}$$

υ 为泊松比；ε_1 为轴向应变。

联合式（3.18）、式（3.23）和式（3.24），得

$$I_1' = \sigma_1' + \sigma_2' + \sigma_3' = \frac{\sigma_1 + \sigma_2 + \sigma_3}{1-D} = \frac{I_1}{1-D} = \frac{E\varepsilon_1 I_1}{\sigma_1 - \upsilon(\sigma_2 + \sigma_3)} \tag{3.25}$$

$$\begin{aligned} J_2' &= \frac{(\sigma_1' - \sigma_2')^2 + (\sigma_2' - \sigma_3')^2 + (\sigma_3' - \sigma_1')^2}{6} \\ &= \frac{(\sigma_1 - \sigma_2)^2 + (\sigma_2 - \sigma_3)^2 + (\sigma_3 - \sigma_1)^2}{6(1-D)^2} \\ &= \frac{E^2 \varepsilon_1^2 J_2}{[\sigma_1 - \upsilon(\sigma_2 + \sigma_3)]^2} \end{aligned} \tag{3.26}$$

将式（3.25）和式（3.26）代入式（3.22）中，得

$$F = \frac{E\varepsilon_1 \sqrt{3J_2}}{\sigma_1 - \upsilon(\sigma_2 + \sigma_3)} - \eta_f g(\theta)\left[C - \frac{1}{3}\frac{E\varepsilon_1 I_1}{\sigma_1 - \upsilon(\sigma_2 + \sigma_3)}\right] \tag{3.27}$$

单轴压缩试验中，有 $\sigma_1=\sigma$，$\sigma_2=\sigma_3=0$，$\varepsilon_1=\varepsilon$，式（3.27）可简化为

$$F = E\varepsilon - \eta_f g(\theta)\left(C - \frac{1}{3}E\varepsilon\right) \tag{3.28}$$

将式（3.28）代入式（3.21）得

$$\sigma = E\varepsilon \exp\left\{-\left[\frac{E\varepsilon - \eta_f g(\theta)\left(C - \frac{1}{3}E\varepsilon\right)}{F_0}\right]^{m'}\right\} \tag{3.29}$$

对于页岩典型的单轴压缩试验曲线，岩石破坏时满足以下条件：① $\varepsilon=\varepsilon_{pk}$，$\sigma=\sigma_{pk}$；② $\varepsilon=\varepsilon_{pk}$，$\dfrac{d\sigma}{d\varepsilon}=0$。$\sigma_{pk}$ 和 ε_{pk} 分别为峰值强度和对应的应变。

将式（3.29）对 ε 求导，得

$$\begin{aligned} \frac{d\sigma}{d\varepsilon} &= E\exp\left\{-\left[\frac{E\varepsilon - \eta_f g(\theta)\left(C - \frac{1}{3}E\varepsilon\right)}{F_0}\right]^{m'}\right\} \\ &\times\left(1 + \left[\frac{E\varepsilon + \frac{1}{3}E\varepsilon\eta_f g(\theta)}{F_0}\right]\left\{-m'\left[\frac{E\varepsilon - \eta_f g(\theta)\left(C - \frac{1}{3}E\varepsilon\right)}{F_0}\right]^{m'-1}\right\}\right) \end{aligned} \tag{3.30}$$

因为 $\dfrac{\mathrm{d}\sigma}{\mathrm{d}\varepsilon}=0$，又由于 $E\neq 0$， $\exp\left\{-\left[\dfrac{E\varepsilon-\eta_f g(\theta)\left(C-\frac{1}{3}E\varepsilon\right)}{F_0}\right]^{m'}\right\}\neq 0$，则有

$$1+\left[\frac{E\varepsilon+\frac{1}{3}E\varepsilon\eta_f g(\theta)}{F_0}\right]\left\{-m'\left[\frac{E\varepsilon-\eta_f g(\theta)\left(C-\frac{1}{3}E\varepsilon\right)}{F_0}\right]^{m'-1}\right\}=0 \tag{3.31}$$

为表达简便，令 $S=E\varepsilon+\frac{1}{3}E\varepsilon\eta_f g(\theta)$， $B=E\varepsilon-\eta_f g(\theta)\left(C-\frac{1}{3}E\varepsilon\right)$，则式（3.31）简化为

$$1-m'\frac{S}{F_0}\left(\frac{B}{F_0}\right)^{m'-1}=0 \tag{3.32}$$

计算得

$$F_0=B-(SBm')^{\frac{1}{m'}} \tag{3.33}$$

再由条件①和式（3.29）可得

$$m'=SB\ln\frac{\sigma_{\mathrm{pk}}}{E\varepsilon_{\mathrm{pk}}} \tag{3.34}$$

联合式（3.29）、式（3.33）和式（3.34）即得页岩的损伤本构模型：

$$\begin{cases}\sigma=E\varepsilon\exp\left\{-\left[\dfrac{E\varepsilon-\eta_f g(\theta)\left(C-\frac{1}{3}E\varepsilon\right)}{F_0}\right]^{m'}\right\}\\ F_0=B-(SBm')^{\frac{1}{m'}}\\ m'=SB\ln\dfrac{\sigma_{\mathrm{pk}}}{E\varepsilon_{\mathrm{pk}}}\end{cases} \tag{3.35}$$

3.4.2　基于逾渗理论的渗透性演化方程

自然界中的咖啡渗透、多孔介质中石油的流动、流行疾病、森林火灾等现象有一个共同的特点，即当某种浓度、密度、比例逐渐增加或减少到一定的值时，物体的某种性质会发生突变或相变，如咖啡渗透、石油导通、流行病全面暴发及森林火灾全面蔓延等。这种自然现象都包含某种事物逐渐渗透的过程，从而被命名为逾渗，Boardbent 等[243]于 1957 年最早提出了该概念。逾渗模型最初被用于描述流体在随机多孔介质中的流动问题，然后被逐渐应用于材料、医学、生物等领域，该理论本质上是概率论的分支，所研究的模型为处理强无序随机几何结构的重要模型[244]。通过MATLAB得到的符合逾渗模型的裂隙中流体速度和压力的分布如图 3.6 所示，由图 3.6 可知流体是沿着相互贯通的裂隙流动的。

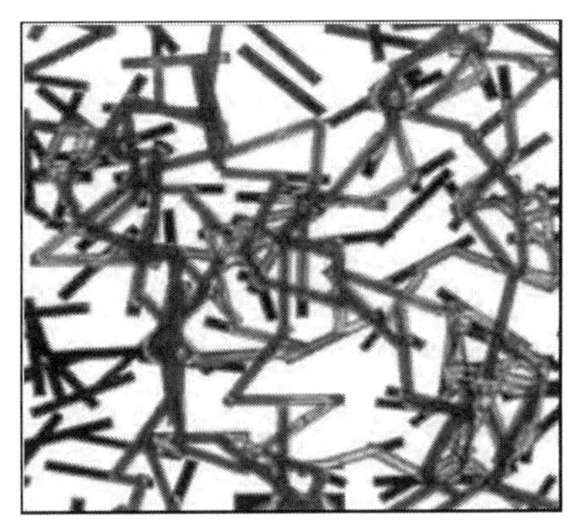

(a) 流体速度

(b) 压力

图 3.6　裂隙中流体速度和压力的分布[244]

1. 逾渗理论的基本概念

为便于应用，这里给出逾渗理论的几个常用基本概念。

1）键逾渗和座逾渗

以一个二维正方格为例，见图 3.7，网格中的连线称为键，连线的交点称为座，键和座在逾渗过程中均有联结和断开两种状态，联结的座又称为已占座，断开的座称为空座。

2）联结百分率

对于键逾渗而言，座都是联结的，每条键可能是断开或联结的，设联结的概率为 p，则断开的概率为 $1-p$，认为系统是随机无序的，则每条键的联结概率不

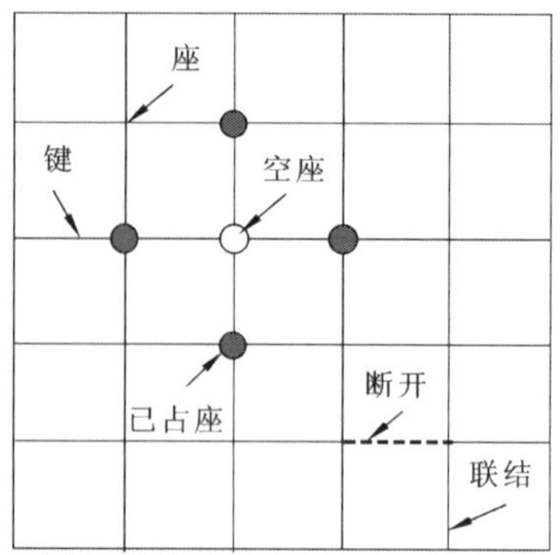

图 3.7 键逾渗和座逾渗示意图

受相邻键的影响。同样地，对于座逾渗，键都是联结的，座联结和不联结的概率分别为 p 和 $1-p$，座的联结概率也不受其相邻座的影响。

3）集团

一组联结的座或键为一个集团。随概率 p 的增加，网格中会出现不同大小的集团，集团大小指集团中已占座或键的比例，因此，概率越大，集团越大。当集团较小，没有形成贯通全系统的逾渗通路时，称为有限大集团；当集团逐渐变大，形成贯通系统的逾渗通路时，称为无限大集团，即逾渗集团。网格上出现无限大集团时，系统的宏观性质发生质的变化，即出现逾渗现象。

4）逾渗阈值

逾渗阈值即存在一个临界值 p_c，当 p 达到该值时系统的性质发生突变，出现逾渗现象。

2. 联结概率和逾渗阈值求取

页岩多孔介质由固体骨架和孔隙构成，对于流体而言，孔隙为联结键，固体骨架为断开键，随机分布的孔隙联结构成较多的孔隙集团，包含孔隙数最多的团为最大集团。在页岩加载变形过程中，初始压密阶段原生微孔隙被压密闭合，孔隙率降低，孔隙之间的联结性减小，使大部分集团零星分布，仅有极少数集团相互联结，难以形成无限大的相互贯通的集团，因此，流体几乎无法渗透通过页岩多孔介质，导致页岩的渗透率降低。随着荷载的增加，岩石内部开始萌生微裂隙，裂隙扩展、汇聚、贯通，孔隙率增加，当孔隙率达到某一临界值时，岩石内部的集团相互联结，形成更大的集团，产生逾渗现象，流体通过大集团形成的渗流通道从页岩的一端流向另一端，渗透率发生突变，渗透率发生突变时的概率称为逾渗阈值。由此可见，页岩的渗透演化具有明显的逾渗特征，因此，本书基于逾渗理论建立页岩的渗透演化模型。

文献[245]采用键逾渗模型建立了泥岩的渗透演化方程，本书采用该方法来建立页岩的渗透演化方程。假设页岩键逾渗模型网格内的任一条键的联结概率为 p，随联结概率的增加，系统中会出现不同大小的集团，联结概率的大小与岩石内部微元的破坏有关，认为联结概率等于微元破坏概率。假设岩石微元强度服从 Weibull 分布，其概率密度函数见式（3.19），则联结概率为

$$p=\int_0^F \frac{m'}{F_0}\left(\frac{x}{F_0}\right)^{m'-1} \exp\left[-\left(\frac{x}{F_0}\right)^{m'}\right]\mathrm{d}x=1-\exp\left[-\left(\frac{F}{F_0}\right)^{m'}\right] \tag{3.36}$$

岩石的微元强度可通过其轴向应变来表示，式（3.36）可变为

$$p=1-\exp\left[-\left(\frac{\sigma_{\mathrm{c}}}{\varepsilon_0}\right)^{m'}\right] \tag{3.37}$$

式中：σ_{c} 为岩石的微元强度；ε_0 为 Weibull 分布参数，取 $\varepsilon_0=\varepsilon_{\mathrm{ci}}$，$\varepsilon_{\mathrm{ci}}$ 为页岩扩容点所对应的应变；m'为非均匀程度，取 $m'=0.5$。因此，

$$p=1-\exp\left[-\left(\frac{\sigma_{\mathrm{c}}}{\varepsilon_{\mathrm{ci}}}\right)^{0.5}\right] \tag{3.38}$$

由岩石的渗透性在其扩容点发生突变可得其逾渗阈值，为

$$p_{\mathrm{c}}=1-\exp\left[-\left(\frac{\varepsilon_{\mathrm{ci}}}{\varepsilon_{\mathrm{ci}}}\right)^{0.5}\right]=0.63 \tag{3.39}$$

3. 渗透性演化方程的建立

页岩的渗透率是由其内部裂隙的连通程度决定的，连通度越高，渗透率越大，当裂隙网络中的每一条裂隙均无限延伸构成一条通路时，其连通度 $e=1$；若各组裂隙互不相交，无法形成通路，则连通度 $e=0$。连通度 e 可通过量测裂隙网络中每条裂隙与其他裂隙交叉点的平均数量来得到。连通度可以用贯穿整个裂隙网络的无限大集团中裂隙数量的函数来表示：

$$e\propto(O-N_{\mathrm{ci}})^2 \tag{3.40}$$

式中：O 为裂隙总数量；N_{ci} 为阈值对应的裂隙数量。因为 $O-N_{\mathrm{ci}}$ 与 $p-p_{\mathrm{c}}$ 含义相同，则式（3.40）可以替换为

$$e\propto(p-p_{\mathrm{c}})^2 \tag{3.41}$$

某一时刻，连通度 e 是该时刻渗透系数与完全连通时渗透系数的比值，即

$$e\propto\frac{k}{k_{\mathrm{s}}} \tag{3.42}$$

引入常数 H，渗透系数表示为

$$k=Hk_s(p-p_c)^2=Hk_s\left\{1-\exp\left[-\left(\frac{\sigma_c}{\varepsilon_{ci}}\right)^{0.5}\right]-p_c\right\}^2 \tag{3.43}$$

渗透率达到峰值时，$k=k_s$，$\sigma_c=\varepsilon_p$，ε_p 为渗透峰值对应的轴向应变，代入式（3.43）可求得

$$\frac{1}{H}=\left\{1-\exp\left[-\left(\frac{\varepsilon_p}{\varepsilon_{ci}}\right)^{0.5}\right]-p_c\right\}^2 \tag{3.44}$$

由逾渗理论可知，发生逾渗现象后，岩石由不渗透转变为渗透，式（3.43）表示的仅是发生逾渗转变后的渗透系数表达式，该公式不能用来描述扩容点以前的岩石渗透性的演化，因此，这里还需要研究逾渗发生以前的渗透性的演化方程。

材料的变形将引起材料渗透系数及孔隙度的变化，孔隙度、体积应变和渗透系数之间满足一定的函数关系。孔隙度可以表示为

$$n'=1-\frac{1-n_0}{1+\varepsilon_v}\left(1+\frac{\Delta V_s}{V_s}\right) \tag{3.45}$$

式中：n_0 为初始孔隙度；ε_v 为体积应变；V_s 为固体骨架体积；ΔV_s 为固体骨架体积变化量。

不考虑固体颗粒的体积变化，式（3.45）可以表达为

$$n'=\frac{n_0+\varepsilon_v}{1+\varepsilon_v} \tag{3.46}$$

由 Kozeny-Carman 方程导出的渗透系数与体积应变的关系式为

$$k=\frac{k_0}{1+\varepsilon_v}\left(1+\frac{\varepsilon_v}{n_0}\right)^3 \tag{3.47}$$

式中：k_0 为初始渗透系数。

另外，由式（3.43）可知，岩石在扩容点处的渗透系数为 0，这与实际情况显然不符，因此需要对其进行修正，通过式（3.47）可以求得扩容点处的渗透系数，为

$$k_{ci}=\frac{k_0}{1+\varepsilon_{ci}^v}\left(1+\frac{\varepsilon_{ci}^v}{n_0}\right)^3 \tag{3.48}$$

式中：ε_{ci}^v 为扩容点处的体积应变。因此，式（3.43）可以修正为

$$k=Hk_s\left\{1-\exp\left[-\left(\frac{\sigma_c}{\varepsilon_{ci}}\right)^{0.5}\right]-p_c\right\}^2+\frac{k_0}{1+\varepsilon_{ci}^v}\left(1+\frac{\varepsilon_{ci}^v}{n_0}\right)^3 \tag{3.49}$$

联立式（3.47）和式（3.49）即得页岩的渗透系数演化方程：

$$k=\begin{cases}\dfrac{k_0}{1+\varepsilon_\mathrm{v}}\left(1+\dfrac{\varepsilon_\mathrm{v}}{n_0}\right)^3, & \varepsilon<\varepsilon_\mathrm{ci}\\ Hk_\mathrm{s}\left\{1-\exp\left[-\left(\dfrac{\sigma_\mathrm{c}}{\varepsilon_\mathrm{ci}}\right)^{0.5}\right]-p_\mathrm{c}\right\}^2+\dfrac{k_0}{1+\varepsilon_\mathrm{ci}^\mathrm{v}}\left(1+\dfrac{\varepsilon_\mathrm{ci}^\mathrm{v}}{n_0}\right)^3, & \varepsilon\geqslant\varepsilon_\mathrm{ci}\end{cases} \tag{3.50}$$

3.4.3　渗流-应力-损伤耦合模型建立

本书在经典的 Biot 孔隙弹性理论的基础上，引入损伤张量来建立岩石渗流-应力-损伤耦合模型，建立模型前，引入如下基本假设：①含层理页岩看作横观各向同性弹塑性体；②页岩中的微孔洞、裂隙被单相水饱和，不考虑水的可压缩性；③岩石中的微孔洞、裂隙中的渗流遵循 Darcy 定律；④不考虑水的物理化学作用与岩石渗流-应力-损伤耦合效应。

不考虑孔隙水压力的影响时横观各向同性方程为

$$\boldsymbol{\varepsilon}=\boldsymbol{S\sigma} \tag{3.51}$$

式中：$\boldsymbol{\varepsilon}$ 为应变张量；$\boldsymbol{S}$ 为柔度矩阵；$\boldsymbol{\sigma}$ 为应力张量。式（3.51）写成展开形式为

$$\begin{bmatrix}\varepsilon_x\\ \varepsilon_y\\ \varepsilon_z\\ \gamma_{xy}\\ \gamma_{yz}\\ \gamma_{zx}\end{bmatrix}=\begin{bmatrix}\dfrac{1}{E_1} & -\dfrac{\upsilon_1}{E_1} & -\dfrac{\upsilon_2}{E_2} & & & \\ -\dfrac{\upsilon_1}{E_1} & \dfrac{1}{E_1} & -\dfrac{\upsilon_2}{E_2} & & & \\ -\dfrac{\upsilon_2}{E_2} & -\dfrac{\upsilon_2}{E_2} & \dfrac{1}{E_2} & & & \\ & & & \dfrac{2(1+\upsilon_1)}{E_1} & & \\ & & & & \dfrac{1}{G_{12}} & \\ & & & & & \dfrac{1}{G_{12}}\end{bmatrix}\begin{bmatrix}\sigma_x\\ \sigma_y\\ \sigma_z\\ \tau_{xy}\\ \tau_{yz}\\ \tau_{zx}\end{bmatrix} \tag{3.52}$$

式中：ε_x、ε_y、ε_z 分别为 x、y、z 方向压应变；γ_{xy}、γ_{yz}、γ_{zx} 为剪应变；σ_x、σ_y、σ_z 分别为 x、y、z 方向的应力；τ_{xy}、τ_{yz}、τ_{zx} 为剪应力；E_1 为横观各向同性面内的弹性模量；E_2 为垂直于横观各向同性面的弹性模量；υ_1、υ_2 为相应的泊松比；G_{12} 为垂直于横观各向同性面的剪切模量。

考虑孔隙水压力时的广义 Terzaghi 有效应力原理为

$$\boldsymbol{\sigma}=\boldsymbol{Q}\boldsymbol{\varepsilon}-\boldsymbol{\alpha}P \tag{3.53}$$

式中：$\boldsymbol{Q}$ 为刚度张量，$\boldsymbol{Q}=\boldsymbol{S}^{-1}$；$\boldsymbol{\alpha}$ 为 Biot 有效应力系数张量；P 为孔隙水压力。在式（3.53）中引入损伤张量 $\boldsymbol{D}$，即可导出岩石渗流–应力–损伤耦合的控制方程：

$$\begin{cases}\boldsymbol{\sigma}=\boldsymbol{Q}(\boldsymbol{D})\boldsymbol{\varepsilon}-\boldsymbol{\alpha}(\boldsymbol{D})P\\ P=\boldsymbol{M}(\boldsymbol{D})[\boldsymbol{\zeta}-\boldsymbol{\alpha}(\boldsymbol{D}):\boldsymbol{\varepsilon}]\end{cases} \tag{3.54}$$

式中：$\boldsymbol{Q}(\boldsymbol{D})$、$\boldsymbol{\alpha}(\boldsymbol{D})$、$\boldsymbol{M}(\boldsymbol{D})$分别为损伤岩石的弹性刚度张量、Biot 有效应力系数张量和 Biot 模量；$\boldsymbol{\sigma}$ 和 P 为岩石的应力张量和孔隙水压力；$\boldsymbol{\zeta}$ 为围压张量。岩石 Biot 有效应力系数张量不是独立变量，可以通过细观力学求得其与岩石弹性系数之间的关系[246]：

$$\begin{cases}\alpha_{ij}(\boldsymbol{D})=\delta_{ij}-\dfrac{1}{3}\dfrac{Q_{ijkk}(\boldsymbol{D})}{K_{\rm s}}\\ M(\boldsymbol{D})=\dfrac{K_{\rm s}}{\left[1-\dfrac{K^{*}(\boldsymbol{D})}{K_{\rm s}}\right]-n'\left(1-\dfrac{K_{\rm s}}{K_{\rm f}}\right)}\end{cases} \tag{3.55}$$

式中：δ_{ij} 为 Kronecker 符号；Q_{ijkk} 为岩石的弹性刚度系数；$K_{\rm s}$ 为岩石基质的体积模量；$K_{\rm f}$ 为水的体积模量；n' 为岩石的孔隙度；$K^{*}(\boldsymbol{D})$ 为岩石的广义排水体积模量，$K^{*}(\boldsymbol{D})=\dfrac{Q_{iijj}(\boldsymbol{D})}{9}$。为便于应用，将 Biot 有效应力系数张量的分量 $\alpha_{ij}(\boldsymbol{D})$ 和广义排水体积模量 $K^{*}(\boldsymbol{D})$ 展开：

$$\begin{cases}\alpha_{11}=1-\dfrac{Q_{1111}+Q_{1122}+Q_{1133}}{3K_{\rm s}}\\ \alpha_{12}=\alpha_{21}=-\dfrac{Q_{1211}+Q_{1222}+Q_{1233}}{3K_{\rm s}}\\ \alpha_{22}=1-\dfrac{Q_{2211}+Q_{2222}+Q_{2233}}{3K_{\rm s}}\\ \alpha_{23}=\alpha_{32}=-\dfrac{Q_{2311}+Q_{2322}+Q_{2333}}{3K_{\rm s}}\\ \alpha_{33}=1-\dfrac{Q_{3311}+Q_{3322}+Q_{3333}}{3K_{\rm s}}\\ \alpha_{31}=\alpha_{13}=-\dfrac{Q_{3111}+Q_{3122}+Q_{3133}}{3K_{\rm s}}\\ K^{*}=\dfrac{1}{9}\left(Q_{1111}+Q_{2222}+2Q_{1122}+2Q_{2233}+2Q_{1133}\right)\end{cases} \tag{3.56}$$

为求解式（3.54）给出的耦合方程，还需要补充渗流控制方程。假设水在损伤岩石中的流动服从 Darcy 定律，则

$$-\nabla\left(-\frac{k}{\mu}\nabla P\right)=\frac{\partial\zeta}{\partial t}=\frac{1}{M(\boldsymbol{D})}\frac{\partial P}{\partial t}+\frac{\partial}{\partial t}[\boldsymbol{\alpha}(\boldsymbol{D}):\boldsymbol{\varepsilon}] \tag{3.57}$$

式中：k 为损伤岩石的渗透系数，可由式（3.50）求得；μ 为水的动力黏滞系数。式（3.54）～式（3.57）即页岩的渗流-应力-损伤耦合作用控制方程。

3.5 本章小结

本章根据第 2 章页岩试验结果，分析了页岩的各向异性，将用来描述页岩内部矿物颗粒和微裂纹分布的微结构张量引入页岩的各向异性参数中来描述页岩的各向异性，并将该参数引入 Mohr-Coulomb 强度准则，结合层理和水对页岩强度参数的损伤演化规律，构建了考虑页岩微结构和损伤演化过程的渗流-应力-损伤耦合模型。得到的结论如下。

（1）页岩的压缩强度各向异性度随着围压的增加逐渐降低；围压的增加能够降低页岩的压缩强度各向异性度，含水率越高，围压的作用效果越好。围压相同时，含水率越高，页岩的各向异性越显著；低围压下，页岩的压缩强度各向异性度的变化趋势较为陡峭，高围压下，页岩的压缩强度各向异性度受含水率的影响不再明显。

（2）基于微结构方法，引入能够反映材料内部颗粒和微裂纹分布的微结构张量，应用该张量定义岩石的各向异性参数，并将各向异性参数引入 Drucker-Prager 屈服准则，该屈服准则可以考虑岩石的固有各向异性。

（3）应用 Weibull 分布随机统计函数推导了页岩的损伤变量，并根据改进的 Drucker-Prager 屈服准则，建立了损伤本构模型。根据岩石的渗透特点，采用逾渗理论建立了渗透性演化方程。最后，在经典的Biot孔隙弹性理论基础上，通过引入损伤张量建立了渗流-应力-损伤耦合模型。

第 4 章 层状复合岩体损伤演化规律及分形特征

4.1 引　　言

层状复合岩体是岩石在成岩过程中经矿物的挤压、脱水、重结晶、胶结等作用后按一定次序被沉积压实的结果。结构形态多为层状或板状，层理、节理、片理等结构面较为发育，根据围岩赋存应力水平及层理厚度、角度的不同，该类岩体工程易发生屈曲、滑移、剪切及拉伸劈裂等破坏[76]。层状复合岩体的岩性和岩层组合方式对工程岩体赋存环境与围岩稳定性有较大影响，以马嘴隧道为例，隧道底板为页岩和灰岩复合岩体，施工期间发生底鼓，底板出现多条长度、宽度和深度不一的裂缝[图 4.1（a）]，现场对底板进行钻孔取心，探查底板含水及围岩破碎情况，见图 4.1。页岩由黏土经过长期挤压、脱水、沉积胶结而成，矿物颗粒细小，孔隙率低，透水性能差，是较好的隔水层，在钻杆钻至灰岩之前，钻孔中无水涌出[图 4.1（a）]，钻至灰岩时则有较多的水呈股状涌出[图 4.1（b）]。底板岩石的破碎程度与钻孔深度及两岩层间的组合关系也有较大关系，如图 4.1（c）所示，随钻孔深度的增加，岩石破碎程度的分布情况为一般、破碎、完整；对应的岩层部位分别为浅部页岩、页岩与灰岩过渡区、深部灰岩。岩石较为破碎区处

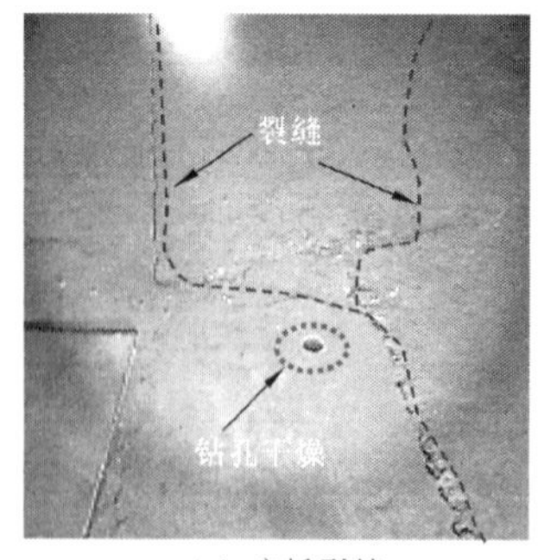

（a）底板裂缝

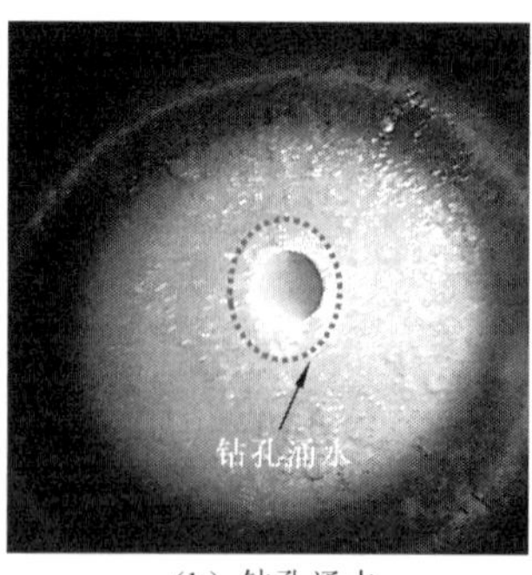

（b）钻孔涌水

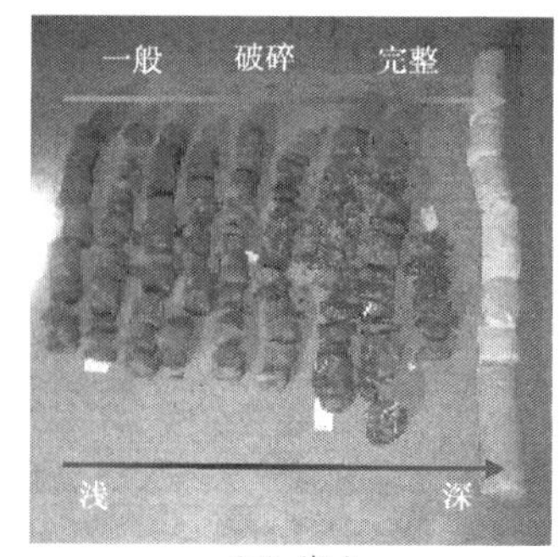

（c）岩心

图 4.1　底板钻孔取心

于页岩与灰岩的层间结合区域。由此可见，层状复合岩体内部的受力和变形较为复杂，至少涉及岩层岩性、应力、水及岩层组合方式等因素。然而，沉积岩内部多含层理、节理、片理等宏观结构面及微裂隙、微裂纹等微观缺陷，这些初始损伤使该类岩体的受力、变形过程更为复杂。研究层状复合岩体的损伤破坏演化规律对该类岩体围岩稳定性分析和控制具有重要意义。

岩石的破裂包括裂纹的萌生、扩展、聚结过程[247-248]，损伤演化过程复杂，而工程意义重大，国内外学者[195,249-254]多借助数值模拟或试验过程中的声发射和 CT 技术对这一问题进行研究。而层状复合岩体还涉及了岩层组合关系、岩层角度、岩块体积比[255]等因素，其损伤破裂过程更为复杂。本章通过层状复合岩体单轴压缩试验，借助声发射和 CT 技术探究不同组合方式与体积比的层状复合岩体的损伤破裂过程，并通过 CT 图像分析不同组合方式下层状复合岩体的损伤破坏程度和层状复合岩体不同部位的损伤规律，引用分形理论分析破坏后层状复合岩体不同部位的分形特征。

4.2　试件制备及试验方案

4.2.1　试件制备

试件由取自重庆南川至贵州道真高速公路马嘴隧道底板的页岩和灰岩制作，页岩为下志留统龙马溪组黑色页岩，主要矿物成分有石英、黏土类胶结物、黄铁矿、白云母、方解石等，矿物颗粒间为泥质胶结，胶结良好，其微结构可参见第 2 章 SEM 图像（图 2.10 和图 2.11）。灰岩的主要矿物成分为方解石，另含少量黏土矿物、石英粉砂、有机质等，矿物颗粒均匀而细密，见图 4.2。

将钻取的岩心切割加工成尺寸为 ϕ50 mm×33.3 mm 的圆柱体，对其端部进行打磨，使两端面的平行度为±0.02 mm。为排除水对岩石力学性质的影响，将加工好的试件置于烘干机内，在 105 ℃下烘 24 h，烘干后采用环氧树脂按如图 4.3 所示的组合方式对试件进行“拼接”。另外，为与层状复合岩体进行对比分析，分别加工一组 ϕ50 mm×100 mm 的页岩和灰岩标准试件。为减少试验离散性，每种情况制取 3 个试件，根据组合方式对制作好的试件进行编号，试件和试件编号见图 4.4 和表 4.1。

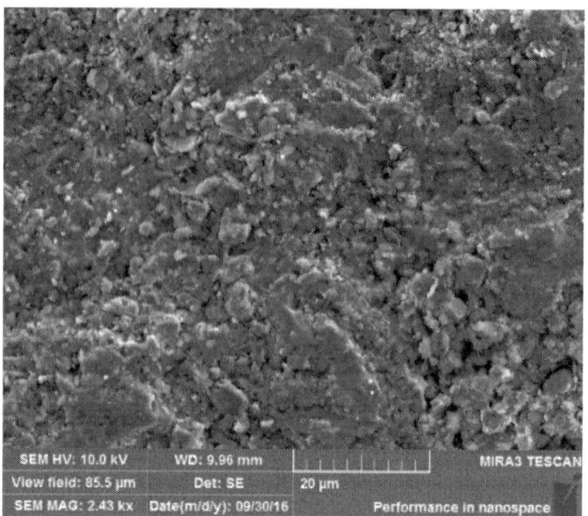

图 4.2　灰岩试件 SEM 图像

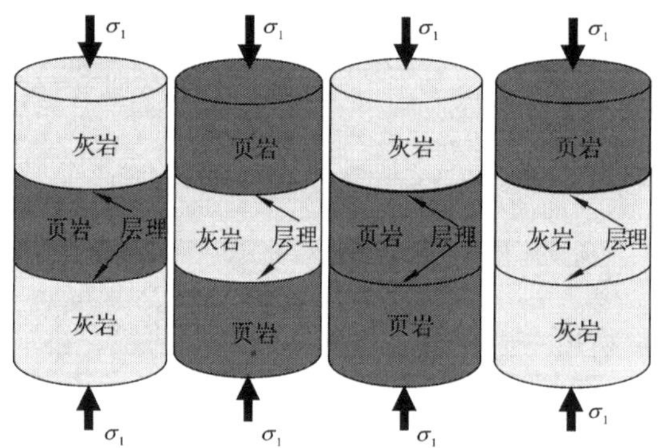

图 4.3　层状复合岩体组合方式

图 4.4　制作好的试件

表 4.1　层状复合岩体组合方式及编号

组合方式	页岩	灰岩	灰岩夹页岩	页岩夹灰岩	上部灰岩 下部页岩	上部页岩 下部灰岩
编号	S1-1	L1-1	LSL1-1	SLS1-1	LSS1-1	SLL1-1
	S1-2	L1-2	LSL1-2	SLS1-2	LSS1-2	SLL1-2
	S1-3	L1-3	LSL1-3	SLS1-3	LSS1-3	SLL1-3

4.2.2　试验方案

单轴压缩试验在 MTS815 岩石力学试验系统（图 4.5）上进行，采用位移加载进行控制，加载速率为 0.1 mm/min，直至试件丧失承载能力。单轴压缩试验过程中同步进行声发射试验。

图 4.5　试验设备

试验过程中的声发射信号采用美国声学物理公司生产的 PCI-2 型声发射系统（图 4.5）进行采集。声发射试验检测门槛值设为 40 dB，定时参数设置为峰值鉴别时间 PDT=50 μs，撞击鉴别时间 HDT=200 μs，撞击闭锁时间 HLT=300 μs，采集频率取为 140 kHz。试验将 2 个传感器探头粘贴于试件两侧，探头与试件间涂抹黄油以增强耦合效果。试验前，先用签字笔敲击试件以模拟信号源，观察各探头通道的反应，确保各探头正常后方可进行试验。

试验前后采用德国西门子 SOMATOM Scope 型 X 射线螺旋 CT 机对试件进行无损扫描，检测试件内部裂隙的发育及分布情况。CT 机的空间分辨率为 0.35 mm×0.35 mm，密度对比分辨率为 3 HU，扫描层厚为 0.75 mm。已有研究[194-195]表明，该 CT 机可以满足岩石细观损伤研究尺度（10^{-4} m）的需要。

4.3 试验结果

岩石的破坏本质上是裂纹的萌生、扩展、聚结及贯通的过程，直至最后失去承载能力。岩石内部的矿物成分、矿物排列方式及原生微裂隙的分布等决定着其在荷载作用下裂纹的发展分布情况，而对于较小尺度范围内的同种岩石块体之间，这些因素的差异性往往小于不同类型岩石块体之间的差异性。从微观角度来看，一种岩石的岩性本质上是其内部矿物成分、颗粒大小、矿物排列方式及原生微裂隙等的综合反映，这些表征岩石内部属性的因子整体可以看作一种岩石系统，不同类型的岩石则是不同的系统。以页岩和灰岩为例，它们内部的矿物成分、颗粒大小、胶结方式及原生微裂隙的分布等均不同（图 4.2），可以把页岩的这些内部属性称为页岩系统，灰岩的则称为灰岩系统，由页岩和灰岩构成的层状复合岩体则可称为岩体系统，该岩体系统包含了页岩系统和灰岩系统两种岩石系统。因此，层状复合岩体的破裂过程可以看作岩体系统在外界扰动（荷载）下裂纹的演化过程。

有学者[95-96,256]已对层状岩体的应力、应变状态进行了较为详尽的分析，为便于应用表述，这里对层状岩体的应力状态做一简要描述。

层状岩体模型见图 4.6（a），为便于分析做如下假设：①A、B、C 岩石的弹性模量和泊松比大小为 $E_A<E_B<E_C$，$\mu_A>\mu_B>\mu_C$；②各岩层间具有黏结力，忽略层面间胶结物的厚度。取 A、B 岩石，分析两者界面处的应力状态，见图 4.6(b)。

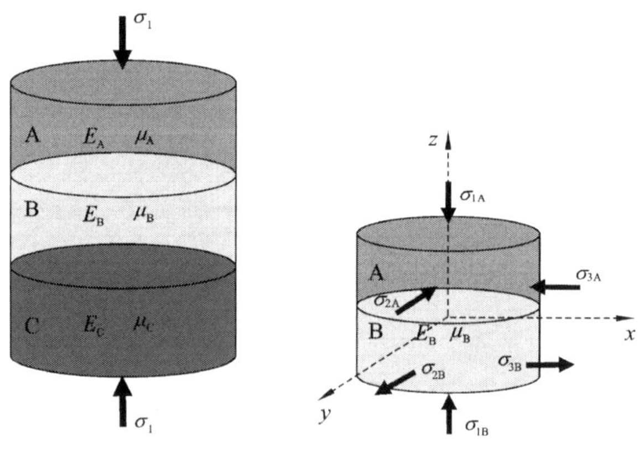

（a）层状岩体模型　　（b）受力分析

图 4.6　层状岩体应力状态

在轴向荷载作用下，A 岩石的横向变形大于 B 岩石，在交界面处对 B 岩石产生横向拉应力，使 B 岩石由单向受压应力状态转变为三向压-拉应力状态。A 岩石则由单向受压应力状态转变为三向受压应力状态。

4.3.1　应力-应变与声发射特征

试验得到的层状复合岩体应力-应变曲线和声发射振铃计数-应变曲线见图 4.7，由于试件较多，为表述简便，每种组合只列出一个较典型试件的结果。由图 4.7 可以看出，层状复合岩体[图 4.7(c)～(f)]与单一岩石[图 4.7(a)、(b)]的应力-应变曲线具有显著差异，层状复合岩体的破坏是其内部岩石逐次破坏的过程，可以看作各单一岩石破坏的一个综合反映。

由图 4.7（c）～（f）可以看出，不同组合方式下层状复合岩体的应力-应变曲线和声发射振铃计数-应变曲线有着相似的规律，不同的是，不同的组合方式下，层状复合岩体的初始强度和最终强度不同。本试验中，层状复合岩体的初始强度和最终强度分别为页岩强度与灰岩强度，但受层间黏结力及组合方式等的影响，层状复合岩体中页岩和灰岩的强度与单一岩石强度并不相等，为利于对两者进行区分，便于表达，本节定义层状复合岩体中的页岩为页岩系统，灰岩为灰岩系统，则初始强度和最终强度可以分别称为页岩系统强度与灰岩系统强度，单一岩石的强度仍分别称为页岩强度、灰岩强度。基于此定义，对不同组合方式下层状复合岩体的应力-应变及声发射规律阐述如下。

（1）单一页岩和灰岩试件[图 4.7（a）、（b）]的初始压密阶段不明显，加载作用下其内部初始损伤如原生微裂隙、孔隙等被压密闭合或进一步扩张破裂，释放少量声发射信号。在荷载持续作用下，裂纹不断扩展，与新产生的损伤裂纹交汇、积聚、贯通，并伴随着幅值较大的声发射信号的产生。随裂纹的不断萌生、扩展和贯通，岩石损伤不断积累，力学性质持续劣化，声发射频率和强度也不断增加，当荷载达到其峰值强度时，岩石突然失稳破坏，释放大量的声发射信号。单一岩石的这种损伤破裂过程及其声发射特征已被较多学者[257-259]研究论证。

（2）层状复合岩体[图 4.7（c）～（f）]的破坏分为页岩系统的破坏和灰岩系统的破坏两个过程。层状复合岩体的初始压密阶段较单一岩石长，而该阶段声发射信号的频率并未明显增加，其主要原因为两岩层交界面的压密作用使这一阶段延长，由于本试验采用环氧树脂来模拟层间黏结，故在进行层间压密时并未产生较多的声发射事件。随荷载持续增加，层状复合岩体的初始损伤破坏发生在强

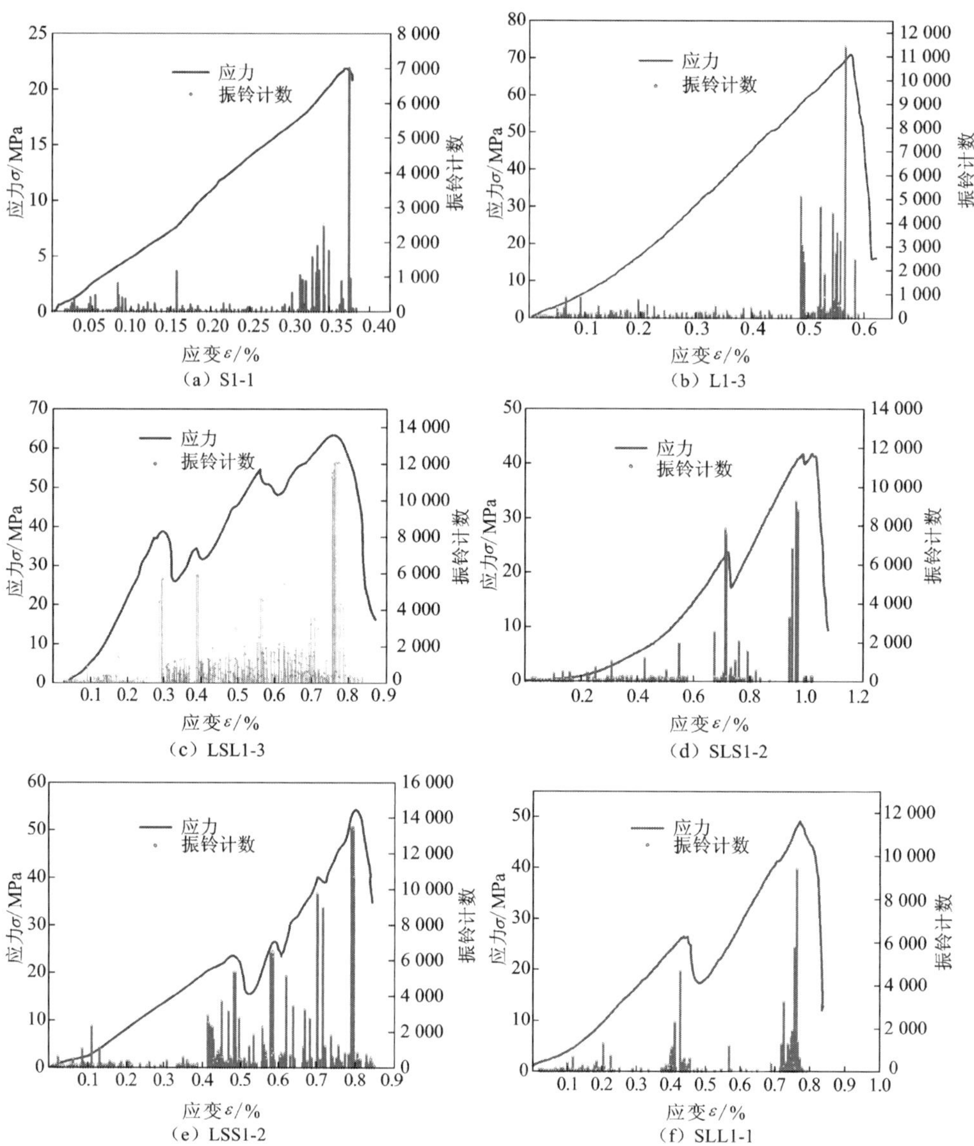

图 4.7　单轴压缩下应力-应变曲线和声发射振铃计数-应变曲线

度较小的页岩系统，破坏时释放大量的声发射信号，此时，页岩系统并未完全失稳破坏，而是在层间黏结力和相邻岩层的横向变形约束下仍有一定的承载能力，此时的变形破坏形式类似于三轴压缩试验的破坏形式，因此可将此时的页岩系统破坏形式称为“假三轴”破坏形式。页岩系统在这一过程的受力状态分析见图 4.6（b）。初始损伤破坏发生后，经过极为短暂的卸压过程，应力-应变曲线即进入波形上升阶段。该阶段仍由页岩系统和灰岩系统共同承受荷载，页岩系统的力学性质急剧劣化，不断产生宏观破裂面，其每一较为明显的损伤破裂即该阶段应力-应变曲线中的微小波峰点；灰岩系统微裂纹不断萌生、扩展、贯通，产生明显的宏观破坏，也将产生微小的波形，加载至其峰值强度时迅速破坏，并释放大量的声发射信号，层状复合岩体即破坏，该峰值强度既为灰岩系统强度，又是层状复合岩体的最终强度。

（3）不同组合方式下岩石系统的强度不同，见图 4.8。页岩系统强度由小到大的层状复合岩体组合方式依次为上部灰岩下部页岩（LSS）、页岩夹灰岩（SLS）、上部页岩下部灰岩（SLL）、灰岩夹页岩（LSL），每种组合方式下的页岩系统强度相比于单一页岩强度均有所提升。灰岩系统强度有着类似的规律，即其值由小到大的层状复合岩体组合方式依次为页岩夹灰岩（SLS）、上部页岩下部灰岩（SLL）、上部灰岩下部页岩（LSS）、灰岩夹页岩（LSL），每种组合方式下的灰岩系统强度相比于单一灰岩强度均有所下降。

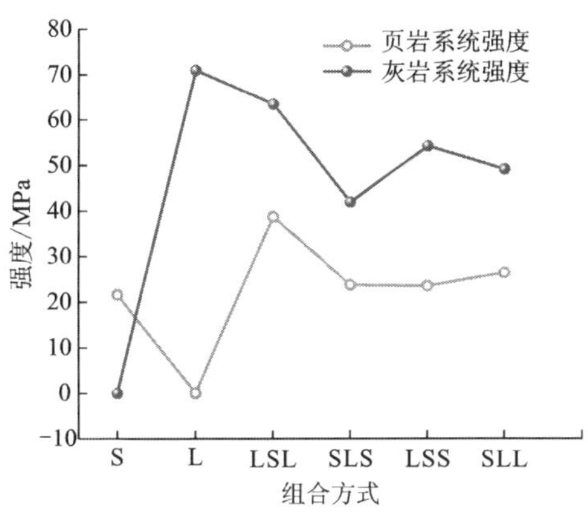

图 4.8 不同组合方式下层状复合岩体的强度规律

综上分析可知，层状复合岩体的破坏过程并不是页岩和灰岩破坏过程的简单叠加，而是页岩系统和灰岩系统在荷载作用下耦合破坏的过程。层状复合岩体的理论应力-应变曲线可由图4.9来表达。加载初期，页岩系统受相邻岩层的横向约束作用，呈三向受压应力状态[图 4.6（b）]，破坏强度大于页岩强度，破坏形式呈“假三轴”形式。页岩系统破坏后，层状复合岩体应力-应变曲线进入波形上升阶段，页岩系统或灰岩系统的每一次宏观破裂即产生一个波形，同时，页岩系统在交界层面处对邻近岩层有一横向张拉作用，破裂的页岩碎块使两系统在交界面处产生应力集中现象，导致交界面处的页岩更为破碎（图 4.10），灰岩系统的强度也明显低于灰岩强度。

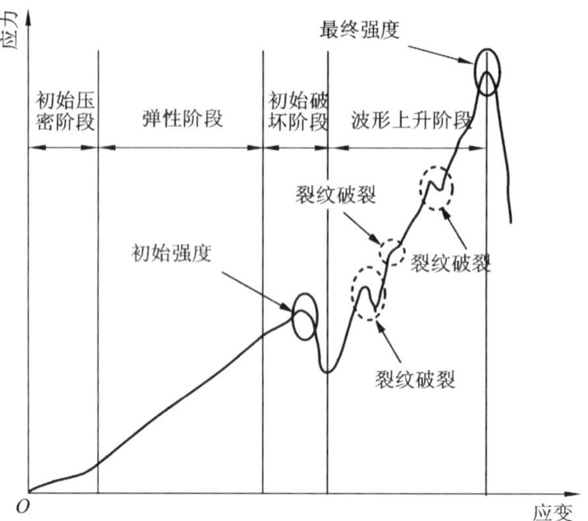

图 4.9　层状复合岩体的理论应力-应变曲线

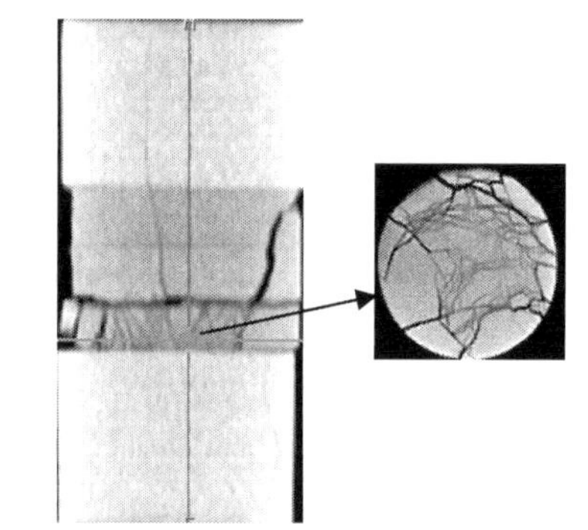

图 4.10　层状复合岩体岩层交界面处的 CT 图像

4.3.2　破坏模式

受层理及岩石非均质性的影响，单轴压缩下层状复合岩体的破坏模式较单一岩石复杂，不同组合方式下层状复合岩体的破坏模式不同，即使是同一组合方式，室内试验也往往难以取得较好的规律性破坏模型，并且在单轴压缩下，脆性较高的岩石常在其强度峰值处突然发生劈裂破坏，试件碎裂为较小的块体（图 4.11），使得其破裂控制面难以确定。为此，本书采用离散元软件 3DEC 对层状复合岩体单轴压缩试验进行模拟，以分析其在不同组合方式下的破坏模式，并与室内试验进行对比验证。

根据表 4.1 中的 6 种层状复合岩体建立相应的数值模型，模型尺寸为 ϕ50 mm

图 4.11　页岩和灰岩碎裂为的细小块体

×100 mm，见图 4.12。块体力学参数根据室内试验结果并结合试算法进行选取，层理的力学参数一般可以从室内试验（即三轴压缩或直剪试验）获得，也可以通过试算法获得。对于一组等间距的层理，可以采用式（2.1）对其刚度进行估算，有时运算中为了提高计算效率，层理的刚度应小于 10 倍的其相邻块体的等效刚度，即式（2.2）。本书层理的力学参数采用式（2.2）结合试算法进行估算，选取的力学参数见表 4.2。

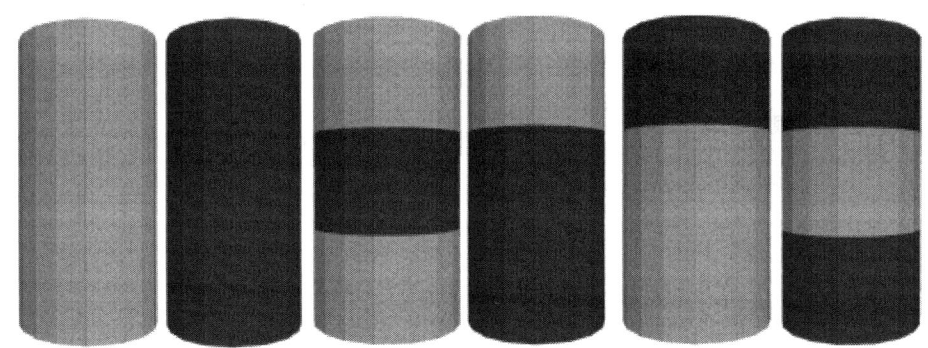

图 4.12　3DEC 数值模型

表 4.2　模型物理力学参数

岩性	弹性模量/GPa	泊松比	内聚力/MPa	内摩擦角/（°）	抗拉强度/MPa	法向刚度/（GPa/m）	切向刚度/（GPa/m）
页岩	6.36	0.26	6.41	31	7.51	—	—
灰岩	12.34	0.22	12.77	37	9.12	—	—
层理	—	—	0.42	13	0.21	0.94	0.83

模型下边界固定，上边界采用位移加载，加载速率为 0.1 mm/min。

由室内试验和数值模拟试验得到的层状复合岩体的破坏模式见表 4.3。由表 4.3 可见，数值模拟试验与室内试验的破坏模式基本一致。根据组合方式不同，可将层状复合岩体的破坏模式分为三种：张拉劈裂型破坏、剪切滑移型破坏和劈裂剪切复合型破坏，结合表 4.3 分述如下。

表 4.3　层状复合岩体的典型破坏模式

组合方式	页岩	灰岩	灰岩夹页岩	页岩夹灰岩	上部灰岩 下部页岩	上部页岩 下部灰岩
破坏模式	张拉劈裂	剪切滑移	张拉劈裂	劈裂剪切	张拉劈裂	劈裂剪切
室内试验						
3DEC模拟试验				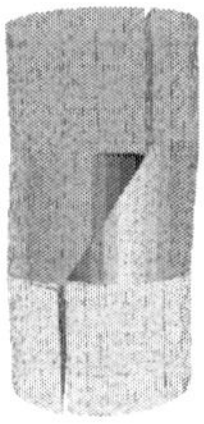	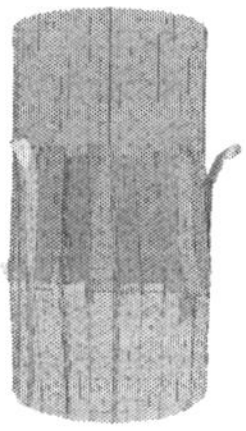	

（1）张拉劈裂型破坏。单一页岩、灰岩夹页岩和上部灰岩下部页岩层状复合岩体以该破坏模式为主。该破坏模式下，岩石多发生突然性脆性破坏，破坏时形成多个破裂面，岩石破裂为较多的碎小块体。不同的是，单一页岩发生劈裂破坏时破裂面贯通于整个试件，方向性较好，而灰岩夹页岩层状复合岩体的张拉劈裂破坏发生于试件中部页岩段，页岩发生崩塌式破坏，产生较多方形块体，两端灰岩产生少量竖向破坏面。上部灰岩下部页岩层状复合岩体的劈裂破坏首先发生在下部页岩部位，产生较多竖向劈裂裂纹，随后向上延伸，与灰岩劈裂破坏裂纹连接贯通。

（2）剪切滑移型破坏。单一灰岩试件以该破坏为主。试件局部有竖向劈裂破坏面，但未贯通至整个试件，使试件失稳破坏的控制性破裂面是与水平方向成约

60° 夹角的剪切破裂面。

（3）劈裂剪切复合型破坏。页岩夹灰岩和上部页岩下部灰岩层状复合岩体发生该类型破坏。层状复合岩体中页岩以劈裂破坏为主，产生较多劈裂破坏面，使页岩形成碎小块体，与单一页岩试件的破坏形态较为一致；灰岩为以单斜面贯通为主的剪切滑移，常与页岩劈裂破坏面连通，使层状复合岩体的破裂面整体呈折线形。

4.3.3　CT 图像

CT 技术可以清晰、准确地检测出物体内部结构和原始缺陷，具有快速、清晰、无损检测等特点。目前，CT 技术在岩石力学上主要用于分析岩石试件内部结构及在室内试验过程中岩石内部裂纹损伤破坏的发展过程[260-263]。但受限于 CT 设备的分辨尺度（医用约为 0.3 mm，工业约为 0.01 mm），在岩石试件加载过程中微裂纹（尺度为 0.001 mm）的发展过程往往难以辨别。CT 平均数法是目前最常用的 CT 损伤识别方法，CT 数反映了被测物质的密度，密度越大，CT 数越大，因此，岩石试件内部所含的水和空气成为影响 CT 数的重要因素之一。同时，在试件加压变形过程中，随着微裂隙的产生、发展，试件的孔隙结构发生改变，孔隙中的空气含量也会发生改变，进而影响 CT 数。另外，在进行单轴压缩试件损伤观测时，试件内部裂纹的产生使其一定范围内的 CT 数减小，而试件在达到峰值破坏前体积逐渐减小，试件的平均密度是增大的，即其 CT 数是逐渐增大的，试件 CT 数的这一增大趋势与微裂纹产生导致的 CT 数的减小相互抵消[252]。为尽量避免这一影响，常对微裂纹的局部区域进行 CT 数统计，而岩石试件内部原生微裂隙的分布、矿物颗粒的排列是无序的，试件在荷载作用下的裂隙起裂发展走向也往往难以预测，使统计区域的选择具有较大的随机性和盲目性。

本书忽略试件在加载变形过程中的 CT 数变化规律，只通过对比不同组合方式下试件破坏前后 CT 数的变化量来分析其损伤破坏程度。灰岩和页岩试件破坏前后的 CT 图像如图 4.13 所示。由图 4.13 可知，破坏后试件断面产生较多裂纹，灰岩的破坏裂纹纵横交错，页岩破坏裂纹的方向较为一致。同一试件不同部位的裂纹形态虽然不一样，但一定范围内裂纹的形态却有较高的相似性，其断面 CT 平均数也相差不大。因此，对试件各断面的 CT 平均数进行统计时，断面选择不能过疏，也不必太密。综合考虑试件破坏裂纹的分布和尺寸，每个试件选择 40 个断面对其 CT 平均数进行统计，取得每个断面的 CT 平均数后再对这 40 个断面的 CT 平均数进行求和后取平均，即可得到该试件的 CT 平均数。图 4.7 中所列试件断面 CT 数的统计结果见图 4.14。由图 4.14 可得层状复合岩体破坏前后 CT 数的变化规律，具体如下。

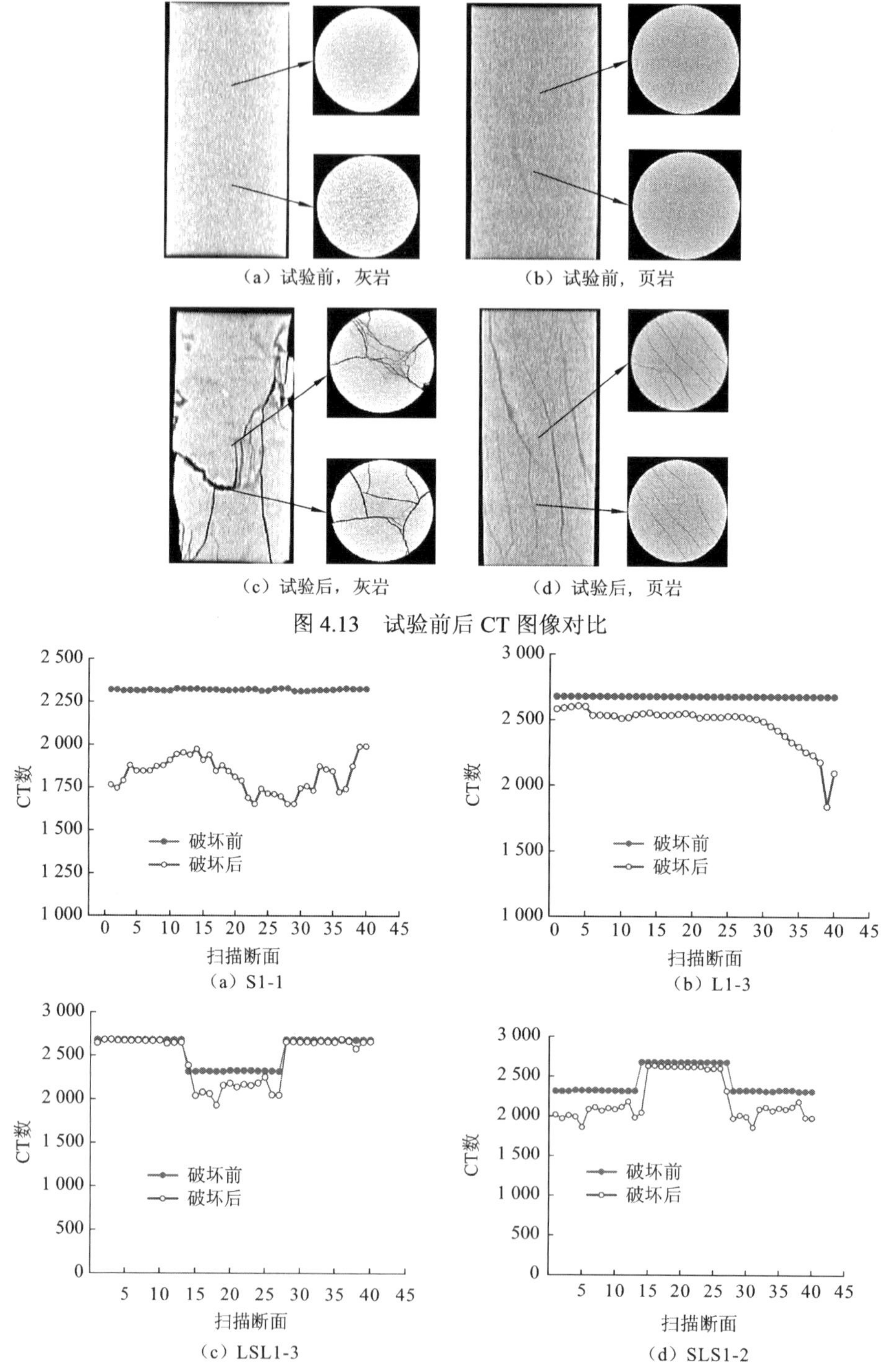

（a）试验前，灰岩　（b）试验前，页岩

（c）试验后，灰岩　（d）试验后，页岩

图 4.13　试验前后 CT 图像对比

（a）S1-1　（b）L1-3

（c）LSL1-3　（d）SLS1-2

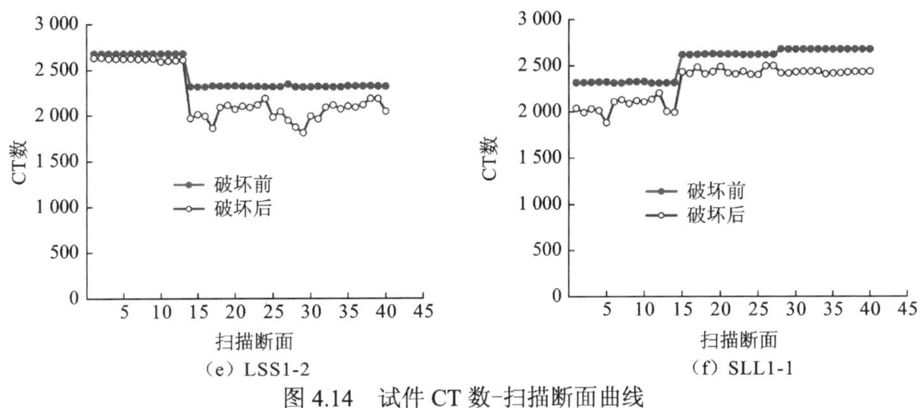

图 4.14　试件 CT 数-扫描断面曲线

（1）单一岩石[图 4.14（a）、（b）]破坏前各扫描断面的 CT 数相差较小，表明单一岩石在破坏前各部位的密度分布较为均匀。破坏后各扫描断面的 CT 数均减小，但页岩和灰岩 CT 数的分布规律不一致，页岩各扫描断面的 CT 数分布呈水平波浪状，灰岩由试件上端部到下端部扫描断面的 CT 数呈下降趋势。这一差异性与试件破坏模式有关，可通过图 4.13（c）、（d）进行说明：页岩以张拉劈裂型破坏为主，破坏裂纹的分布密而均匀，部分断面的裂纹甚至平行分布，因此各断面的 CT 数相差不大；而灰岩主要为剪切破坏，破坏面较单一，破坏裂纹的分布也不均匀，试件除有剪切破坏裂纹外还有局部张拉现象，导致试件局部断面的 CT 数骤减。

（2）由图 4.14（c）～（f）可知，层状复合岩体的 CT 数分布与其组合方式密切相关，灰岩密度大于页岩，其各扫描断面的 CT 数也高于页岩，导致由两者“拼接”而成的层状复合岩体破坏前后的 CT 数分布均呈阶梯形。阶梯中的高阶段反映的是灰岩的 CT 数分布规律，低阶段反映的则是页岩的 CT 数分布规律。层状复合岩体与单一岩石 CT 数分布的另一个不同点在于其岩层交界面处破坏后的 CT 数的下降幅度较大。这与交界面处的岩石更为破碎这一规律是一致的。

综上分析可知，可结合试验前后 CT 图像和各试件断面的 CT 数来分析试件的损伤破裂情况，破裂前后断面 CT 数的降幅越大，代表该断面的损伤程度越高，反之，降幅越小，代表损伤程度越低。因此，对试件所有扫描断面的 CT 数进行统计，即可得到该试件的损伤情况。对试件所有断面的 CT 数进行求和取平均，并将其作为该试件的平均CT数，如图4.15所示，通过对比破裂前后试件平均CT数的差值可以定性地看出试件的损伤程度。该试验中，页岩的损伤程度最大，灰岩夹页岩层状复合岩体的损伤程度最小，灰岩和其他组合方式下的层状复合岩体的损伤程度相差不大。由此可见，层状复合岩体的损伤程度与其页岩含量成正比。这是因为在层状复合岩体中页岩首先破坏，在灰岩破坏之前页岩被进一步压碎或压密，最后整体破坏时页岩破碎为较小的块体，密度大幅下降。页岩在层状复合岩体中不仅会引起应力集中，还会起到卸荷和缓冲荷载对灰岩压力的作用，从而使灰岩破坏时很少发生整体破碎的多破裂面破坏现象，其 CT 数的降低幅度也较低。

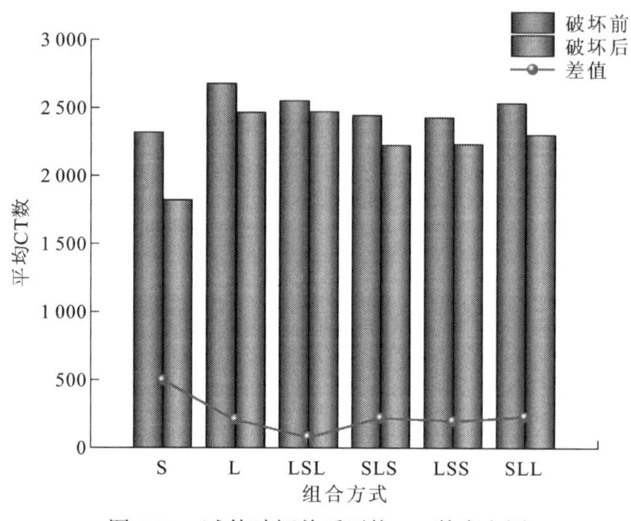

扫一扫 看彩图

图 4.15 试件破坏前后平均 CT 数直方图

采用试件破坏前后 CT 数差值的方法只能定性地分析出不同试件的损伤程度，并可以进行对比分析，但没有对各试件的损伤程度进行量化。实际上，针对基于 CT 数的岩石损伤量计算，已有学者做了较多研究工作。这里给出较为典型的已有研究成果，见表 4.4，详细计算过程可查阅相关文献。层状复合岩体的损伤量计算远比单一岩石复杂，不仅需要考虑组成层状复合岩体的岩石的损伤量，还需要考虑岩层组合关系所引起的两岩石系统间变形破坏耦合关系的差异性。因此，对层状复合岩体的损伤量计算不能简单地套用表 4.4 中所列的公式。

表 4.4 损伤量计算方法

提出者	损伤量计算公式	符号意义
杨更社等[264]	$D=-\dfrac{1}{m_0^2}\dfrac{\Delta\rho}{\rho_0}$	m_0 为 CT 机空间分辨率，$\Delta\rho$ 为密度变化量，ρ_0 为岩石密度
葛修润等[265]	$D=\dfrac{\alpha_e}{m_0^2}\left(1-\dfrac{1000+H_m}{1000+\alpha_c H_0}\right)$	α_e 为初始损伤因子，α_c 为闭合影响系数，H_m 为某应力状态下的 CT 数，H_0 为试件初始 CT 数

续表

提出者	损伤量计算公式	符号意义
戴永浩等[195]	$D=\frac{-1}{m_0^2}\left[\frac{(S_r\rho_w-\rho_r)(H_r-H)}{1000\rho_0(1-S_r)+\rho_0 H_r}+\frac{\rho_r}{\rho_0}-1\right]$	S_r为试样饱和度，ρ_w、ρ_r、ρ_0为试样基质材料、水、岩石的密度，H_r、H为试样基质材料、试件的 CT 数

4.4　损伤破裂分形特征

分形一词由数学家 B. B. Mandelbrot 于 20 世纪 70 年代创造，源于拉丁语 fractus，表示支离破碎之意。其最初用于描述几何学无法描述的如云彩、树木、海岸线等不规则结构的形状。分形结构的重要性质在于其具有自相似性，如较著名的分形图形 Sierpinski Carpet[图 4.16（a）]。Xie[266]发现，裂隙岩体也具有分形特征，并将分形理论引入裂隙岩体非连续性研究中。实际上，岩石损伤破坏裂纹和天然岩石内部结构均具有分形特征，图 4.16（b）为灰岩破坏后 CT 技术扫描得到的同一试件不同断面的损伤裂纹形态，图 4.16（c）为 SEM 扫描得到的不同放大倍数下灰岩内部结构的图像，不难发现，两者均有很高的相似性。

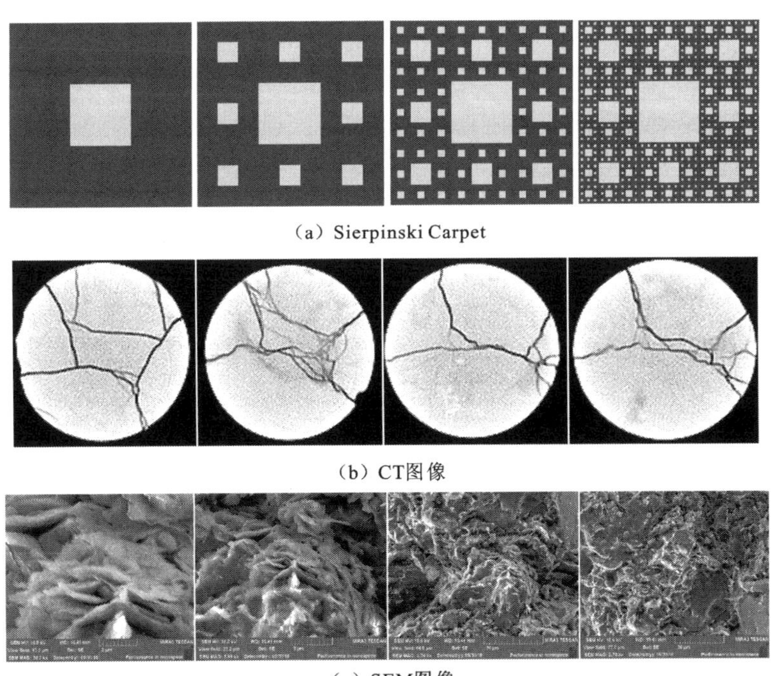

（a）Sierpinski Carpet

（b）CT图像

（c）SEM图像

图 4.16　典型的分形图形及岩石分形结构

因此，本书将分形方法应用到层状复合岩体的 CT 图像分析上，通过对层状复合岩体在单轴压缩下破坏后试件不同部位的裂纹形态的分形维数的计算来量化其损伤程度。分形维数是分形理论的重要几何特征量，可以很好地刻画分形结构的复杂性，分形维数越大，表示结构越复杂，也表示岩石破裂裂纹越复杂，岩石损伤程度越大。分形维数的计算方法较多，本书采用较为常用的盒维数法，其具体计算原理可参看文献[267]。限于篇幅，只对灰岩夹页岩和上部页岩下部灰岩两种层状复合岩体进行分形分析，每个试件选择 4 个扫描断面，所选断面及编号如图 4.17 所示。盒维数法计算前先对 CT 图像进行二值化，得到各断面的二值化图（图 4.18）。求取二值化后的裂纹盒维数，得到其盒维数拟合结果，如图 4.19 所示。从图 4.19 中可以看出，灰岩夹页岩层状复合岩体 1 号和 4 号断面的盒维数分别为 1.111 3、0.998 1，该处为灰岩，仅有少量宏观破坏裂纹，损伤程度较小，2 号和 3 号断面的盒维数分别为 1.374 4、1.632 9，相对于损伤程度最小的 4 号断面，盒维数分别增大了 37.70%、63.60%。其中，3 号断面位于灰页岩交界处，盒维数最大，损伤程度也最高。上部页岩下部灰岩层状复合岩体有着类似的规律，盒维数最大值位于页岩和灰岩交界面的 2 号断面处，为 1.608 3，相对于盒维数最小的 4 号断面增大了 44.40%，1 号和 3 号断面分别位于上部页岩中部和下部灰岩与灰岩层面交界处，两者盒维数相差不大，分别为 1.491 4、1.479 9。同在灰岩段的 3 号断面比 4 号断面的盒维数增大了 32.87%，破坏裂纹也由单向、少量裂纹转变为短细、交错裂纹（图 4.20）。由此可见，即使是在同种岩层中，层理面的存在也会增加岩石的损伤程度。层状复合岩体的上述盒维数分布规律和相应的断面损伤裂纹情况可以通过图 4.20 直观地反映出来。

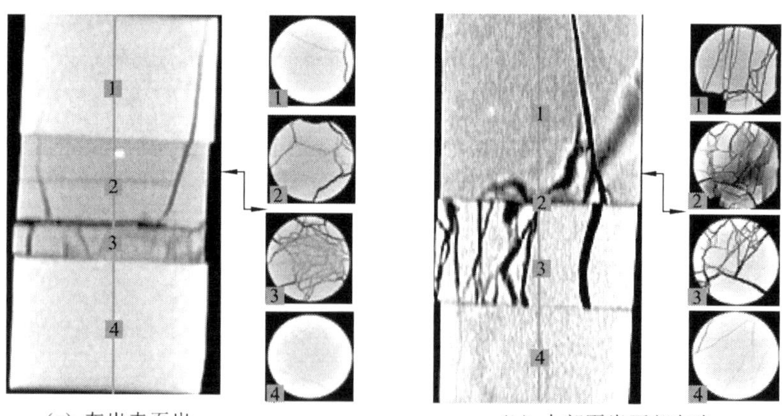

（a）灰岩夹页岩　　（b）上部页岩下部灰岩

图 4.17　层状复合岩体 CT 图像

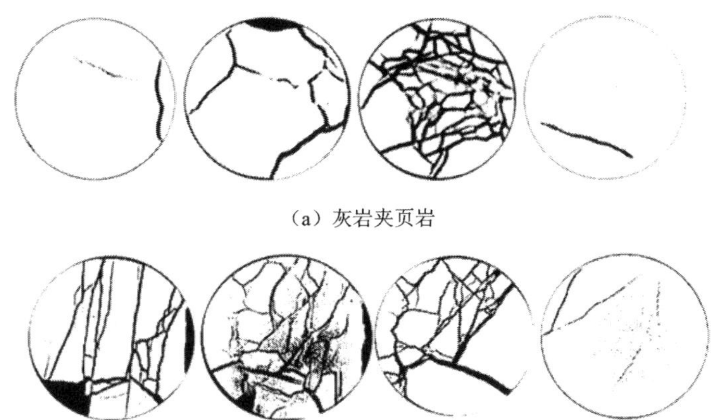

（a）灰岩夹页岩

（b）上部页岩下部灰岩

图 4.18 CT 断面二值化图

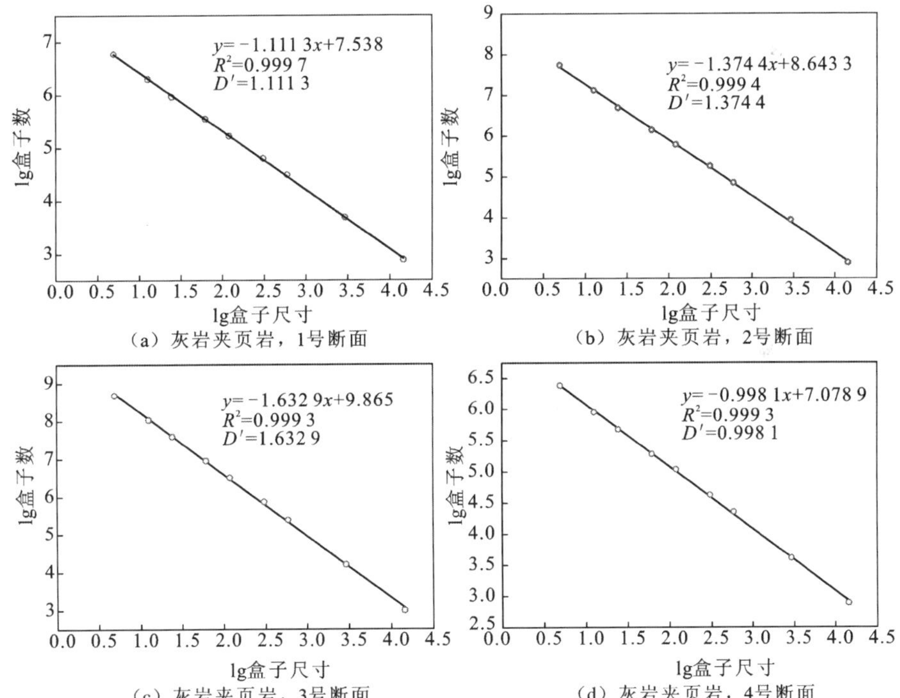

（a）灰岩夹页岩，1号断面

（b）灰岩夹页岩，2号断面

（c）灰岩夹页岩，3号断面

（d）灰岩夹页岩，4号断面

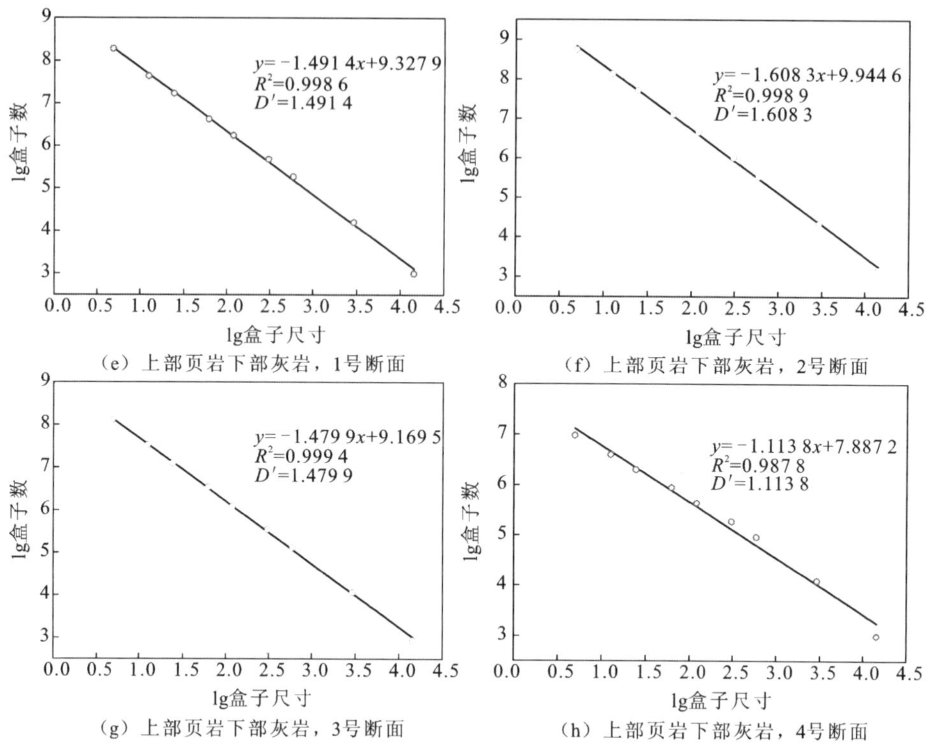

图 4.19　层状复合岩体破坏后断面裂纹盒维数拟合曲线

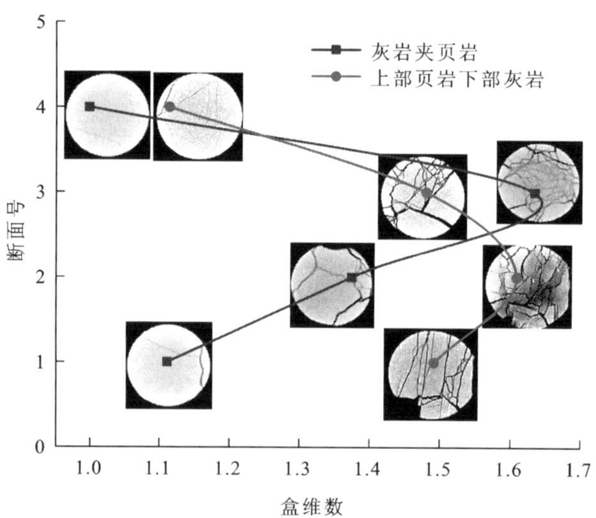

图 4.20　层状复合岩体 CT 断面号-盒维数曲线

另外，需要指出的是，扫描断面的盒维数和 4.3.3 小节中所述试件 CT 数的分布规律基本一致，两者均能够很好地反映出层状复合岩体不同部位的损伤程度，即破坏前后断面 CT 数的差值越大，断面的盒维数越大，损伤程度也越大。CT 数还表达了不同组合方式下层状复合岩体破坏前后的损伤程度，分形分析时未对此展开研究工作。

4.5 讨　论

（1）地下岩体在长期的构造应力、重力、地震力、温度、热应力的作用下，在岩石交界面处岩石组合方式各不相同。例如，岩石与岩石之间在交界层面处具有黏聚力而黏结成为一体，或者不具有黏聚力而自由叠合，也有岩石交界层面之间被其他物质所充填而组合成为一体的[14]。交界面处岩石的组合方式不同，岩体的力学特性也有较大差异。其中，层间具有黏聚力的岩体较为普遍，本书工程背景页岩与灰岩的组合方式即该种形式，因此，本书选用黏结力较好的环氧树脂作为黏结剂对页岩和灰岩进行“拼接”以模拟层状复合岩体。在进行人工“拼接”时，黏结层的厚度较难控制，为减少离散性，在操作时尽量使环氧树脂涂抹均匀。对制作好的试件进行 CT 技术扫描时，交界层面处未见明显的环氧树脂层，因此，本书忽略了交界层面间胶结物厚度的影响。另外，胶结物力学性质对层状复合岩体的强度特征和损伤特性也有一定的影响，限于篇幅，本书未对其进行探究。

（2）本书应用分形理论计算了试验后不同层状复合岩体不同岩石组成的不同断面的盒维数，指出岩石分界面处断面的盒维数最大，这不仅与 3.2 节所述的岩石交界面处页岩组分材料的先行破坏在交界面引起的应力集中有关，而且与岩石内部的原生微裂隙常沿层理分布密切相关。在天然岩石中，其内部常含较多层理、节理、裂隙等结构面。结构面处原生微裂隙往往密集分布，在荷载作用下，原生微裂隙附近则是岩石裂纹萌生和积聚的部位，因此，岩石的起始裂纹和破坏裂纹常沿其层理分布，尤其是具有一定倾斜角度的层理，往往是岩石破坏的控制面。岩石断面的破裂裂纹越密集，其盒维数越大，故岩层交界面的盒维数最大。

（3）本试验采用环氧树脂对不同岩石进行黏结以模拟层理面，环氧树脂对层状复合岩体层理面盒维数的影响作用主要有两种可能性：一是在层状复合岩体“拼接”制作过程中沿岩石内部原生裂隙渗入岩石，使岩石强度和密度增加；二是环氧树脂对交界面处岩石的黏结作用，提高了层状复合岩体在该处的黏聚力。对于第一种可能性，可以对层理面附近断面的 CT 数进行统计分析，通过图 4.14

可以发现，页岩组成材料和灰岩组成材料的交界附近并未见明显的岩石密度增加区域。因此，可以排除该影响因素。对于第二种情况，其对层状复合岩体交界面处黏聚力的提高幅度难以量化，但该作用对裂纹的萌生、扩展有抑制作用，即环氧树脂的黏结作用使岩石交界面的盒维数降低。

4.6 本章小结

（1）根据组成层状复合岩体的矿物成分、矿物颗粒大小、排列方式及原生微裂隙等的差异性，提出岩石系统和岩体系统的概念，将组成层状复合岩体的页岩和灰岩分别称为页岩系统与灰岩系统，以区分单一岩石页岩和灰岩。

（2）层状复合岩体的破坏是页岩系统和灰岩系统在荷载作用下耦合破坏的过程。加载初期，强度较弱的页岩系统受相邻岩层的横向约束作用，呈三向受压应力状态，破坏强度大于页岩强度，破坏呈“假三轴”形式。页岩系统则在交界层面处对邻近岩层有一横向张拉作用，破裂的页岩碎块使两系统在交界面处产生应力集中现象，导致交界面处的页岩更为破碎，灰岩系统的强度也明显低于灰岩强度。

（3）根据组合方式不同，将层状复合岩体的破坏模式分为张拉劈裂型破坏、剪切滑移型破坏和劈裂剪切复合型破坏三种。

（4）试验前后 CT 图像和各试件断面的 CT 数可以很好地反映出试件的损伤破裂情况，破裂前后断面 CT 数的降幅越大，代表该断面的损伤程度越高，反之，降幅越小，代表损伤程度越低。

（5）岩石内部微结构和破裂裂纹均具有分形特征。破坏裂纹的盒维数越大，层状复合岩体的损伤程度越大，损伤破裂程度最大处位于灰页岩交界处。在同种岩层中，层理面的存在也会增加岩石的损伤程度。

第 5 章　隧道支护结构作用机理

5.1 引　　言

工程实践表明，隧道开挖扰动使围岩的应力状态发生改变，引起围岩变形，若不通过构建支护结构来控制其围岩变形，隧道围岩往往难以自稳[268]。实际上，经过不断的工程经验积累和理论试验研究，现代隧道支护理论已达成共识，即隧道是集荷载、材料和结构为一体的构筑物[149]。隧道围岩是支护结构所承受荷载的主要来源，同时其自身也具有一定的承载力。但岩土体因其成岩过程、应力环境、地下水、温度等赋存物理场的不同而具有较大的差异性，岩土体的性质不同，在受到隧道开挖扰动后其力学响应也会千差万别。本书第 2 章和第 4 章从岩土体的矿物组分、颗粒排列、层理方向、含水率和岩层组合方式等角度分析了岩石的这种力学响应与变形特性的差异性。针对不同的围岩类型，制订相应的开挖方法和支护方案是控制围岩变形、保障隧道围岩稳定性的一种人为可控的有效措施。

实际上，支护结构的支护作用机理、围岩与支护结构之间的相互作用关系、支护时机的选择、支护结构在不同围岩下的支护作用效果等一直是国内外学者的研究重点[138,151,154,269-274]，其中，又以支护结构的作用机理尤为复杂。锚杆是隧道工程中一种十分有效的支护系统，虽被广泛应用，但其支护作用机理一直未被明确揭示。隧道用锚杆种类很多，其中最为常用的是系统锚杆和钢花管。钢花管因其具有注浆功能而常用于支护或处理软弱破碎围岩。当隧道开挖对浅埋地表产生较大影响时，也常采用钢花管对地表或边坡进行注浆处理[图 5.1（a）]。系统锚杆多用于隧道初期支护[图 5.1（b）]。另外，钢花管还常被用于隧道超前支护，如图 5.1（b）所示，图 5.1（b）为在马嘴隧道拱顶 120° 范围内沿隧道轴向方向施加钢花管，钢管尾部插入预制的工字钢圆孔内与工字钢形成棚式结构，现场支护效果较好。而已有支护理论多研究系统锚杆的支护功效[275-277]，对钢花管的支护机理极少涉及。研究系统锚杆和钢花管的锚固作用机理是认识两者对围岩支护作用的基础。型钢和格栅架是隧道中最为常用的两种钢拱架，两者各有优缺点。型钢钢架刚度大，承受初期受力的能力强，但其与喷射混凝土的热膨胀系数不同，温度变化时，易沿型钢钢架产生收缩裂缝，并且型钢背后的喷射混凝土的充填密实度差，影响支护效果；格栅架则与喷射混凝土的接触面积大、黏结效果好，不会出现上述收缩裂缝，而且不容易出现背部空洞现象[154]。目前针对两者在不同地质条件下的支护效果尚存在较大争议[155]，也一直是研究的重点所在。

（a）地表沉降处理

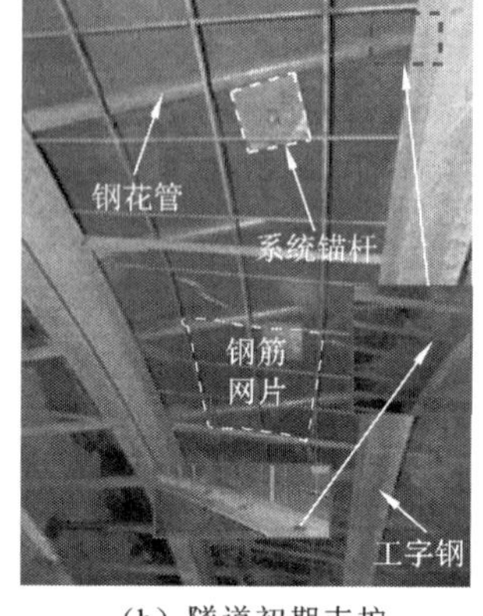

（b）隧道初期支护

图 5.1　隧道拱顶部位初期支护

因此，本章通过对加锚试件进行试验来分析锚杆类型对锚固体的作用机理和锚固效果，并采用钢拱架-混凝土组合梁三点弯曲试验研究工字钢和格栅架的抗弯性能。加锚试验所用试件一般采用相似材料制作而成，采用相似材料的方法具有试件均质性好、试验数据离散度低、可重复试验的优点。锚杆的模拟常选用铜丝、铝丝、铁丝、楠竹等，本书选用与隧道系统锚杆同种材质的螺纹钢和钢花管。另外，为保证试验效果，试件几何尺寸相似比和锚杆尺寸相似比采用不同的比例，因此，本书定义本试验为相似比较高的物理模拟试验，根据试验所得定量结果来定性地分析锚杆的作用机理和锚固效果，从而为工程设计提供一定的依据。

5.2　单轴压缩下锚杆类型对加锚岩石力学性质的影响

5.2.1　试件制备及加锚材料选取

试验采用如图 5.2 所示的构筑取心法制取含 0° 和 90° 层理的标准试件，试件高 100 mm，直径为 50 mm，层间距为 15 mm，层理构造选用均匀铺设的一层厚约 0.2 mm 的 100 目细度云母片来模拟。试件材料为较为常见的 C15 水泥配合河沙、生石灰，配合质量比为 C15 水泥：河沙：生石灰=1：3：1.5，促凝剂选用熟石灰，与水泥等量使用，常温下养护 28 d 后取心。

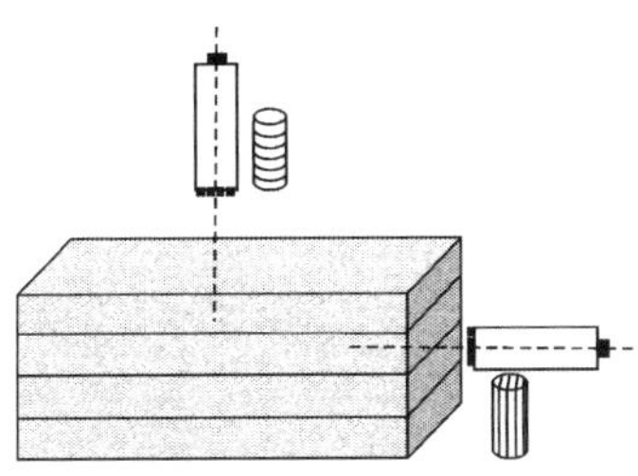

图 5.2　含层理试件制取示意图

系统锚杆选取 45#钢加工成的强度等级为 8.8 的螺纹锚杆，螺纹锚杆的屈服强度为 640 MPa，抗拉强度为 800 MPa，直径为 5 mm。钢花管由 45#碳钢钢管切割而成，钢管外径为 6 mm，壁厚 1 mm，见图 5.3。

图 5.3　试验用钢花管

锚杆锚固剂选用矿用化学浆液，配合酒精来适当弱化，将其力学性质与普通锚杆进行对比，如表 5.1 所示。

表 5.1　普通锚杆与选用锚杆的力学参数

材料	尺寸/mm	抗拉强度/MPa	抗剪强度/MPa	锚固力/MPa
普通锚杆	ϕ16～25	200～900	260～600	≥50
螺纹锚杆	ϕ5	800	400	30～40
钢花管	ϕ6	600	335	10～20

实际工程进行锚杆支护设计时需确定锚杆直径、锚杆长度、锚杆间排距、锚固方式及锚固角度等参数。室内加锚试验可根据工程实际采用一定的几何相似比进行设计。考虑工程常用锚杆直径为16～25 mm，锚杆间排距为0.3～1.2 m，本书选取实际工程中直径为25 mm，锚杆间排距为0.3 m的锚杆进行物理模拟，本试验模拟的锚杆直径和锚杆间排距分别为 5 mm、60 mm。根据其尺寸确定本试验锚杆的几何相似比，即工程用锚杆与模拟锚杆的尺寸和间排距的几何相似比为5∶1。加锚试件尺寸如图5.4所示。

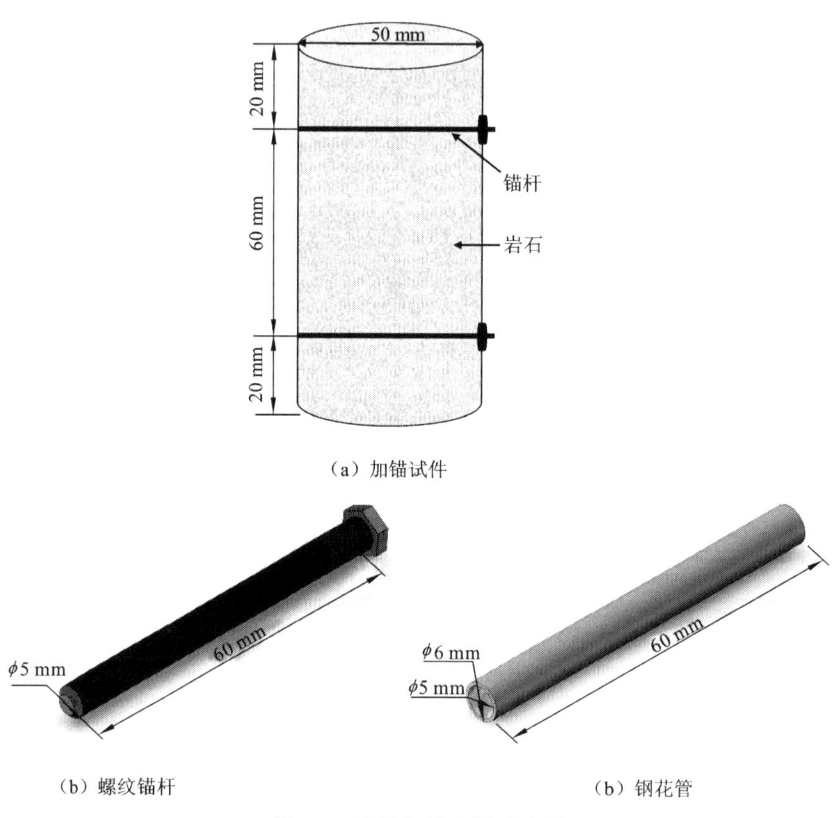

图5.4　试件加锚布置示意图

5.2.2　单轴压缩试验方案

对加锚试件进行单轴压缩试验，测定系统锚杆和钢花管对层理试件力学性质的影响，试件的锚固方式为全长锚固，每种加锚方式分别对应0°层理试件及90°

层理试件，为降低试验离散度，每种试验对应 3 个试件。安装锚杆时，首先采用如图 5.4 所示的试件在相应位置上钻取钻孔，系统锚杆和钢花管的钻孔直径分别为 6 mm、7 mm。注入锚固剂后安装锚杆及螺母，为了模拟与现场一致的支护条件，系统采用扭矩扳手施加 10 kN 的预紧力，钢花管不施加预紧力。加锚试件编号见表 5.2。

表 5.2　试件分类列表

加锚类型	层理	试件编号
不加锚杆	0°层理	$1\text{-}W_1\text{-}1 \sim 1\text{-}W_1\text{-}3$
	90°层理	$1\text{-}W_2\text{-}1 \sim 1\text{-}W_2\text{-}3$
系统锚杆	0°层理	$1\text{-}Q_1\text{-}1 \sim 1\text{-}Q_1\text{-}3$
	90°层理	$1\text{-}Q_2\text{-}1 \sim 1\text{-}Q_2\text{-}3$
钢花管	0°层理	$1\text{-}P_1\text{-}1 \sim 1\text{-}P_1\text{-}3$
	90°层理	$1\text{-}P_2\text{-}1 \sim 1\text{-}P_2\text{-}3$

加锚试件单轴压缩试验在 MTS815 岩石力学试验系统上进行。试件加载类型选择位移控制加载，加载速度控制在 0.1 mm/min，直至试件完全丧失承载能力，试验过程中采用环向应变引伸计测量试件的横向应变。

试验前后采用德国西门子 SOMATOM Scope 型 X 射线螺旋 CT 机对试件进行无损扫描，检测试件内部裂隙的发育及分布情况。CT 机的空间分辨率为 0.35 mm×0.35 mm，密度对比分辨率为 3 HU，扫描层厚为 0.75 mm。

5.2.3　单轴压缩试验结果

1. 应力-应变曲线

试验所得结果如表 5.3 所示，应力-应变曲线见图 5.5。根据所得试验结果可得如下规律。

表 5.3　试验结果

试件编号	弹性模量/MPa	泊松比	抗压强度/MPa
$1\text{-}W_1\text{-}1$	635.82	0.27	4.71
$1\text{-}W_1\text{-}2$	740.54	0.31	3.83

续表

试件编号	弹性模量/MPa	泊松比	抗压强度/MPa
1-W_1-3	627.39	0.25	4.56
平均值	667.917	0.277	4.367
1-W_2-1	489.37	0.22	2.51
1-W_2-2	537.76	0.26	3.42
1-W_2-3	504.13	0.24	3.08
平均值	510.42	0.24	3.003
1-Q_1-1	1 210.41	0.30	8.61
1-Q_1-2	1 131.56	0.27	7.59
1-Q_1-3	1 039.30	0.31	7.83
平均值	1 127.09	0.293	8.01
1-Q_2-1	968.51	0.29	8.43
1-Q_2-2	879.76	0.27	7.62
1-Q_2-3	934.13	0.26	6.56
平均值	927.467	0.273	7.537
1-P_1-1	1 059.57	0.280	7.47
1-P_1-2	1 248.39	0.237	8.15
1-P_1-3	966.47	0.290	6.94
平均值	1 091.477	0.269	7.52
1-P_2-1	856.11	0.27	7.01
1-P_2-2	801.71	0.29	6.10
1-P_2-3	1 027.99	0.23	7.39
平均值	895.27	0.263	6.833

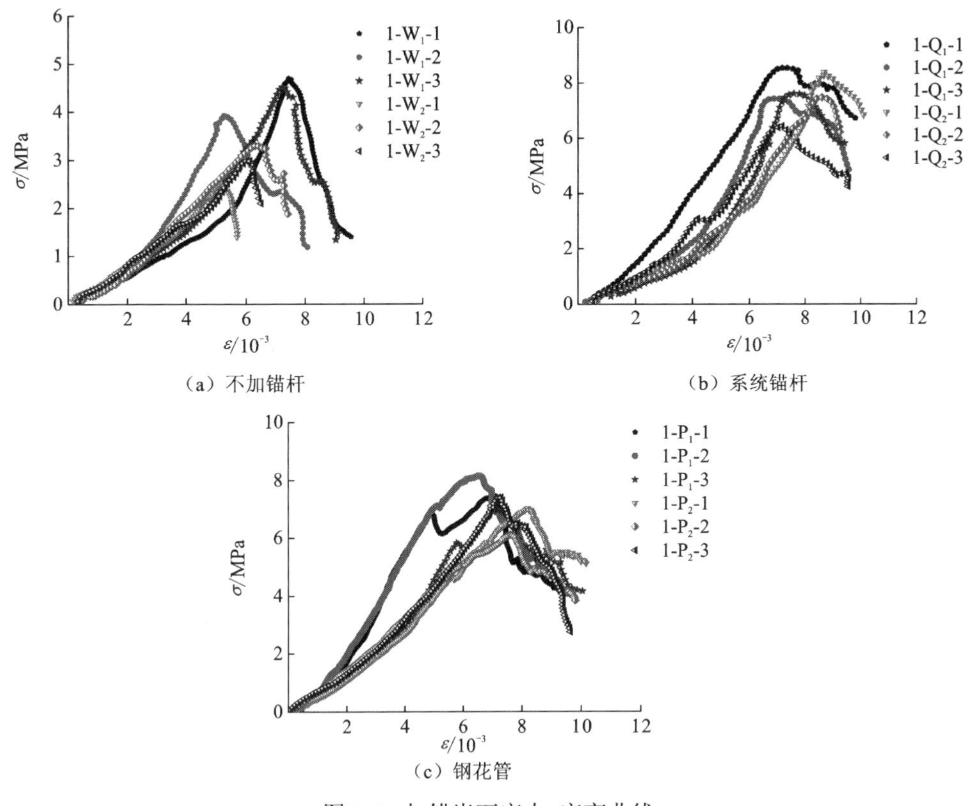

(a) 不加锚杆　(b) 系统锚杆　(c) 钢花管

图 5.5　加锚岩石应力-应变曲线

(1) 加锚试件的强度参数显著大于不加锚试件。将表 5.3 中所得各组试件的平均抗压强度按锚杆类型和层理角度的不同绘制成直方图（图 5.6）可以直观地看出不同锚杆类型和层理角度下加锚试件抗压强度的变化幅度：0°层理加锚试件，系统锚杆和钢花管锚固下相对于不加锚杆抗压强度分别提高了 83.42%、72.2%，而 90°层理加锚试件的这一相应提升幅度分别为 151.0%、127.5%。由此可见，相同层理角度下不同锚杆类型对试件抗压强度的提高幅度不同，系统锚杆要稍好于钢花管。相同锚杆类型的加锚试件，不同层理角度其抗压强度的提升幅度也不同，90° 层理加锚试件抗压强度的提升幅度明显大于 0° 层理加锚试件，这意味着从提高围岩抗压强度的角度来看，工程上沿垂直于岩体层理面方向施加锚杆的锚固效果要明显好于沿平行于层理面方向施加。进一步阐述和说明如下：锚杆对锚固体的锚固作用主要是锚杆轴向和切向应力的作用。轴向应力对锚固体施加围压，使其受力状态由单向、双向转变为双向、三向。切向应力改善弱面力学性质，起到加固围岩的作用。有学者[278-279]将锚杆对锚固体的这种加固作用看作对锚固体力学参数的改善，并给出了强度参数的等效公式。锚杆对节理岩体的锚固作用则主要表现为提高节理变形能力和抗剪强度，约束岩体沿节理面的层间错动[111,113]。

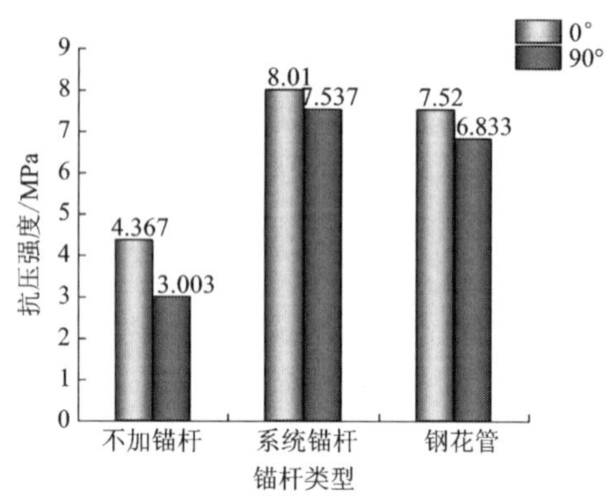

图 5.6　不同锚杆类型下加锚试件抗压强度直方图

实际上，锚杆对锚固体的加固作用不仅仅是改善了围岩的受力状态，锚杆对围岩力学参数的改变也不仅仅是通过锚杆预紧力在围岩中产生均匀压缩带[278]来实现的，如本试验中并未对钢花管锚固试件施加预紧力，加锚试件强度却得到提高。隧道工程和本试验中锚杆的施工顺序均分为钻孔、灌入锚固剂、安装锚杆三步。隧道开挖和对围岩的钻孔过程均会对围岩产生扰动损伤，使围岩内部产生损伤裂隙，而锚固剂则会沿围岩裂隙渗入，裂隙越密集，锚固剂的渗入量越大，从而对破碎围岩有黏结修复作用，使围岩损伤得到一定程度的修复。其修复程度与工程开挖导致的围岩损伤程度和锚固剂的物理、力学性质有关。理论上，围岩损伤程度越大，锚固剂流动性越好、强度越高，对围岩损伤的修复程度也应越大。因此，工程上，锚固岩体是两次损伤（开挖、钻孔）后又修复（锚固剂）的结果，本试验锚固体则是一次损伤（钻孔）后又修复的结果。本书将开挖导致的围岩损伤称为一次损伤，将钻孔产生的围岩损伤称为二次损伤。一次损伤是围岩失稳破坏的关键因素之一，另一因素为应力状态，工程支护时若能使一次损伤的修复程度达到 1，甚至大于 1，并改善其受力状态，就能够很好地解决围岩失稳问题。另外，锚杆杆体的强度和密度都远大于围岩的强度与密度，锚固剂将锚杆杆体与围岩紧密黏结在一起，从而使锚固体的整体强度和密度都得到提高，这一点将在锚固体 CT 分析中进一步验证、阐述。

由此可见，锚杆对围岩强度参数的提高作用除了已有研究[278]所提出的预紧力形成的压缩带作用外，还有锚固剂对围岩损伤的修复作用与锚杆杆体对锚固体整体强度和密度的增强作用两个因素。当锚杆与岩体节理面成一定角度（如本试验的 90°层理试件）施加时，除对围岩强度参数有提高作用外，还主要表现为对节理面变形能力和抗剪强度的提高。

由此，便可以得到本试验系统锚杆在提高岩石强度上好于钢花管的原因：①为真实模拟现场钢花管管径大于系统锚杆这一情况，本书钢花管直径大于系统锚杆，钻取的孔径也大于系统锚杆锚固体，钻孔所产生的围岩损伤较大。②本试验所模拟的钢花管强度低于系统锚杆，并且其表面相对于系统锚杆所采用的螺纹钢光滑，与锚固剂的黏结强度不如系统锚杆。③系统锚杆施加有预紧力，对围岩强度参数有提高作用，而钢花管未施加预紧力。

需要说明的是，并不能通过上述试验结果简单地认为系统锚杆的锚固效果好于钢花管，也不能说明垂直于层理方向施加锚杆锚固效果更佳。这不仅与锚杆的锚固作用机理有关，还与锚固岩体本身的强度、完整程度及地质赋存环境密切相关，这一点将在 5.4 节中通过现场试验进一步阐述。

（2）不加锚杆试件的承载力达到强度峰值后即迅速破坏，应力-应变曲线峰后段较陡峭，而加锚试件的承载力达到强度峰值时不是立即破坏，而是有一个平缓段，在该平缓段荷载持续增加，加锚试件的塑性变形持续增大，试件塑性变形的能力得到强化，因此可以把该段称作塑性强化段。

（3）各组加锚试件的应力-应变曲线均可分为初始压密阶段、弹性变形阶段、微破裂稳定发展阶段、非稳定破裂发展阶段和破裂后阶段。加锚试件在各阶段的内部损伤特性不同。

在初始压密阶段，0°层理加锚岩石内部的原生微裂隙、微裂纹等被压密，钻孔扰动所引起的次生微裂隙也被压密闭合，充填于钻孔及裂隙中的锚固剂在挤压作用下与围岩紧密黏结并沿加载方向对围岩产生支撑作用。该阶段锚固体的受力状态示意图见图 5.7（a）。这一过程可以看作对锚固体损伤的修复，因此也可以把该阶段称为损伤修复阶段。弹性变形阶段原生裂纹及钻孔裂纹被压密闭合，新的裂纹开始萌生扩展，该阶段是锚固体在荷载作用下损伤开始产生的阶段。之后，裂纹不断变宽、变长、交叉、汇聚，损伤破裂稳定发展，直至荷载达到加锚试件的强度峰值，损伤裂纹急剧发展，破裂后期，由于锚杆的锚固作用，应力-应变曲线表现为塑性强化特征，锚固体也进入锚固区局部化的损伤破裂发展阶段，与此同时，主破裂面的损伤破裂进一步发展，直至破裂面贯通，加锚试件即告破坏。

90°层理加锚岩石有着类似的损伤破裂过程，不同的是，90°层理岩石的层理方向与荷载方向一致，在荷载作用下常沿竖向层理面发生张拉劈裂破坏。岩石内部原生微裂隙的方向常与层理面方向一致，因此，90°层理岩石的大部分原生微裂隙在初始压密阶段不是像 0° 层理岩石原生微裂隙一样被压密，而是发生扩

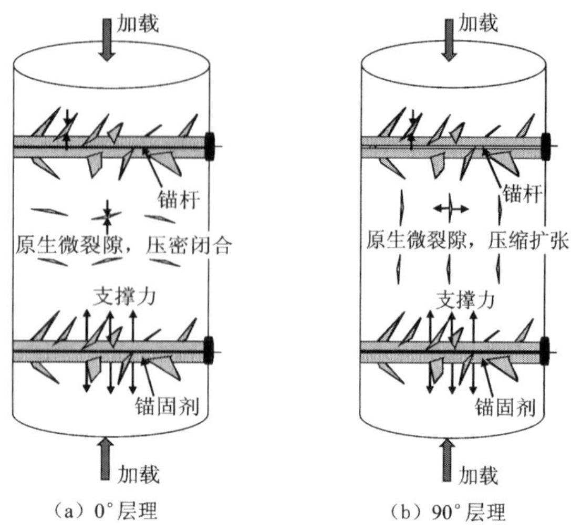

图 5.7　层状加锚岩石初始压密阶段受力状态示意图

展，即 90°层理加锚岩石在加载初期即产生损伤破裂。90°层理加锚试件在初始压密阶段的受力状态示意图见图 5.7（b）。

因此，根据层理角度的不同可将层状加锚试件的应力-应变曲线分为不同的损伤演化阶段。0°层理加锚试件可分为损伤修复阶段、损伤产生阶段、损伤稳定发展阶段和损伤急剧演化阶段。90°层理加锚试件可分为损伤产生阶段、损伤稳定发展阶段和损伤急剧演化阶段。

2. 损伤破裂特性 CT 分析

本书忽略试件在加载变形过程中的 CT 数变化规律，只通过对比试件破坏前后 CT 数的变化量来分析锚固体的损伤破坏程度。图 5.8 为施加钢花管试件 1-P_2-1 的破坏形态与 CT 图像的对比。由图 5.8 可得如下结论。

（1）该 90° 层理加锚岩石的破坏形式为沿试件轴向的张拉劈裂型破坏，主破坏裂纹与钢花管的锚固方向一致。

（2）CT 图像中颜色的深浅表示 CT 数的大小，颜色越深表示 CT 数越大，颜色越浅表示 CT 数越小。CT 数反映检测物质的密度，CT 数越大，密度越大，因此，可以通过图中颜色的深浅判断锚固体各区域密度的大小。可以看出，钢花管附近一定范围内的岩石密度明显大于其他部位，即钢花管的锚入提高了周围岩石的密度，在一定范围内形成锚固区。锚固区的形成是两个因素的结果：一是锚固剂对钻孔周围损伤岩石的黏结修复作用；二是锚杆杆体在锚固剂作用下与围岩紧密黏结，提高了锚固体的整体强度。对于系统锚杆，则还有预紧力形成的压缩带作用。

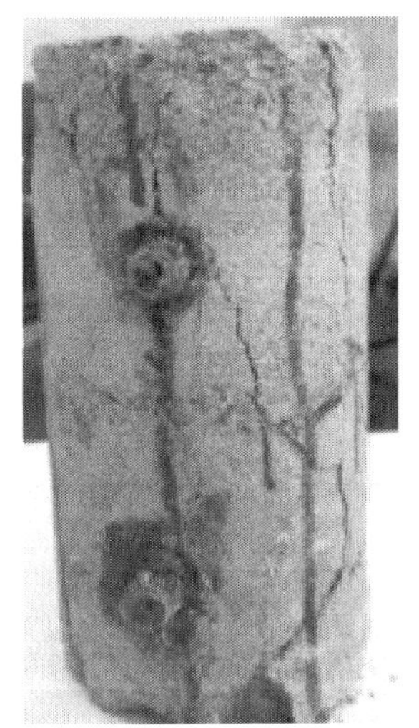
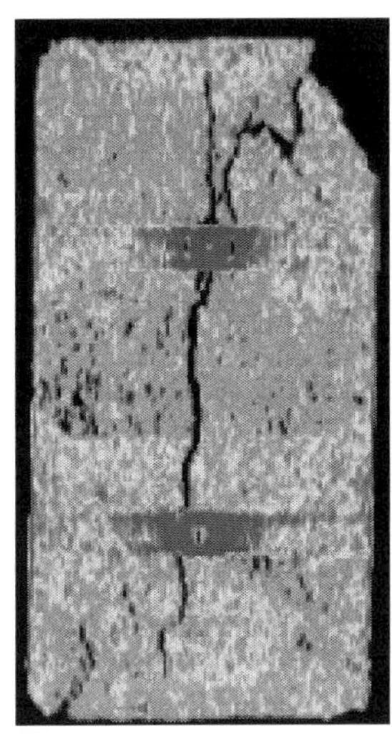

图 5.8 加锚试件破坏形态对比

（3）该试件上、下两根锚杆的锚固区有所差异，上部锚杆的锚固区明显小于下部锚杆。而本试验试件采用相似材料制取，试件各部位的均匀性较好，上、下两根锚杆也均为碳钢钢管制作的钢花管，可见锚固区大小不仅仅与围岩性质和锚杆材质有关，还与锚固剂注入量和钻孔引起的围岩损伤密切相关。锚固区范围可通过对试验前试件各部位 CT 图像的 CT 数的统计分析得到，下面以试件 1-P_1-3 为例说明锚固区的具体判定方法。

同一试件不同部位的密度虽然不一样，但一定范围内密度的差异性较小，其断面 CT 平均数也相差不大。因此，对试件各断面的 CT 平均数进行统计时，断面选择不能过疏，也不必太密。综合考虑加锚试件的均质性和尺寸，每个试件选择 40 个断面对其 CT 平均数进行统计。设试件顶端为坐标原点，从试件顶端至底端各扫描断面的 CT 数统计如图 5.9 所示，图中两峰值为锚杆所处位置，分别在距顶端 20 mm、80 mm 处。锚固区平均 CT 数明显大于试件原岩区的平均 CT 数，呈起伏波浪状，波浪状两端即锚固区与原岩区的边界。由此可得上部锚杆附近锚固区的范围为 13.1～28.4 mm，下部锚杆附近锚固区的范围为 69.3～86.9 mm。

（4）利用试件不同断面的 CT 图像可以判定试件内部各部位的损伤破裂情况。图 5.10 为 1-P_2-1 试件从顶端至底端不同部位的 CT 图像。从图 5.10 中可以直观地看出加锚试件内部各断面裂纹的分布情况，其中导致加锚试件发生整体性破坏的主控裂纹为与钢花管锚固方向平行的一条竖向贯通性裂纹 a。沿该主控裂纹边缘还发育有少量的细小、交叉性裂纹。其中，较为典型的一条为与之斜交的裂纹 b。为便于表述，将裂纹 a 称为主裂纹，将裂纹 b 和其他细小裂纹称为次裂纹，

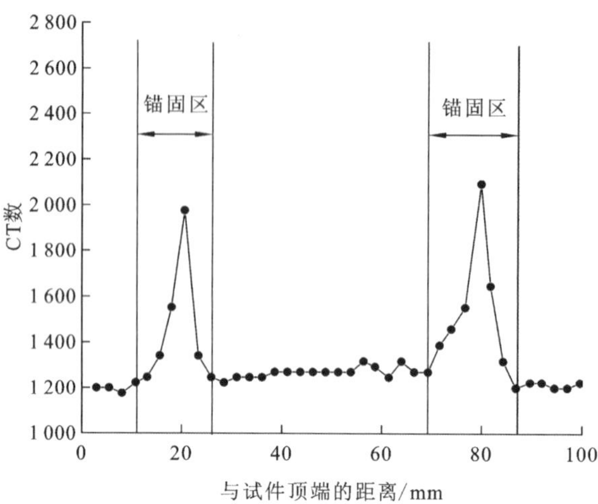

图 5.9　加锚试件 CT 数–与试件顶端的距离曲线

另外，定义上部锚杆形成的锚固区为上部锚固区，下部锚杆形成的锚固区为下部锚固区。裂纹 b 在加锚试件中的延伸分布可以反映出锚杆对裂纹的止裂机理：裂纹 b 在进入上部锚固区前[图 5.10（a）]贯通于断面，并且在其与裂纹 a 相交处分布有较多的短小次裂纹。进入上部锚固区后[图 5.10（b）]，裂纹 a、b 相交处的次裂纹逐渐消失[图 5.10（c）]，次裂纹 b 也被弱化、剪断[图 5.10（d）]。在上、下部锚固区的中间区域，裂纹 b 又重新贯通，在与主裂纹 a 相交处，又萌生出较多次裂纹[图 5.10（e）]，然后相交处次裂纹消失[图 5.10（f）]，进入下部锚固区，裂纹 b 又被弱化[图 5.10（g）]，止裂于锚杆处[图 5.10（h）]，无法向锚杆另一侧继续发展成为贯通性裂纹。最后，在主裂纹 a 另一侧衍生出另一条次裂纹 c。这一过程可通过示意图图 5.11 来表示。由此可见，锚杆对裂纹的止裂作用

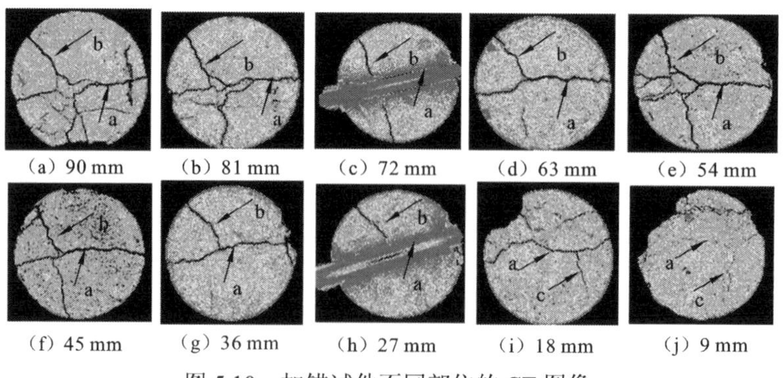

图 5.10　加锚试件不同部位的 CT 图像

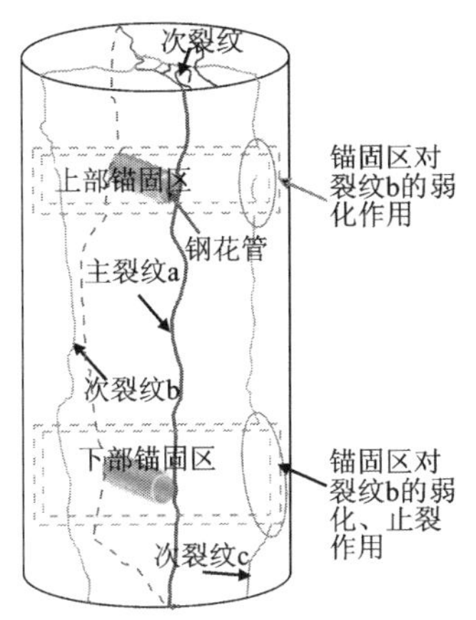

图 5.11　锚固区对裂纹止裂作用的示意图

是锚固区对裂纹弱化、剪断、止裂的结果，其止裂效果与锚固区范围的大小有关，上述加锚试件下部锚固区的止裂效果显然好于上部锚固区。

5.2.4　单轴压缩试验结论

（1）相同层理角度下不同锚杆类型对试件强度的提高幅度不同，系统锚杆要稍好于钢花管。相同锚杆类型的加锚试件，不同层理角度其强度的提升幅度也不同，90° 层理加锚试件强度的提升幅度明显大于 0° 层理试件。

（2）研究了锚杆对围岩强度参数的提高作用机理：当不考虑节理面的影响时，锚杆对锚固围岩强度参数的提高主要表现为预紧力的压缩带作用、锚固剂对围岩损伤的修复作用、锚杆杆体对锚固体整体强度和密度的增强作用三个方面。当锚杆与岩体节理面成一定角度（如 90°）施加时，除对围岩强度参数有提高作用外，还主要表现为对节理面变形能力和抗剪强度的提高。

（3）根据层理角度的不同将层状加锚试件的应力-应变曲线分为不同的损伤演化阶段：0° 层理加锚试件可分为损伤修复阶段、损伤产生阶段、损伤稳定发展阶段和损伤急剧演化阶段；90° 层理加锚试件可分为损伤产生阶段、损伤稳定发展阶段和损伤急剧演化阶段。

（4）锚杆通过结论（2）中所述的三种方式在锚固岩体中形成一定范围的锚固区，锚固区大小与围岩性质、锚杆材质、锚固剂注入量和钻孔引起的围岩损伤等有关。锚固区范围可通过对试件各断面 CT 图像的平均 CT 数的统计分析得到。

（5）锚杆对裂纹的止裂作用是锚固区对裂纹弱化、剪断、止裂的结果，其止裂效果与锚固区范围大小有关，锚固区范围越大，止裂效果越好。

5.3 钢拱架-混凝土组合梁抗弯性能

5.3.1 试件制作

试件所用混凝土材料采用现场隧道初期支护使用的 C20 混凝土，配比为水泥∶水∶砂∶碎石=1∶0.45∶1.75∶3.54，格栅架在室内加工而成，加工尺寸见图 5.12，加工好的格栅架见图 5.13，型钢为 5#槽钢（图 5.13 中 b）。混凝土梁的制作在铸铁模具（图 5.13 中 a）内进行，制作时，先在模具内涂抹一层润滑油，以便试件脱模，之后将按配比配制好的混凝土搅拌均匀后分层浇筑于模具，浇筑过程注意分层压实，以保证密实度，制作好的试件用塑料膜包裹后养护 28 d 方可用于试验。

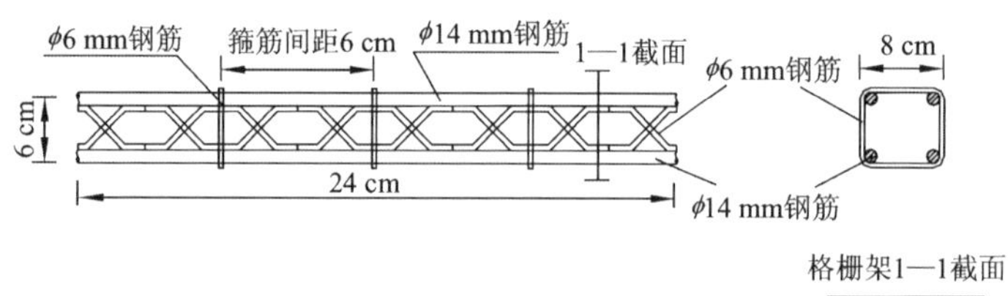

图 5.12 格栅架加工尺寸图

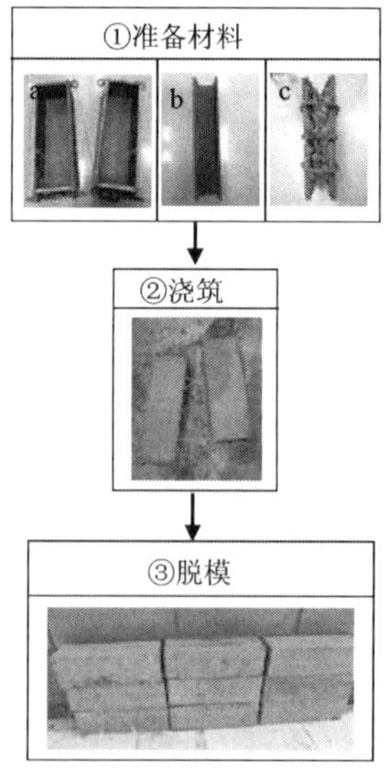

图 5.13 钢拱架-混凝土组合梁制作流程

5.3.2　三点弯曲试验方案

试验在岛津 AG-250 伺服材料试验机上进行，共制作了 3 组试件：素混凝土、槽钢混凝土组合梁和格栅架混凝土组合梁，每组 3 个，共 9 个试件。为监测钢拱架在试验过程中的变形情况，在钢拱架上、下侧各贴 5 个高敏应变片。试验采用位移加载，加载速率为 0.2 mm/min，试验过程中采用高倍摄像机实时记录组合梁的裂纹产生、发展过程。试件尺寸及加载方式示意图见图 5.14。

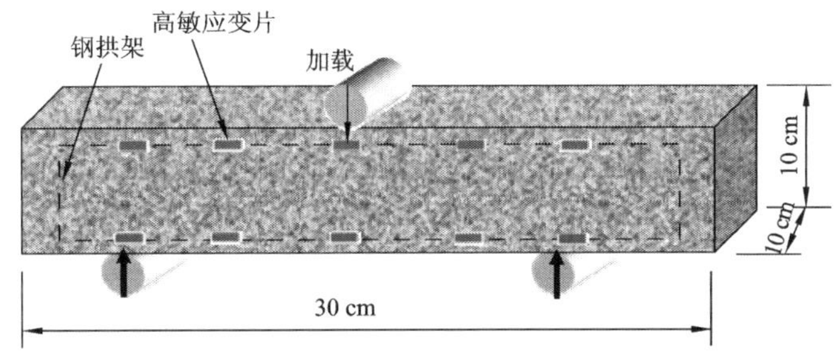

图 5.14　三点弯曲试验试件尺寸及加载方式示意图

试验前后采用德国西门子 SOMATOM Scope 型 X 射线螺旋 CT 机对试件进行无损扫描，检测试件内部裂隙的发育及分布情况。

5.3.3　三点弯曲试验结果

1. 荷载-挠度曲线

试验得到的荷载-挠度曲线见图 5.15，由图 5.15 可知，素混凝土、槽钢混凝土组合梁和格栅架混凝土组合梁的荷载-挠度曲线的形态各有不同，素混凝土因其内部不含构件，在抗弯试验中表现出了较为明显的脆性破坏，试件在较小的荷载下即发生变形，变形曲线没有弹性阶段或弹性阶段不明显，挠度随荷载的增加迅速发展，直至试件沿中部突然发生脆性破坏。钢拱架-混凝土组合梁则不同，根据其变形特征，可将组合梁的荷载-挠度曲线分为如下三个阶段。

（1）钢拱架与混凝土协调变形阶段。加载初期，荷载较小，钢拱架与混凝土的变形较一致，组合梁的挠度随荷载的增加线性变化，因此，有学者[280]也将该阶段定义为弹性阶段。该阶段挠度较小，并且发展缓慢，钢拱架有效提高了混凝土的抗拉能力，组合梁的整体变形能力得以改善。

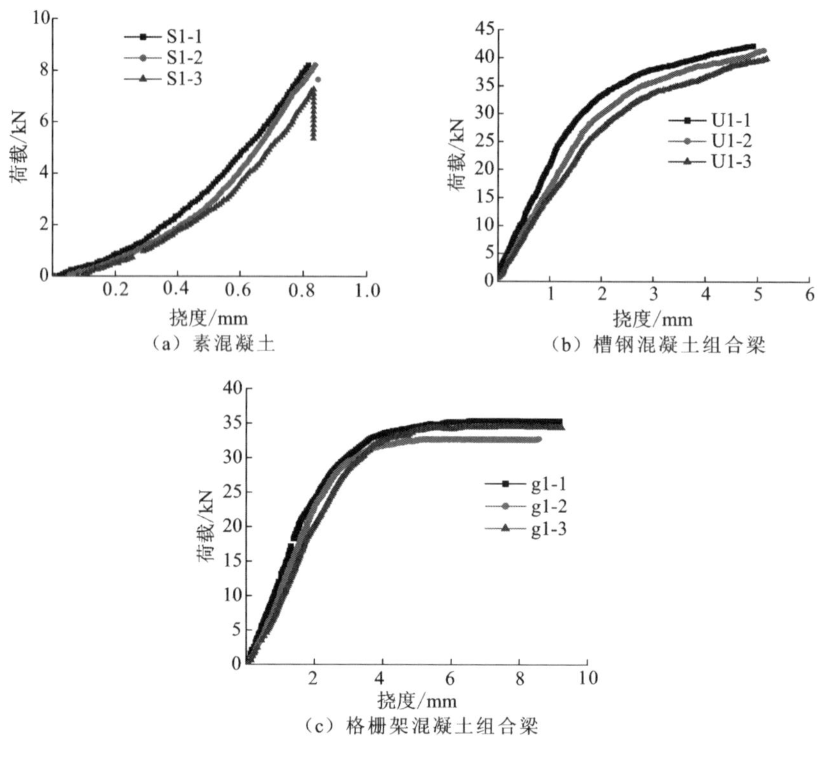

图 5.15　荷载–挠度曲线

S1-1～S1-3、U1-1～U1-3、g1-1～g1-3 为各组试件的编号

（2）钢拱架与混凝土脱黏阶段。随着荷载的持续增加，组合梁所承受的应力相应增大，受钢拱架和混凝土抗变形能力差异性的影响，混凝土开始沿组合梁的下部受拉区产生裂纹，裂纹在荷载作用下向上持续发展，直至形成贯穿于组合梁顶底部的斜向剪切破坏面，破坏裂纹多连接两支座和加载点，呈倒V字形，该破坏裂纹的形成标志着混凝土丧失承载能力。之后，钢拱架在荷载作用下持续变形，当其与混凝土变形不一致时，便在钢拱架与混凝土交界处沿交界面横向产生裂纹，使钢拱架与混凝土分离，随着钢拱架与混凝土之间黏结作用的逐步破坏，组合梁逐渐变为两个独立承担荷载的梁结构，混凝土和钢拱架各自独立工作。这一阶段槽钢和格栅架表现出了较大的差异性，槽钢与混凝土的协调变形能力较差，其协调变形阶段短于格栅架，较早地进入脱黏阶段，与混凝土失去黏结，但其刚度大于格栅架，脱黏后表现出了较强的承载能力。

（3）钢拱架独立作用阶段。混凝土失去承载能力并不意味着整个组合梁也失去了承载能力，该阶段钢拱架独立承担荷载，当荷载达到钢拱架的屈服强度时，组合梁的挠度急剧变大，此时，组合梁发生屈服破坏。

2. 破坏形态

试件破坏形态见图 5.16。由图 5.16 可见，素混凝土与组合梁的破坏形态差异较大，素混凝土的破坏面为一条在试件中部的拉伸裂纹，试件突然发生脆性破坏，破坏裂纹较为单一。槽钢混凝土组合梁的破坏裂纹主要有两种，一种是贯穿于试件顶底端的斜向剪切裂纹，另一种是平行于梁向两侧发展的纵向裂纹，该裂纹是槽钢与混凝土脱黏产生的，由高倍摄像机采集结果发现，该裂纹的产生滞后于第一种裂纹，一般是在斜向裂纹发展比较充分后才逐渐产生、扩展，并伴随组合梁的破坏达到最终开裂状态，其原因为荷载作用初期，组合梁中的钢拱架与混凝土共同承担荷载，随着荷载的增大，组合梁的变形逐渐变大，素混凝土首先开裂，并随裂纹发展逐渐丧失承载能力，由钢拱架来承担大部分荷载，钢拱架在荷载作用下持续变形，但变形与混凝土不再一致，在两者交界面处开裂产生裂纹。格栅架与混凝土的协同变形能力较好，以第一种裂纹为主，第二种裂纹较少或不明显。

(a) 素混凝土

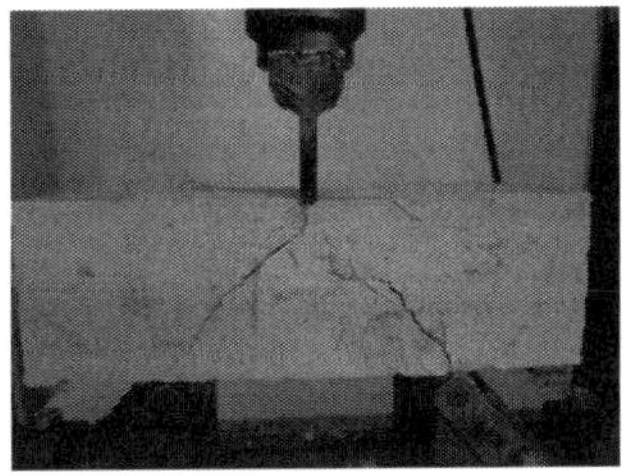

(b) 槽钢混凝土组合梁

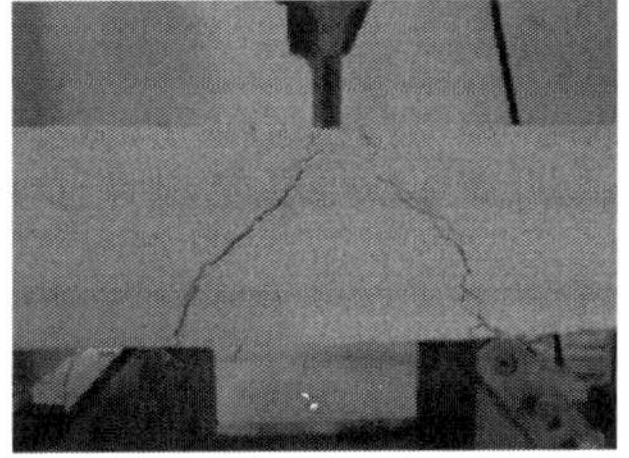

(c) 格栅架混凝土组合梁

图 5.16　试件破坏形态

3. CT 图像

下面根据不同试件的 CT 图像分析组合梁内部不同部位的损伤破裂情况。每种情况只给出其中一个试件的扫描结果，根据不同扫描层位的差异性，各试件列出的扫描层数不同，素混凝土试件及组合梁的 CT 图像结果见图 5.17～图 5.19。由于素混凝土的破坏面较单一，试件内部各扫描层位的 CT 图像的裂纹分布基本一样，图 5.17 只给出了试件 S1-1 的其中一个扫描断面，由图 5.17 可以看出，除在试件中部有一条贯通性裂纹外，混凝土内部还分布有较多的微孔洞，试件制作过程中虽采取了逐层浇筑、逐层压实的手段，但受材料颗粒大小不均匀的影响，仍有较多微孔洞，在对现场进行检测时也发现了类似的现象，微孔洞对混凝土强度有较大的影响，这里不做过多阐述。图 5.18 为槽钢混凝土组合梁 U1-1 试件的 CT 图像，槽钢右端与混凝土交界面处产生了一条斜向裂纹，裂纹发展至槽钢与

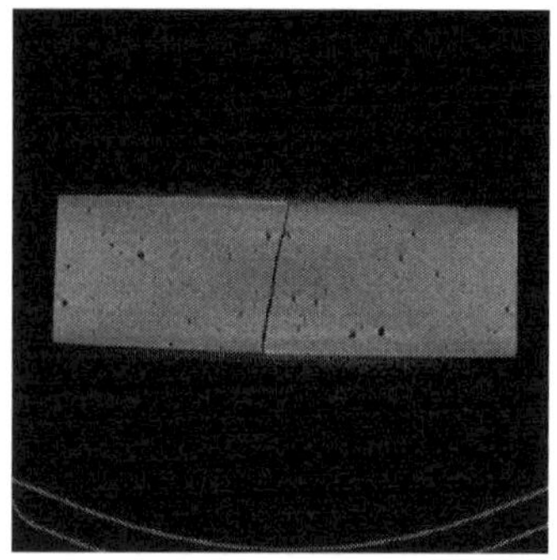

图 5.17　素混凝土 S1-1 CT 图像

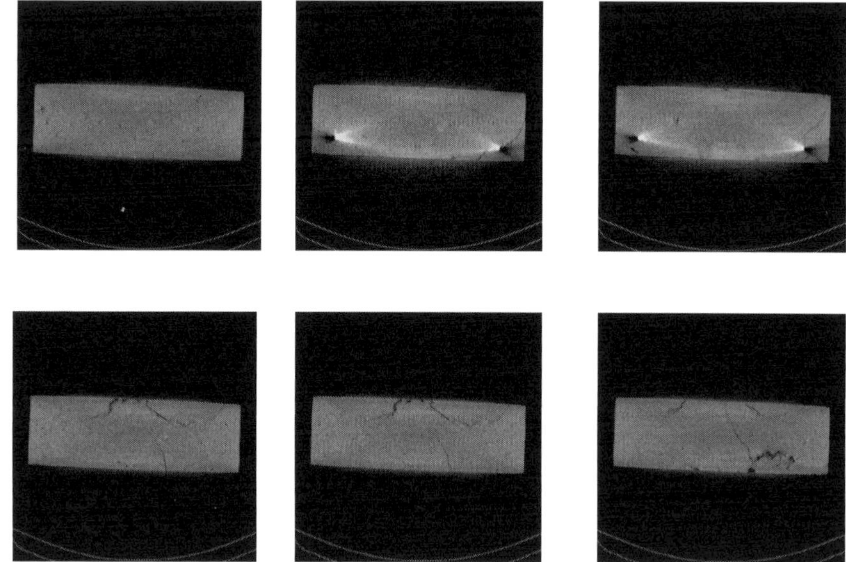

图 5.18　槽钢混凝土组合梁 U1-1 CT 图像

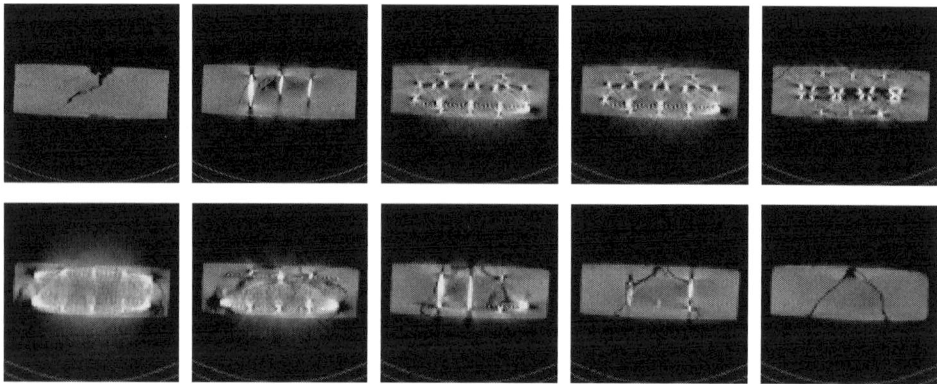

图 5.19　格栅架混凝土组合梁 g1-2 CT 图像

混凝土的交界处沿交界面纵向延伸。另外，加载点处除发育有斜向剪切裂纹外，还产生了两条向两侧延伸的纵向开裂裂纹。图 5.19 为格栅架混凝土组合梁 g1-2 试件的CT图像，总体来看，裂纹的发展过程有着与5.2.3小节类似的被弱化、剪断、止裂的规律，格栅架对其周边一定范围内的混凝土有加固作用。通过 CT 图像还可以看出，破坏后的组合梁内部格栅架与混凝土的整体黏结仍较好，只有局部交界面处有少量裂纹。

4. 应变-位移曲线

通过上述分析可知，格栅架混凝土组合梁的变形能力高于槽钢混凝土组合梁，而刚度较弱，钢拱架的变形能力对围岩的变形控制、破坏特征有着较为重要的影响，因此，通过高敏应变片对钢拱架不同部位的应变进行监测，结果如图 5.20 所示，槽钢和格栅架的应变分布规律基本一致，均为中间测点应变量大，两边测点应变量小，槽钢中间测点的最大应变量为 7.65×10^{-4}，两边测点的最小应变量为 4.09×10^{-4}，格栅架中间测点的最大应变量为 13.93×10^{-4}，两边测点的最小应变量为 7.32×10^{-4}，进一步说明了格栅架的变形能力大于槽钢。试验得到的钢拱架上侧的应变值为正，下侧的应变值为负，表明钢拱架上侧承受压应力，下侧承受拉应力。在组合梁弯曲过程中，各截面同时承受弯矩和剪力作用，截面上任意点的正应力和剪应力可通过式（5.1）进行计算。

$$\begin{cases}\sigma=\dfrac{My_0}{I}\\[2ex]\tau=\dfrac{FS}{b}\end{cases}\tag{5.1}$$

式中：σ、τ 分别为组合梁截面内的正应力和剪应力；M 为组合梁的弯矩；F 为截面处的剪力；I 为组合梁的惯性矩；y_0 为任意点与中性轴的距离；S 为截面面积；b 为梁宽。

组合梁内部区域，正应力和剪应力产生的主压应力 σ_c 和主拉应力 σ_t 及主应力方向与纵轴的夹角 α 可通过式（5.2）进行计算。

$$\begin{cases}\sigma_c=\dfrac{\sigma}{2}-\sqrt{\dfrac{\sigma^2}{4}+\tau^2}\\[2ex]\sigma_t=\dfrac{\sigma}{2}+\sqrt{\dfrac{\sigma^2}{4}+\tau^2}\\[2ex]\alpha=\dfrac{1}{2}\arctan\left(-\dfrac{2\tau}{\sigma}\right)\end{cases}\tag{5.2}$$

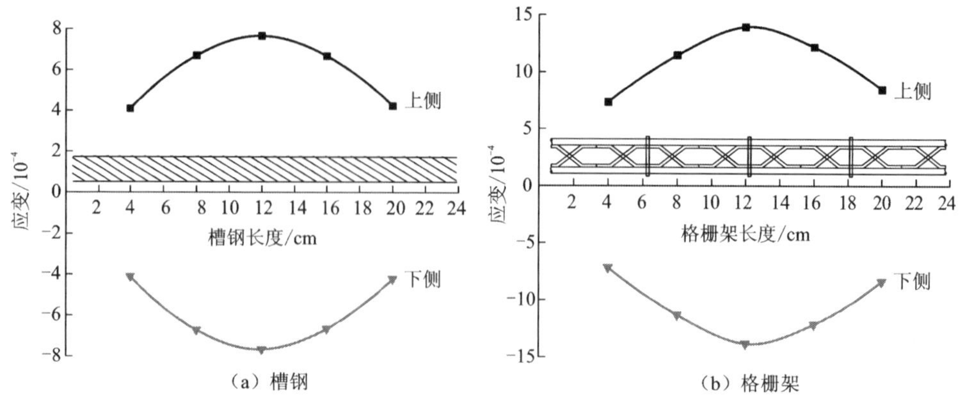

图 5.20　钢拱架不同部位的应变曲线

根据式（5.2），对组合梁试件内的各微元进行受力分析，得到各点的主压应力、主拉应力及其方向，并绘制主应力迹线，如图 5.21 所示。由图 5.21 可见，理论所得主应力迹线与试验测得的钢拱架的应变分布规律一致。

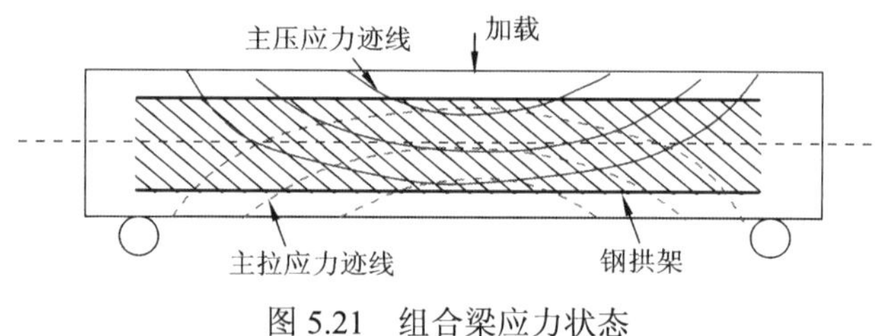

图 5.21　组合梁应力状态

5.3.4　三点弯曲试验结论

（1）根据钢拱架与混凝土的变形协调关系，将荷载-挠度曲线分为三个阶段：钢拱架与混凝土协调变形阶段、钢拱架与混凝土脱黏阶段和钢拱架独立作用阶段。

（2）钢拱架可以有效地提高混凝土的抗变形能力，相比于格栅架，槽钢与混凝土的协调变形能力较差，其协调变形阶段短于格栅架，较早地进入脱黏阶段，但其刚度大于格栅架，脱黏后表现出了较强的承载能力。

（3）槽钢混凝土组合梁的破坏裂纹主要有两种，一种是贯穿于试件顶底端的斜向剪切裂纹，另一种是平行于梁向两侧发展的纵向裂纹，该裂纹是槽钢与混凝土脱黏产生的，并且该裂纹滞后于第一种裂纹产生。格栅架与混凝土的协同变形能力较好，以第一种裂纹为主，第二种裂纹较少或不明显。

5.4　层状岩体隧道支护特性现场试验

层状岩体是岩石在成岩过程中经矿物的挤压、脱水、重结晶、胶结等作用后按一定次序被沉积压实的结果，结构形态多为层状或板状，内部多含方向一致的微裂隙、孔隙等原始损伤，有其独特的力学和破坏特征，该类岩体的锚固效果和锚固机理也一直是众学者研究的热点。1.2.3 小节已对其研究概况做过回顾总结，总体来说，已有研究主要着眼于建立加锚层状岩体的本构关系、分析锚杆对层状岩体的作用机理和作用效果，以及加锚岩体的力学特性和破坏特征等几个方面，研究主要采用理论分析和室内试验相结合的方法，现场试验方面，关于大变形[269,281-282]、高地应力[283-285]、黄土隧道钢拱架适用性[156]和锚杆功效[277,286-288]等的研究较多。例如，李术才等[269]在对国内外隧道工程修建过程中遇到的大变形问题进行系统总结的基础上提出了“先让再抗后刚”的大变形控制思想，并自主研发了软弱破碎地质条件下的钢格栅混凝土核心筒支护结构体系，现场应用效果良好。张德华等[283]开展了高应力软岩隧道中型钢钢架和格栅架适应性的对比试验，现场试验结果表明，型钢钢架对隧道变形的约束作用较好，格栅架属于柔性支护，能够较好地释放高地应力、围岩应力与变形，但支护结构的内力和变形难以收敛，现场采用先架设格栅架后加设套拱的“先柔后刚”支护措施可有效地控制软岩大变形和支护内力，结构合理。谭忠盛等[156]通过在黄土隧道中开展型钢与格栅架适应性的对比试验发现，型钢钢架和格栅架均适用于黄土隧道，但格栅架与围岩的接触条件较好，围岩压力和拱架应力的分布较均匀，认为采用格栅架更有优势。陈建勋等[277]认为，在黄土隧道中，钢架支护条件下的系统锚杆的支护效果不明显，可以取消，这样，不仅可以减少施工环节，还有利于隧道施工安全和结构稳定。

由此可见，已有研究成果在格栅架和型钢钢架的适用条件、锚杆对软弱围岩的支护效果等方面尚存在较大的争议，对锚杆、钢花管、钢拱架等支护结构在层状岩体中的受力特性和变形特征也缺少相关的试验研究，因此本节在5.2节、5.3节室内试验对支护结构研究的基础上，通过现场试验研究支护结构在层状岩体中的受力、变形特性。

5.4.1 试验现场概况

试验现场为 2.2 节所述马嘴隧道研究区 1、研究区 2 和研究区 3，其具体位置见图 2.1（b），2.2 节已对研究区 1 和研究区 2 的工程地质、水文条件及围岩变形情况做过介绍，这里对研究区的现场支护情况和研究区 3 的工程地质及围岩变形情况做一简要描述。研究区 3 为隧道出口崩坡积体段，桩号为 ZK19+646～ZK19+721，地层主要为粉质黏土夹碎石块和页岩，隧道下伏页岩和灰岩，地表覆盖层厚 0.5～22.0 m。由于隧道自稳能力较差，为减少开挖对围岩扰动的影响，隧道采用中隔壁（center diaphragm，CD）法开挖，人工或机械式掘进[图 5.22（a）]，每循环进尺为 0.5 m，主要支护措施见表 5.4，辅助施工措施为超前大管棚[图 5.22（b）]，管棚采用外径为 108 mm，壁厚为 6 mm 的热轧无缝钢管，钢管前端呈锥形，管壁四周钻 2 排 ϕ20 mm 压浆孔。但现场隧道围

（a）开挖方式

（b）超前大管棚支护

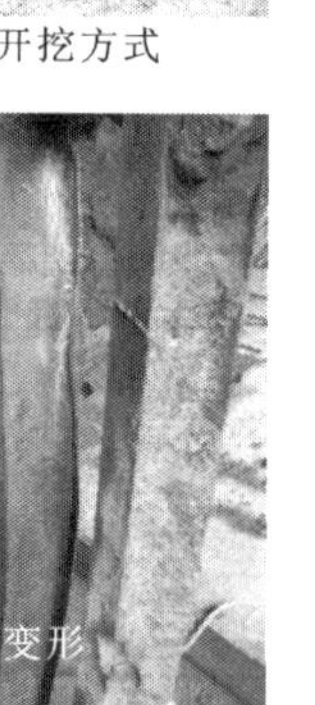

（c）工字钢扭曲变形

（d）地表裂缝

图 5.22　研究区 3 现场支护变形情况

表 5.4　研究区原设计现场支护情况

支护结构	研究区 1	研究区 2	研究区 3
钢拱架	ϕ22 m 格栅架，间距为 1.0 m	18#工字钢，间距为 1.0 m	20#工字钢，间距为 0.5 m
锚杆	ϕ22 mm 药卷锚杆，间排距为 100 cm×120 cm，长 4.5 m	ϕ22 mm 药卷锚杆，间排距为 100 cm×120 cm，长 2.5 m	钢花管，直径为 42 mm，壁厚为 3.5 mm，间排距为 100 cm×120 cm，长 4.5 m，注浆采用水泥单液注浆，注浆压力为 0.5～1.0 MPa，泥浆水灰比为 1.0
喷射混凝土	C20 早强混凝土，厚 18 cm	C20 早强混凝土，厚 18 cm	C20 早强混凝土，厚 26 cm

岩仍发生了较大的变形，导致中拱墙工字钢扭曲变形[图 5.22（c）]，地表沉陷严重[图 5.1（a）]，地表多处出现开裂裂缝[图 5.22（d）]。

研究区 1 和研究区 2 的原设计支护情况见表 5.4，因为本书只研究隧道的初期支护结构，不考虑二次衬砌，所以表 5.4 中只列出了初期支护参数。

5.4.2　锚杆支护特性现场测试

1. 现场测试锚杆布置

由表 5.4 可知，研究区 1 和研究区 2 所用锚杆为药卷锚杆，直径为 22 mm，研究区 3 为钢花管，由于现场钢花管测力锚杆制作困难，全部采用钢弦式钢筋计测力锚杆对锚杆轴力进行测试，锚杆长 3.5 m，直径为 22 mm，如图 5.23 所示。每根测力锚杆上安装有 3 个钢弦式钢筋计并有对应的测线，测量时，将每根测线

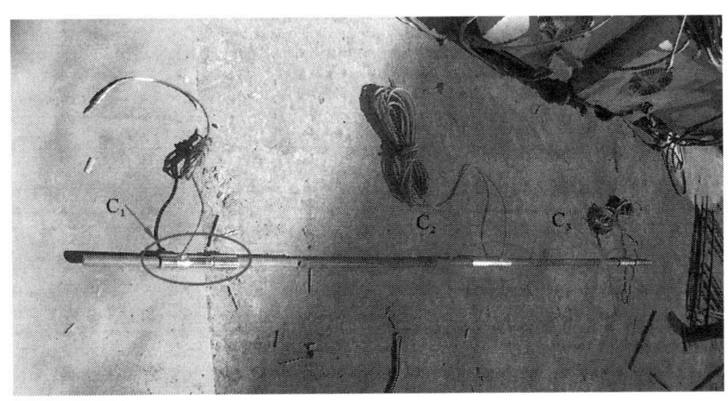

图 5.23　测力锚杆

的插头插入频率仪进行读数。每根钢筋计安装使用之前都在室内进行标定，得到其基准频率与标定系数。利用现场测试所得频率通过标定公式计算即可得到锚杆各部位的轴力。

每个研究区选取 1 个断面测试其在隧道开挖至二次衬砌施作期间锚杆轴力的变化。每个断面布置7根测力锚杆。测力锚杆的布置方式及现场安装见图5.24。现场同时测量每个断面的周边收敛和拱顶沉降以分析锚杆的支护效果。周边收敛采用 JSS30A 型数显收敛计进行测量，拱顶沉降采用 DSZ2 自动安平水准仪进行水准测量。

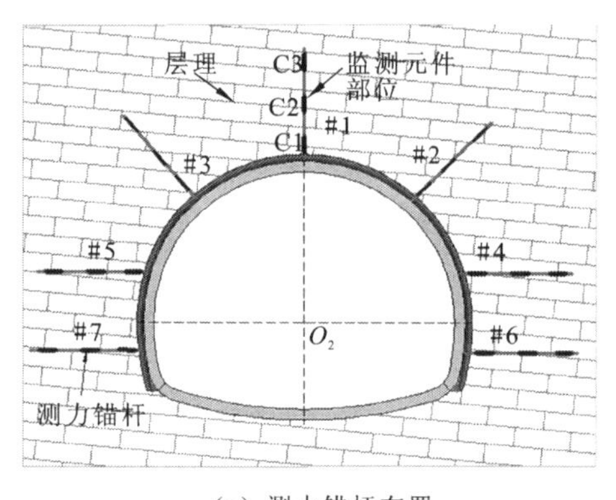

（a）测力锚杆布置

（b）测力锚杆安装

图 5.24　测力锚杆布置及现场安装

2. 测试结果

测试断面锚杆最终的轴力分布见图 5.25，正号表示拉力，负号表示压力。

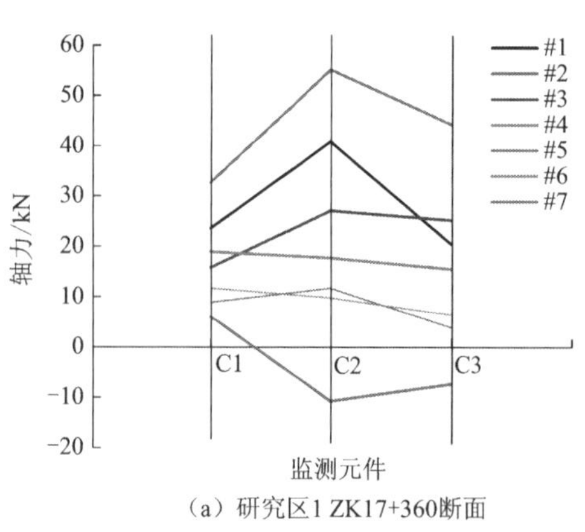

（a）研究区1 ZK17+360断面

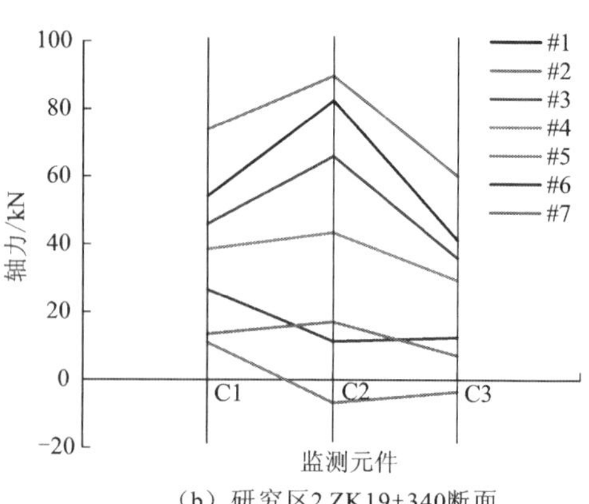

（b）研究区2 ZK19+340断面

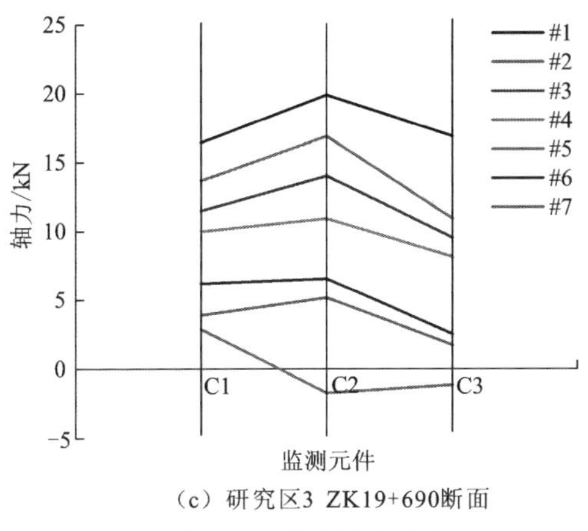

（c）研究区3 ZK19+690断面

图 5.25　锚杆轴力分布

图 5.25 表明，除#5 锚杆外，各断面锚杆主要承受拉应力。研究区 2 ZK19+340 断面的锚杆轴力最大，最大轴力在#2 锚杆中部，其值为 89.82 kN，锚杆轴力最小的断面为研究区 3 的 ZK19+690 断面，该断面锚杆轴力最大值出现在拱顶部位的#1 锚杆，最大轴力为 19.89 kN。观察三个研究区的断面的隧道围岩变形情况（图 5.26～图 5.28）可以发现，以 ZK19+690 断面的变形值最大，其锚杆轴力却最小，说明该断面锚杆未能起到有效的锚固作用，推测在隧道围岩变形过程中锚杆与围岩发生了脱黏，有学者[277]在研究锚杆对软岩隧道的锚固功效时认为，浅埋软岩隧道的拱顶会发生整体下沉，锚杆并不存在锚固段，因而拱顶部位锚杆难以对隧道围岩起到有效的锚固作用。5.2 节试验研究了普通螺纹锚杆和钢花管

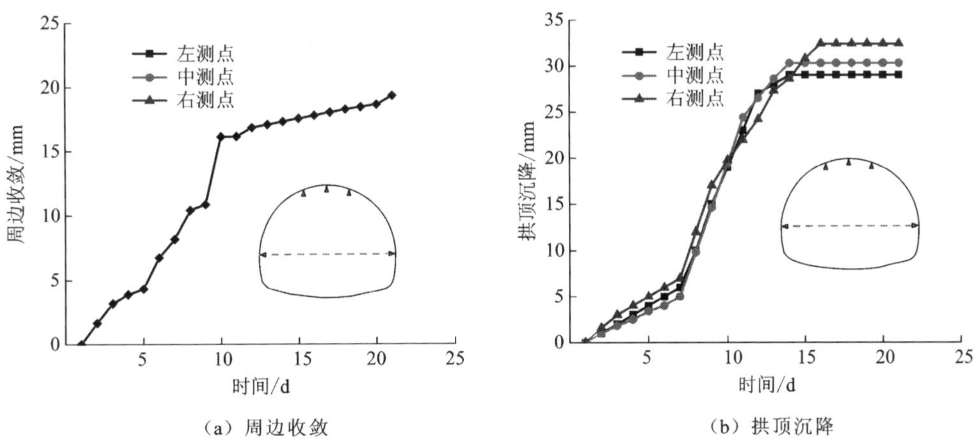

图 5.26　ZK17+360 断面围岩变形

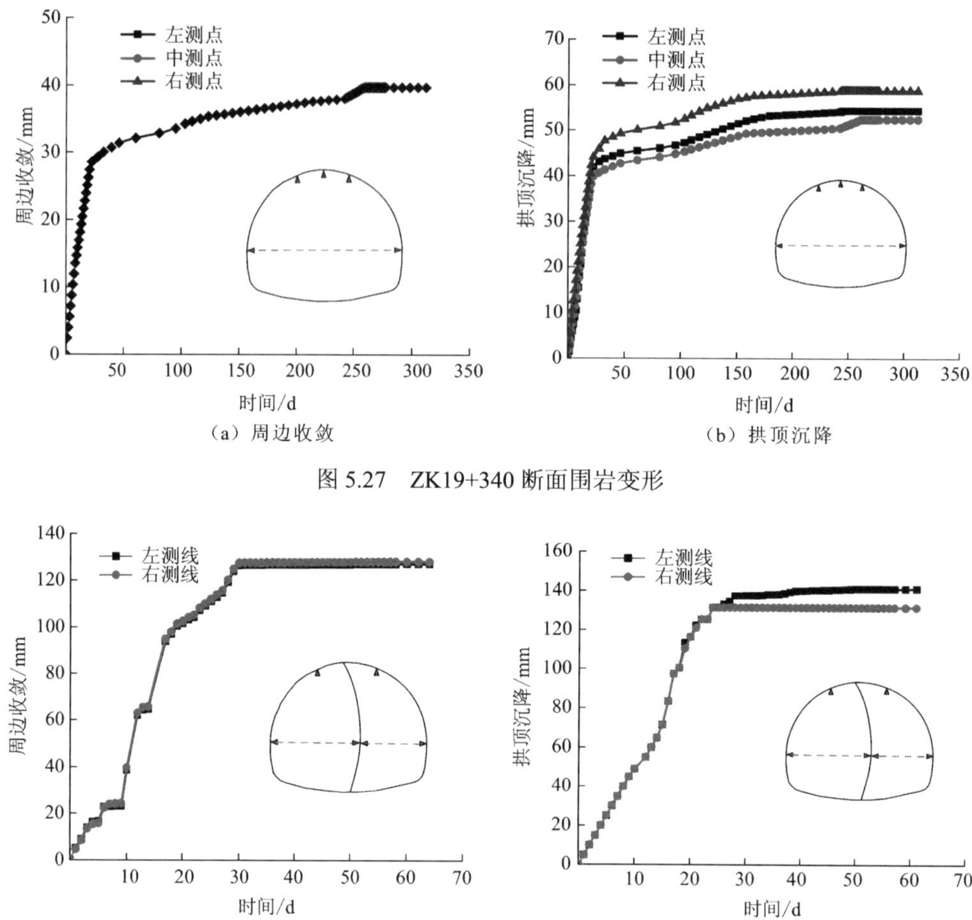

(a）周边收敛 (b）拱顶沉降

图 5.27 ZK19+340 断面围岩变形

(a）周边收敛 (b）拱顶沉降

图 5.28 ZK19+690 断面围岩变形

的锚固作用机理，试验发现，锚杆主要通过改变围岩的受力状态和提高围岩的强度参数来实现对锚固体的锚固作用。一方面，在软岩隧道中锚杆难以穿过塑性区，并且锚杆与破碎岩土体的黏结效果较差，因此，锚杆很难通过“销钉作用”来改善围岩的受力状态；另一方面，锚杆主要通过锚杆预紧力在围岩中产生均匀压缩带，利用锚固剂对围岩的黏结修复作用来提高围岩强度参数，而普通药卷锚杆与破碎岩土体的黏结效果差，预紧力难以施加，药卷锚杆也不具有注浆功能，少量的锚固浆体对围岩的黏结修复作用有限，因此，药卷锚杆在对围岩强度参数的提高方面效果也不理想，可以认为，上述两个方面为药卷锚杆在黄土隧道[277]和本书研究区 3 的粉质黏土中效果不明显的主要原因。

实际施工中，研究区 3 采用的是带有注浆功能的钢花管，现场通过钢花管对围岩进行注浆，能够有效地提高围岩强度，限于试验条件，现场未对钢花管的受力特性进行测试，但在进行 CD 法施工过程中，通过对中拱墙处施作的钢花管锚固范围内的围岩进行观察可以发现，无自稳能力的粉质黏土经钢花管锚固后形成了“悬而未落”的锚固区，如图 5.29 所示。因此，针对土质隧道中系统锚杆是否取消的争议[289-291]，本书建议将普通药卷锚杆改为具有注浆功能的钢花管，可以取得较好的锚固效果。

图 5.29　钢花管对粉质黏土隧道的锚固效果

测试断面不同部位的锚杆轴力也有一定的规律性。

（1）研究区 1 和研究区 2 右拱肩部位的锚杆（#2）受力最大，并且最大拉应力分布于锚杆中部附近，分别为 55.25 kN（ZK17+360 断面 C2 元件）、89.82 kN（ZK19+340 断面 C2 元件），这与隧道围岩的变形分布是一致的，如图 5.26、图 5.27 所示，隧道拱顶最大变形点位于右拱肩处。现场施工时，该处常发生开裂掉块，变形严重时甚至使格栅架挤压变形。锚杆轴力与隧道围岩变形分布规律的一致性说明该区域的锚杆很好地发挥了锚固作用。研究区 3 拱顶部位的锚杆（#1）轴力最大，两侧拱肩处次之，说明该区域没有出现研究区 1 和研究区 2 的偏压现象。

（2）测试断面两边墙处的锚杆轴力较小，尤其是下台阶开挖后所安装的两边墙锚杆（#6、#7）的轴力只有 5～10 kN，其原因为上台阶开挖后大部分应力得到释放，待开挖下台阶时，隧道围岩变形已逐渐趋于稳定，该部位的锚杆没有发挥锚固作用，而是成为一种安全储备。

5.4.3 钢拱架支护特性现场测试

1. 现场监测元件安装

围岩压力采用XB-15型振弦式压力盒监测，安装时将压力盒焊接在钢架上，并用混凝土将压力盒与围岩间的空隙充填密实。钢拱架受力采用XB-120型振弦式钢筋测力计监测，型钢钢架的应力传感器焊接在型钢的翼缘上，格栅架的传感器焊接在其主筋上。采用ZX-12振弦频率检测仪对监测数据进行采集。监测元件的布置方式及现场安装见图5.30，图中RE1～RE5为围岩压力监测元件，WE1～WE5为钢拱架外侧监测元件，NE1～NE5为钢拱架内侧监测元件。监测断面区域选择及桩号与5.4.2小节相同，由表5.4可知，所选择的三个研究区的支护方案不同，根据支护方案的不同，各研究区监测的钢拱架类型也不同，研究区1、研究区2和研究区3分别监测其格栅架应力、18#工字钢应力和20#工字钢应力。

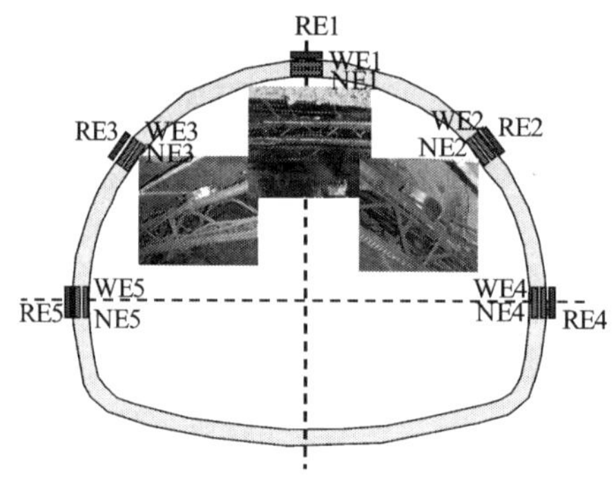

图5.30 围岩和钢拱架应力监测布置

2. 监测结果

各研究区断面的围岩压力监测结果见图5.31。围岩压力的大小和分布主要受初始地应力状态、地质条件和支护结构刚度等因素的影响[281]。由图5.31可知，各研究区断面的围岩压力的分布有所差异，ZK17+360断面和ZK19+340断面围岩压力的分布类似，主要以右侧拱肩部位的应力集中为特征，拱顶压力稍次之，两侧拱腰部位压力最小，ZK19+690断面的应力分布相对均匀，拱顶压力最大，两侧拱肩压力基本相等，并略低于拱顶压力，拱腰压力最小。三个研究区断面的围岩压力也不相同，其中以研究区3 ZK19+690断面的总体围岩压力最大，该研究区的围岩主要为粉质黏土，隧道开挖后围岩自稳能力较差，甚至无自稳能力，因此，初期支护所承受的围岩压力主要来源于上覆岩层的重量。拱顶部位的围岩压力为 0.56 MPa，约为研究区 1 ZK17+360 断面拱顶压力的 2.24 倍。这一方面说明，对于稳定性较差的软弱围岩，在其自身无法通过变形的调整来达到稳定状态时，必须利用过支护结构的支护力使其稳定；另一方面说明，当围岩应力较大，隧道围岩变形较为严重(研究区 1 的格栅架和研究区 3 的工字钢均扭曲变形)时，工字钢可以提供更大的支护阻力。研究区 2 的总体围岩压力大小居中，但局部应力集中较为严重，右拱肩围岩压力为 0.62 MPa，为该断面左拱肩部位围岩压力的1.82倍，因此，该研究区现场也出现了严重的拱顶和拱肩喷射混凝土开裂、掉块，以及掌子面局部坍塌等大变形现象。

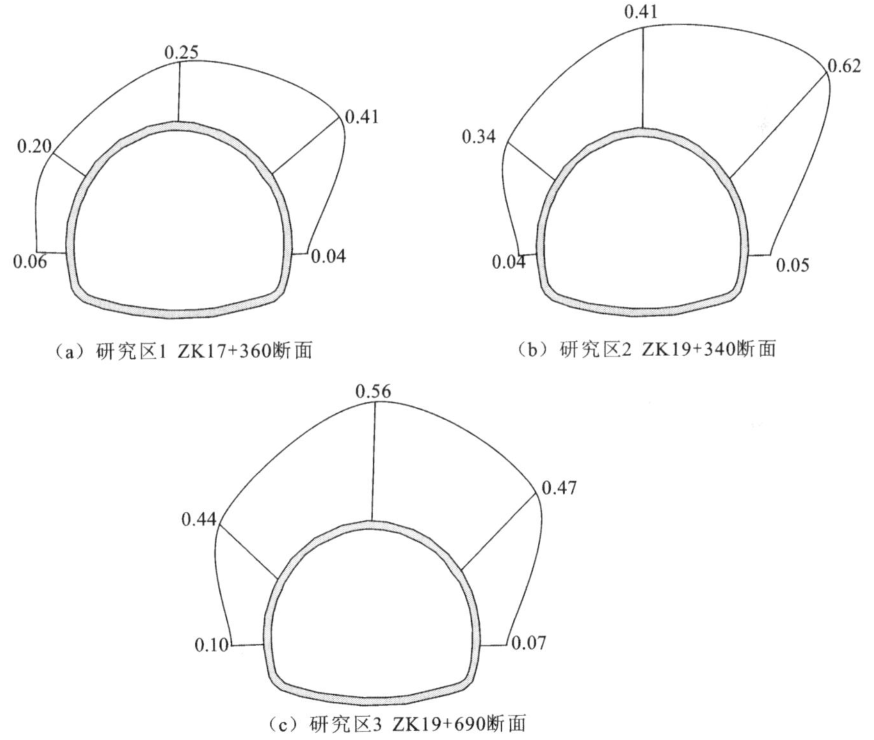

图 5.31　各监测断面围岩压力的分布（单位：MPa）

图 5.32～图 5.34 为各研究区断面的钢拱架应力分布图，图中负号表示钢拱架受压。钢拱架的应力由作用在初期支护结构上的围岩压力转化而来，围岩压力由喷射混凝土、钢筋网、锚杆和钢拱架等共同承担，因此，钢拱架应力的大小由围岩压力、钢筋网和锚杆的支护强度及喷射混凝土和钢拱架的刚度等决定。

由图 5.32～图 5.34 可以看出，除研究区 3 ZK19+690 断面工字钢各部位的应力分布较为均匀外，研究区 1 的格栅架和研究区 2 的工字钢均有应力集中现象。目前，研究者在对格栅架和工字钢的特性进行争论时，一方认为格栅架与围岩的接触条件良好，围岩压力和格栅架的应力分布较为均匀[156]，另一方则认为在软弱围岩中，格栅架的应力分布差异较大，局部有应力集中现象，型钢钢架的应力分布比较均匀[281]。对比本书测得的不同研究区断面的钢拱架应力可以发现，格栅架的应力分布并不均匀，工字钢在不同地质和应力条件下也会表现出应力分布相对均匀和局部应力集中现象，可见，钢拱架的应力分布不完全由其自身的材料及强度特性决定，还取决于其所处的地质和应力条件；对比同一断面的围岩压力和钢拱架应力分布规律可以发现，围岩压力和钢拱架的应力分布规律极为相似，因此，可以推断，在地应力较大时，钢拱架会扭曲变形，围岩压力的分布是影响钢拱架应力分布规律的主导因素。

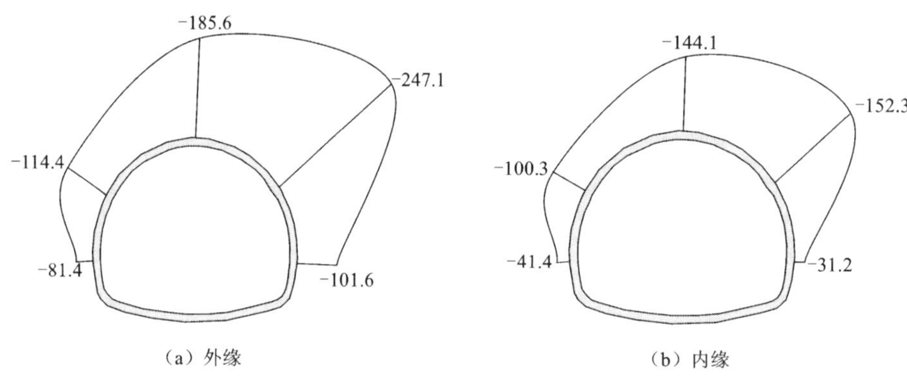

图 5.32　研究区 1 ZK17+360 断面格栅架应力分布（单位：MPa）

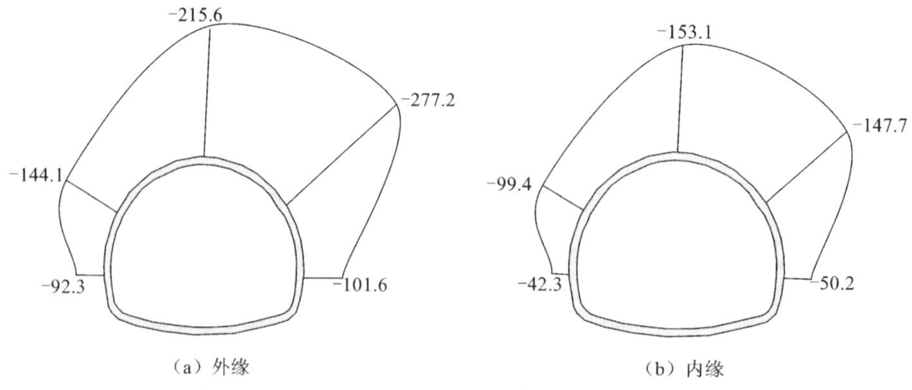

图 5.33　研究区 2 ZK19+340 断面 18#工字钢应力分布（单位：MPa）

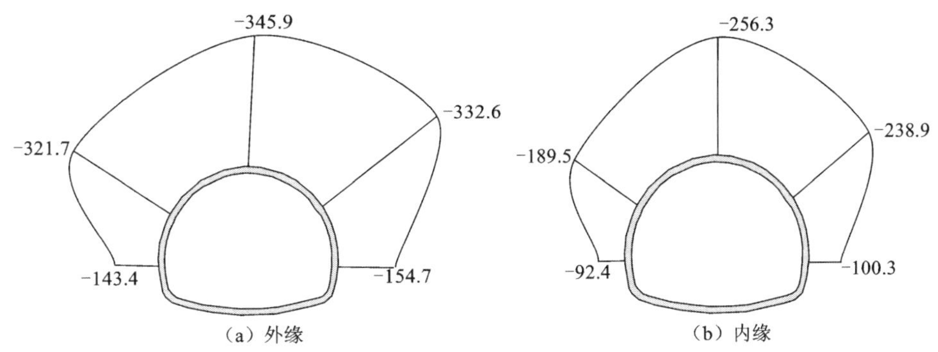

图 5.34　研究区 3 ZK19+690 断面 20#工字钢应力分布（单位：MPa）

5.5 本章小结

为分析隧道支护结构的作用机理及其在层状和软弱岩体隧道中的支护特性，首先采用室内物理模拟试验的方法研究了普通螺纹锚杆和钢花管锚固下的岩石在单轴压缩试验下的力学、变形特性，得到了锚杆对层状岩体的支护作用机理；然后通过钢拱架-混凝土组合梁的三点弯曲试验研究了格栅架和工字钢的抗弯性能，分析了钢拱架-混凝土组合梁在荷载作用下的破坏过程；最后通过现场锚杆轴力、围岩压力及钢拱架应力测试试验进一步分析了普通药卷锚杆、钢花管、格栅架和工字钢在层状岩体与粉质黏土中的支护特征。得到的主要结论如下。

（1）锚杆对围岩强度参数提高作用的机理如下。当不考虑节理面的影响时，锚杆对锚固围岩强度参数的提高主要表现为预紧力的压缩带作用、锚固剂对围岩损伤的修复作用、锚杆杆体对锚固体整体强度和密度的增强作用三个方面。当锚杆与岩体节理面成一定角度（如 90°）施加时，除对围岩强度参数有提高作用外，还主要表现为对节理面变形能力和抗剪强度的提高。锚杆通过上述三种方式在锚固岩体中形成一定范围的锚固区，锚固区大小与围岩性质、锚杆材质、锚固剂注入量和钻孔引起的围岩损伤等有关。

（2）相同层理角度下不同锚杆类型对试件强度的提高幅度不同，系统锚杆要稍好于钢花管。相同锚杆类型的加锚试件，不同层理角度其强度的提升幅度也不同，90°层理加锚试件的强度的提升幅度明显大于 0°层理加锚试件。锚杆对裂纹的止裂作用是锚固区对裂纹弱化、剪断、止裂的结果，其止裂效果与锚固区范围的大小有关，锚固区范围越大，止裂效果越好。

（3）钢拱架可以有效地提高混凝土的抗变形能力，相比于格栅架，槽钢与混凝土的协调变形能力较差，其协调变形阶段短于格栅架，较早地进入脱黏阶段，但其刚度大于格栅架，脱黏后表现出了较强的承载能力。根据钢拱架与混凝土的变形协调关系，将荷载–挠度曲线分为三个阶段：钢拱架与混凝土协调变形阶段、钢拱架与混凝土脱黏阶段和钢拱架独立作用阶段。

（4）工程应用中，药卷锚杆对岩性一般的层状页岩隧道的锚固效果较好，其锚杆轴力与隧道围岩变形的分布规律一致。而在粉质黏土段，锚杆难以穿越塑性区，并且锚杆与破碎岩土体的黏结效果较差，锚杆很难通过“销钉作用”来改善围岩的受力状态，也难以通过施加预应力或注浆来提高围岩的强度参数，因此，其锚固效果也较差。具有注浆功能的钢花管可以通过注浆来提高围岩的强度，现场应用良好。

（5）隧道穿越页岩段和粉质黏土段时其围岩压力大小及分布规律不同，埋深较大的页岩段的隧道围岩压力受地应力影响较大，局部产生应力集中现象，但由于页岩具有一定的自稳能力，其总体围岩压力大小小于浅埋段的粉质黏土隧道的围岩压力，粉质黏土段的围岩压力分布也相对均匀。对于稳定性较差的软弱围岩，在其自身无法通过变形的调整来达到稳定状态时，必须利用过支护结构的支护力使其稳定，相对于格栅架，工字钢可以提供更大的支护阻力。

（6）钢拱架的应力分布不完全由其自身的材料及强度特性决定，还取决于其所处的地质和应力条件，在地应力较大时，围岩压力的分布是影响钢拱架应力分布规律的主导因素。

第6章　含孔洞加锚岩石力学特性及裂纹扩展规律

6.1　引　　言

隧道、水利、采矿等地下工程常在开挖区域一定范围内形成开挖损伤区，开挖损伤区的形成与开挖方法和开挖卸荷引起的围岩应力重分布等有关，其外在表现形式主要为裂纹的形成、聚结和贯通，进而引发开挖面岩体的开裂、剥落、屈曲、滑移及岩爆等破坏[3,171,174,292]。以马嘴隧道为例，隧道洞身岩体主要为页岩和灰岩，施工过程中，隧道页岩段常出现拱顶混凝土开裂（图 6.1 中 a）、剥落（图 6.1 中 b）、底板隆起开裂（图 6.1 中 c）等灾害，灰岩段则出现较为强烈的岩爆（图 6.1 中 d）现象。施工现场未能在较短的时间内研究出这些灾害发生的机理，对于变形较严重及初期支护开裂的隧洞段，只能采用工程类比法于初期支护内架设工字钢护拱（图 6.2），待围岩变形稳定后再将工字钢护拱逐段拆除并及时模筑二次衬砌，误工误时，并且现场效果不佳。可见，研究在应力作用下岩石裂纹的萌生、扩展规律对这类工程问题的解决意义重大。

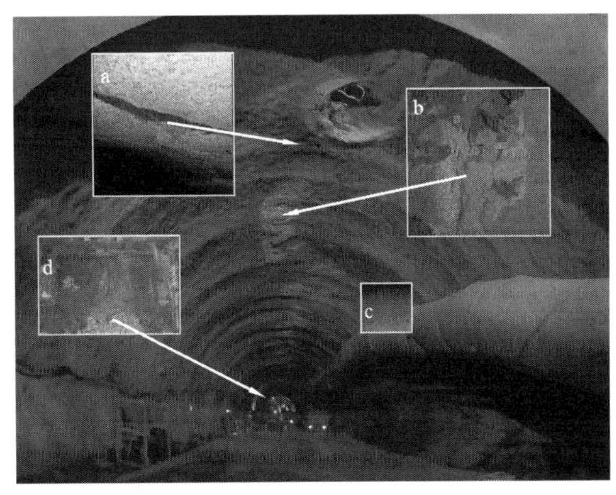

图 6.1　隧道初期支护开裂及岩爆

图 6.2　初期支护内架设工字钢护拱

根据目前国内外针对地下开挖围岩破裂机理的研究成果，可将含孔洞岩石分为两类：一类是将孔洞看作开挖洞室[35,293-308]，从开挖损伤角度研究孔洞周边裂纹的演化规律；另一类则是将孔洞看作岩体内部的初始损伤[309-321]，从损伤和断裂力学角度分析含孔洞岩体裂纹的积聚过程、传播路径及岩体的强度、变形特性。理论上，将孔洞看作开挖洞室时应考虑开挖卸荷、爆破震动、机械损伤等对孔周围岩的影响，其周边裂纹的演化规律与将孔洞看作初始损伤是不同的。但限于试验操作及观测上的难度，鲜有研究考虑开挖过程对孔洞的初始损伤，因此，目前从上述两个角度所进行的研究的方法和成果基本一致，两者本质上都是研究含孔洞岩石在荷载作用下裂纹的萌生、演化规律和强度、变形特性。

荷载作用下孔周裂纹的产生、发展过程较为复杂，所产生的裂纹也较多，根据裂纹的产生位置和机理不同，一般可分为三种形式[35,322]：①孔洞周边拉应力区的初始裂纹；②围岩内部远离孔洞处的远场裂纹；③孔洞周边压应力区的剪切裂纹。裂纹形式见图 6.3。Dzik 等[308]通过对含孔洞的半径为 2.5～50 mm 的花岗岩在单轴压缩下裂纹产生、扩展规律的研究认为，上述三种裂纹不一定同时出现，裂纹的形式与荷载方式及孔洞大小有关，并指出拉应力和压应力均对初始裂纹的产生、发展过程有较大的影响。随后，国内外学者主要研究含孔洞岩石的这三类裂纹的起裂条件、扩展规律、影响因素等，主要包括应力水平[301,303,305,319,323]、孔洞形状[300,315-316]、孔洞尺寸[305,319]、孔洞数量及分布[305,309,313]、岩石尺寸[305,319]和岩石材料的各向异性[304,314,319]等，所用研究方法主要为室内试验和数值模拟。

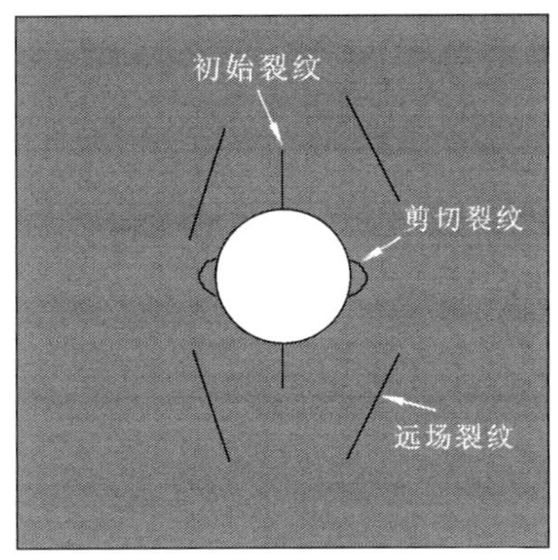

图 6.3　裂纹形式

Tang 等[305]通过数值模拟研究了轴向应力水平、孔洞直径、孔洞数量及排列方式、岩石宽度等对含孔洞岩石裂纹发展过程的影响规律，认为裂纹的产生需要一定的轴向应力，该应力大小与孔洞直径和试件宽度有关，并指出孔洞的排列方式对裂纹的扩展规律有一定的影响，孔洞排列的随机性越大，裂纹的扩展方式越复杂。Wong 等[319]、Zhao 等[317]分别通过室内试验与数值模拟相结合和室内试验的方法验证了裂纹的产生需要一定的轴向应力的结论。Zhu 等[300]采用数值模拟和理论分析研究了单轴或双轴压缩下孔洞形状为圆形、椭圆形、直墙拱形时的裂纹传播过程。杜明瑞等[315-316]研究了孔洞几何形状对砂岩强度特征和破坏模式的影响规律，并分析了椭圆形孔洞砂岩在不同椭圆长短轴之比下的强度和变形特性。段进超等[314]运用数值模拟研究了单轴压缩下含单孔和双孔脆性材料的局部破裂现象，认为材料的非均匀性是脆性岩石发生局部破裂的根本原因。Wang 等[304]采用数值模拟研究了各向异性岩体的破坏过程，并对其损伤度进行了评价。杨圣奇等[311]采用 SEM 实时观测系统，观测了含单孔洞大理岩在单轴压缩下裂纹的萌生、扩展、演化过程，得出了岩石的非均质性对岩样中裂纹的扩展规律有较大影响的结论。

锚杆对层状岩体具有较好的加固效果，在隧道、水利及矿山等岩土工程中得到了广泛应用。锚杆的锚固效果取决于对其锚固机理的理解，而锚杆作用机理是一个极为复杂的力学传递过程，从而得到了国内外学者的广泛关注，尤其是对于节理岩体，国内外学者针对影响节理岩体锚固效果的因素进行了系统而丰富的研究，主要包括岩石类型[104,115-116]、锚杆材质及力学参数、节理粗糙度[115,117-118]和锚固角度[119]等。也有学者研究了加锚岩石的力学性质、破坏特征[108]、抗弯特性[109]及抗剪性能[324]等，而锚杆对裂纹扩展的止裂作用机理和效果鲜有研究[325]。

实际工程中，不仅地下洞室在开挖过程中会产生开挖损伤区，而且开挖支护完成后围岩失稳破坏现象更为普遍，因此，研究支护下围岩的裂纹发展破坏情况更具有工程意义。本章采用相似模拟材料预制含孔洞加锚试件，进行室内单轴压缩试验和 CT 技术扫描，研究其强度、变形特征和裂纹扩展规律，应用数值模拟方法进行渗流-应力-损伤耦合下岩石的真三轴试验，为现场应用提供基础。

6.2 试件制备及试验方案

6.2.1 试件制备

试件材料为较为常见的 C15 水泥配合河沙、生石灰，配合质量比为 C15 水泥∶河沙∶生石灰=1∶3∶1.5，促凝剂选用熟石灰，与水泥等量使用。系统锚杆选取 45#钢加工成的强度等级为 8.8 的螺纹锚杆[图 6.4（c）]，螺纹锚杆的屈服强度为 640 MPa，抗拉强度为 800 MPa，直径为 5 mm。超前导管由 45#碳钢钢管切割而成[图 6.4（d）]，钢管外径为 6 mm，壁厚 1 mm。在铸铁试模内浇筑 100 mm×100 mm×100 mm 的试件，浇筑时在试模中部竖直放置一根外径为 22 mm 的钢管，以预留直径为 20 mm 的圆孔，试件分四次浇筑，四次浇筑的厚度分别为 20 mm、30 mm、30 mm、20 mm，前三次浇筑后沿孔径均匀布置 5 根长

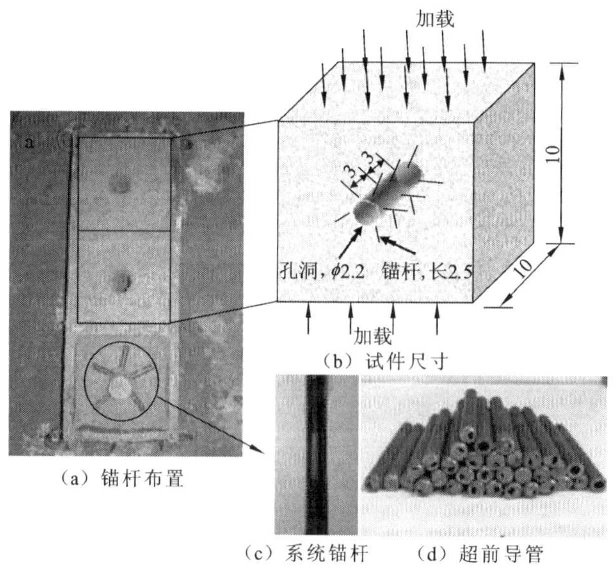

(a) 锚杆布置

(b) 试件尺寸

(c) 系统锚杆

(d) 超前导管

图 6.4 试件制作过程及尺寸示意图（单位:cm）

度为 25 mm、直径为 5 mm 的锚杆，见图 6.4（a）。层理构造采用均匀铺设的厚约 0.2 mm 的 100 目细度云母片进行模拟，层理间距为 20 mm。将制作好的试件在常温下养护 28 d 后进行室内单轴压缩试验。试件尺寸和加载方式见图 6.4（b）。

6.2.2　试验方案

考虑毛洞（S1）、系统锚杆支护（S2）、系统锚杆+喷射混凝土支护（S3）、系统锚杆+喷射混凝土+钢拱架支护（S4）、钢花管支护（S5）、钢花管+喷射混凝土支护（S6）、钢花管+喷射混凝土+钢拱架支护（S7）七种支护情况，喷射混凝土采用环氧树脂模拟，厚度为 2 mm，钢拱架采用内径为 20 mm 的 304 不锈钢钢管。安装时先将钢管放入预留的空洞中，再用注射器将环氧树脂注入钢花管外壁与围岩的孔隙间。每种支护方式均对应0°和90°层理两种岩石，研究不同支护方式下含孔洞岩石力学性质及隧洞围岩的破坏情况。为降低试验离散度，每种情况对应 3 个试件，试件支护方式及编号见表 6.1。

表 6.1　试件分类列表

支护方式	层理	试件编号
毛洞（S1）	0°层理	M1-1～M1-3
	90°层理	M2-1～M2-3
系统锚杆支护（S2）	0°层理	B1-1～B1-3
	90°层理	B2-1～B2-3
系统锚杆+喷射混凝土支护（S3）	0°层理	BC1-1～BC1-3
	90°层理	BC2-1～BC2-3
系统锚杆+喷射混凝土+钢拱架支护（S4）	0°层理	BCG1-1～BCG1-3
	90°层理	BCG2-1～BCG2-3
钢花管支护（S5）	0°层理	P1-1～P1-3
	90°层理	P2-1～P2-3
钢花管+喷射混凝土支护（S6）	0°层理	PC1-1～PC1-3
	90°层理	PC2-1～PC2-3
钢花管+喷射混凝土+钢拱架支护（S7）	0°层理	PCG1-1～PCG1-3
	90°层理	PCG2-1～PCG2-3

含孔洞加锚试件的单轴压缩试验在MTS815岩石力学试验系统上进行。试件加载类型选择位移控制加载，加载速度控制在 0.1 mm/min。试验过程中采用尼康D5200记录试件表面裂纹的发展、贯通过程，孔洞内部裂纹的发展过程则采用工业内窥摄像机记录，见图6.5。

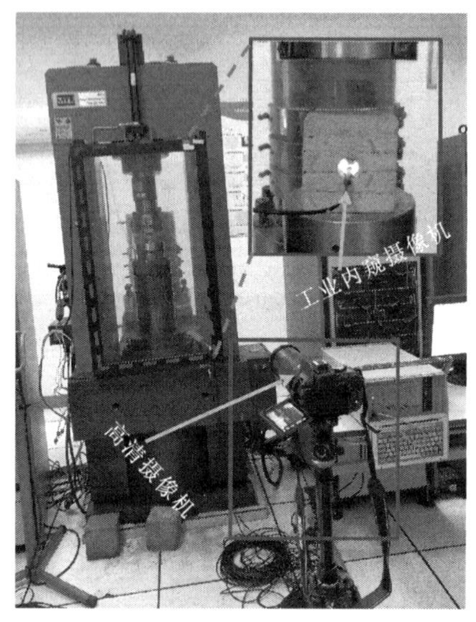

图 6.5　试验系统

试验前后采用德国西门子 SOMATOM Scope 型 X 射线螺旋 CT 机对试件进行无损扫描，检测试件内部裂隙的发育及分布情况。CT机的空间分辨率为 0.35 mm×0.35 mm，密度对比分辨率为 3 HU，扫描层厚为 0.75 mm。

6.3 试 验 结 果

6.3.1 应力-应变曲线

试验得到的含孔洞加锚岩石的应力-应变曲线见表 6.2。由表 6.2 可知，由于试件采用相似材料制作，均质性较好，每组试件的应力-应变曲线的变化规律较为一致。含孔洞加锚试件的支护方式和层理角度对其应力-应变曲线的变化规律均有影响。具体规律如下。

表 6.2　含孔洞加锚岩石的应力-应变曲线

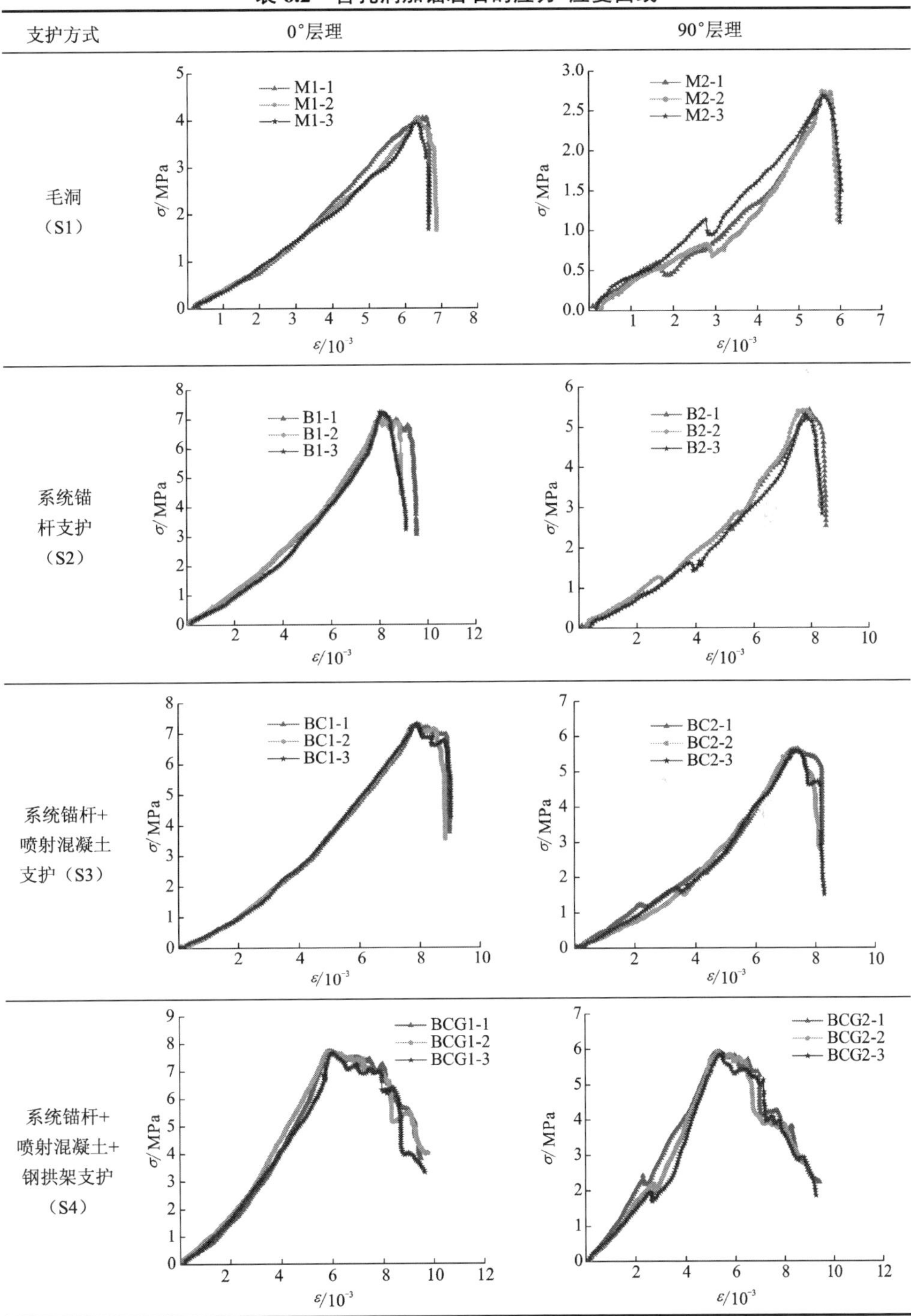

续表

支护方式	0°层理	90°层理
钢花管支护（S5）	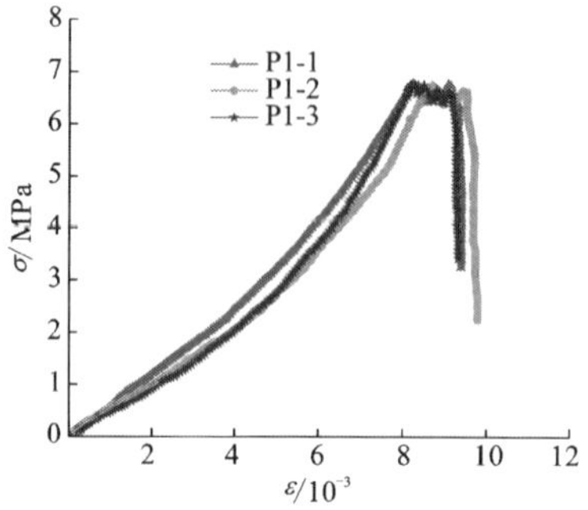	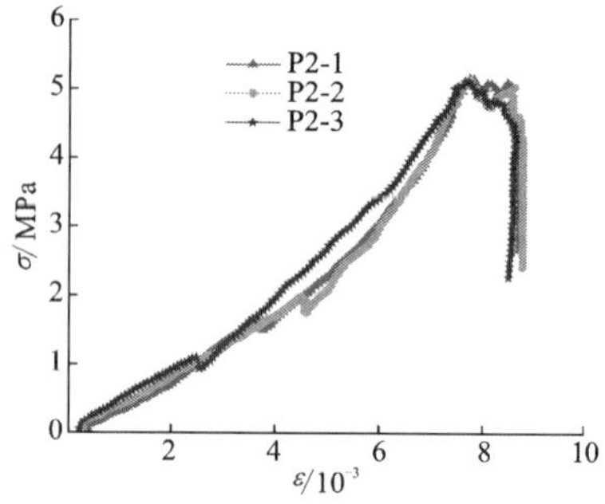
钢花管+喷射混凝土支护（S6）	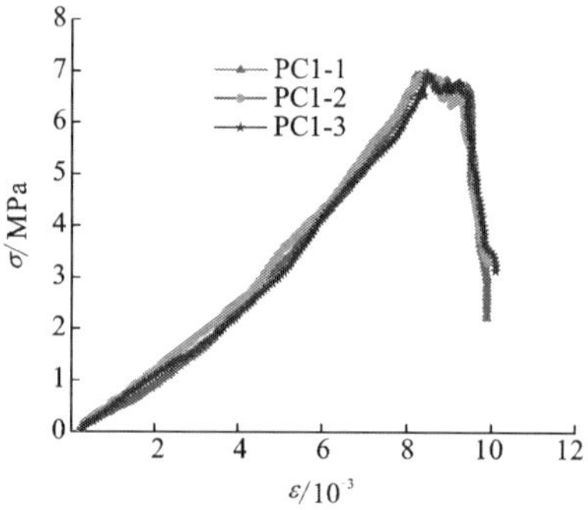	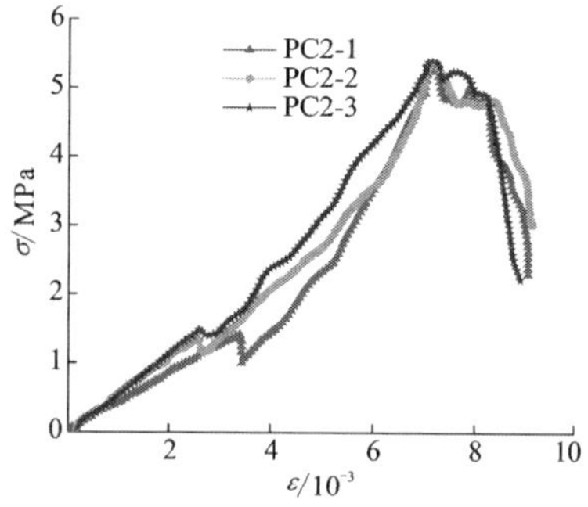
钢花管+喷射混凝土+钢拱架支护（S7）	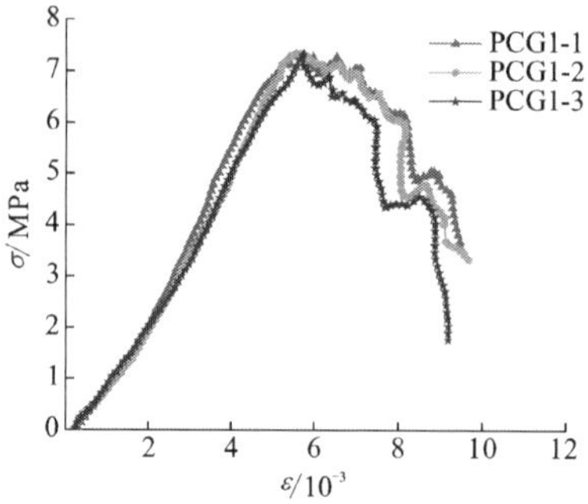	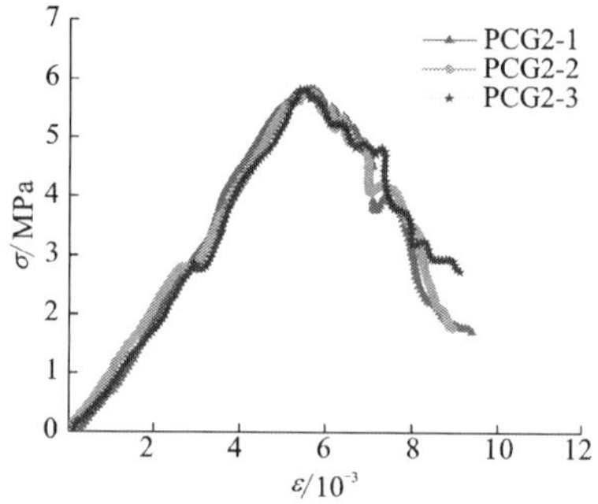

（1）支护结构可以提高试件的单轴抗压强度，但不同支护结构对试件强度的提高幅度不同，同一支护情况下不同层理试件的单轴抗压强度也不同。不同支护情况下试件的单轴抗压强度的分布规律见图6.6、图6.7。试件层理角度为0°时，无支护试件的平均单轴抗压强度为4.01 MPa，系统锚杆支护下试件的平均单轴抗

压强度为 7.13 MPa，其提高幅度为 77.81%，可见，系统锚杆的施加对试件强度的提高效果显著。而系统锚杆+喷射混凝土支护和系统锚杆+喷射混凝土+钢拱架支护下试件的平均单轴抗压强度分别为 7.28 MPa、7.68 MPa，相对于系统锚杆支护下试件的平均单轴抗压强度分别提高了2.10%和 7.71%，说明喷射混凝土和钢拱架提高围岩强度的效果不如系统锚杆。钢花管支护、钢花管+喷射混凝土支护和钢花管+喷射混凝土+钢拱架支护下试件的平均单轴抗压强度分别为 6.76 MPa、6.96 MPa 和 7.33 MPa，钢花管支护下试件的平均单轴抗压强度提升了 68.58%，说明钢花管对围岩强度的提升效果显著，但稍差于系统锚杆。钢花管+喷射混凝土支护和钢花管+喷射混凝土+钢拱架支护下试件的强度相对于钢花管支护下的试件强度分别提高了 2.96%和 8.43%，说明喷射混凝土和钢拱架提高围岩强度的效果不如钢花管。试件层理角度为 90° 时，支护结构对试件强度的提升规律与 0° 层理试件类似，其对试件强度的提升情况简述如下：无支护试件的平均单轴抗压强度为 2.71 MPa，系统锚杆支护、系统锚杆+喷射混凝土支护和系统锚杆+喷射混凝土+钢拱架支护下试件的平均单轴抗压强度分别为 5.38 MPa、5.62 MPa 和 5.89 MPa，相对于无支护试件平均单轴抗压强度分别提升了 98.52%、107.38%和 117.34%。钢花管支护、钢花管+喷射混凝土支护和钢花管+喷射混凝土+钢拱架支护下试件的平均单轴抗压强度分别为 5.14 MPa、5.36 MPa 和 5.80 MPa，相对于无支护试件平均单轴抗压强度分别提升了 89.67%、97.79%和 114.02%。由此可见，系统锚杆支护系统和钢花管支护系统对 90° 层理试件强度的提升幅度均大于 0° 层理试件，表明支护结构对 90° 层理试件围岩强度的提升效果要好于 0° 层理试件。

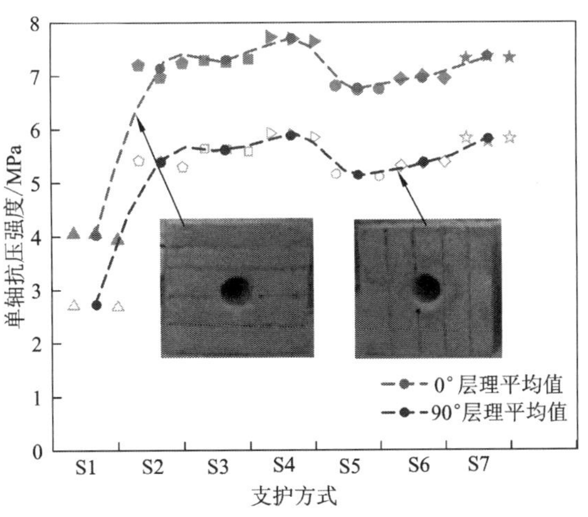

图 6.6　含孔洞加锚岩石试件的单轴抗压强度散点图

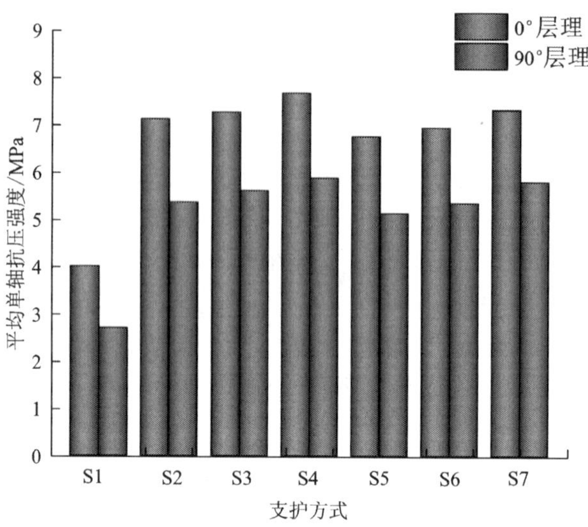

图 6.7　不同支护方式下试件平均单轴抗压强度直方图

（2）含孔洞加锚岩石试件的应力-应变曲线的形态受层理角度的影响。0° 层理试件的层理方向垂直于加载方向，荷载作用下层理裂隙被压密闭合，其初始压密阶段长于 90° 层理试件，而 90° 层理试件的层理则在荷载作用下被压裂张开，在加载初期即会有小幅的应力跌落现象。实际上，由层理角度引起的岩石性质的各向异性已被国内外学者广泛关注和研究[178-181]，本书不再对此展开讨论。

（3）支护结构不同，含孔洞试件的应力-应变曲线的形态也不同。无论含孔洞试件是否含有支护结构，其应力-应变曲线在峰值前后均有不同程度的应力跌落现象，含孔洞试件的这种应力跌落现象是试件沿孔洞或层理起裂及裂纹扩展的表象。无支护试件的应力跌落现象主要发生在峰值前，主要是试件孔洞两侧塌落的结果，但由于幅度较小，通过全应力-应变曲线无法直观地观测这一局部现象。应力-应变曲线的局部波动现象及由工业内窥摄像机记录的孔壁塌落现象见图 6.8。锚杆支护（系统锚杆或钢花管）作用下，试件应力峰值点前后出现了明显的波动现象，该现象不仅与上述孔洞两侧的塌落有关，还与锚杆的锚固作用引起的局部裂纹的产生和峰后塑性强化有关。系统锚杆+喷射混凝土支护和系统锚杆+喷射混凝土+钢拱架支护下，由于喷射混凝土和钢拱架对孔洞围岩的支撑作用，孔壁塌落现象不再明显，混凝土层被压缩变形（系统锚杆+喷射混凝土支护）[图 6.9（a）]，或者不再有孔壁塌落现象（系统锚杆+喷射混凝土+钢拱架支护）[图 6.9（b）]，因此，这两种支护情况下试件的应力-应变波动现象不再是孔壁塌落的结果，而是由裂纹的产生、发展及应力峰值后支护结构作用下塑性强化阶段裂纹的再次萌生引起的。对比系统锚杆支护、系统锚杆+喷射混凝土支护和系统锚杆+喷射混凝土+钢拱架支护三种支护情况下试件的应力-应变曲线可以发现，三种支护情况下试件塑性强化阶段的长度依次递增，应力-应变曲线的波动现象也越来越明显，由此也可以说明，应力-应变曲线的波动现象是与支护结构对围岩的塑性强化作用密切相关的。

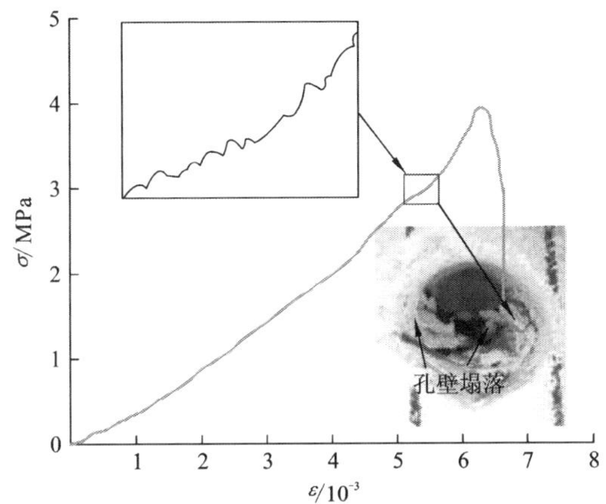

图 6.8　应力-应变曲线的局部波动和孔壁塌落现象

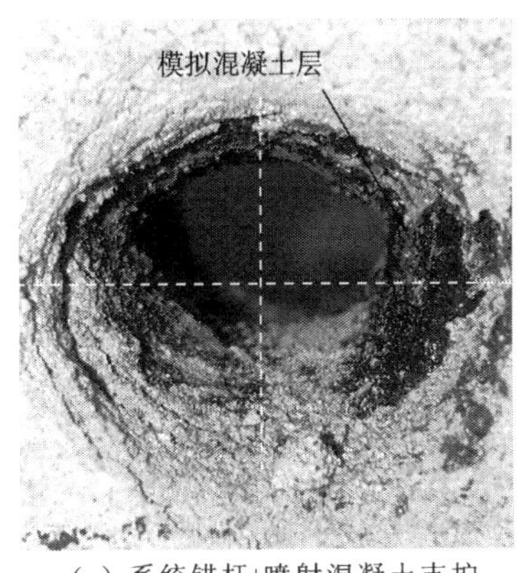

（a）系统锚杆+喷射混凝土支护

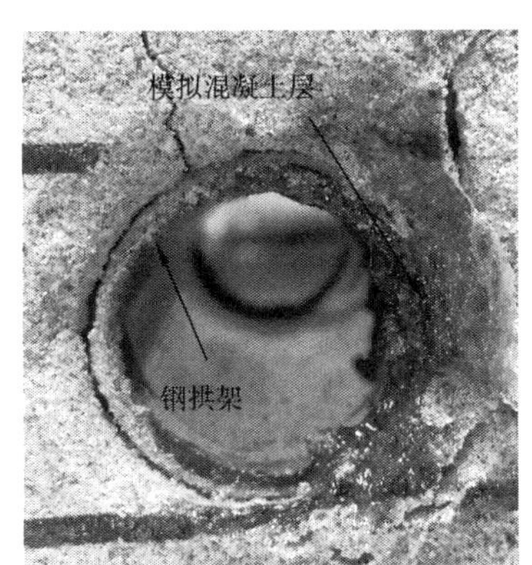

（b）系统锚杆+喷射混凝土+钢拱架支护

图 6.9　孔洞及支护结构变形情况

6.3.2　含孔洞加锚试件的破坏形态

单轴压缩作用下含孔洞加锚岩石的破坏形态见表 6.3。根据层理角度的不同，试件的宏观裂纹破坏形式主要为剪切破坏（0° 层理）和张拉破坏（90° 层理）。

0°层理试件的宏观破坏裂纹起裂于孔洞两侧壁塌落处，沿一条斜对角线向对角处发展，最终在两侧形成单一的宏观破坏面（P1-3、PC1-1），若孔壁两侧的剪切裂纹均沿孔壁向上、下角落发展形成贯通裂纹，则试件最终会表现为X-I型共轭剪切破坏（M1-1）或X-II型共轭剪切破坏（BC1-2），也有试件只在孔壁一侧形成贯通裂纹，另一侧裂纹不发展或仍从孔壁只沿加载方向向试件一端发展，表现为斜T字-I型剪切破坏（B1-3、PCG1-2）或斜T字-II型剪切破坏（BCG1-3），不考虑试件次生裂纹，上述三种主控裂纹的形态可简化为图6.10（a）。90°层理试件的宏观破坏裂纹主要受竖直层理的控制，试件在荷载作用下沿层理发生张拉劈裂，其控制性破坏面也往往起裂于孔洞两侧壁塌落处，随后沿竖直层理方向向试件一端（BC2-3）或两端（M2-1、B2-3、BCG2-2、P2-1、PC2-1、PCG2-1）发展，主控破坏裂纹的形态简化图见图6.10（b）。

表6.3 含孔洞加锚岩石的破坏形态

支护方式	0°层理	90°层理
毛洞（S1）	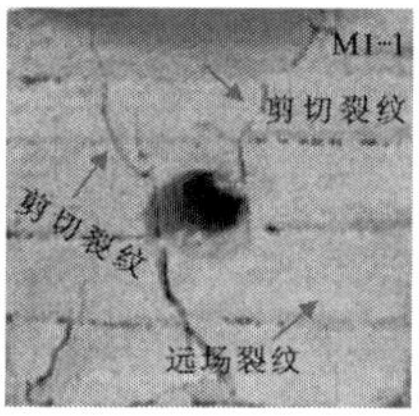	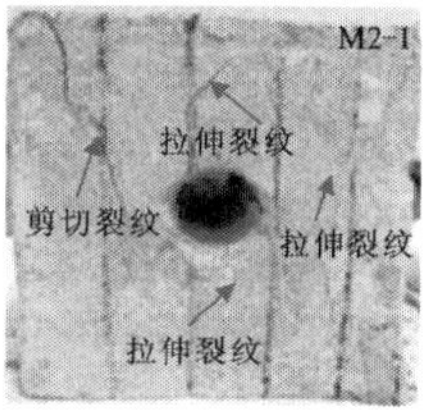
系统锚杆支护（S2）	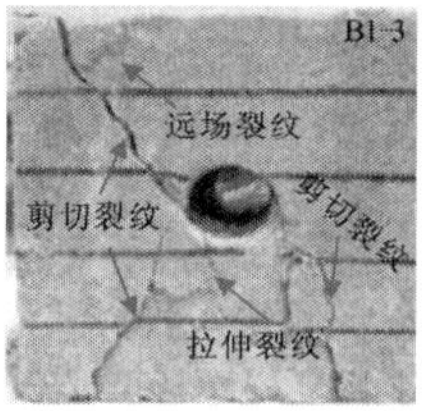	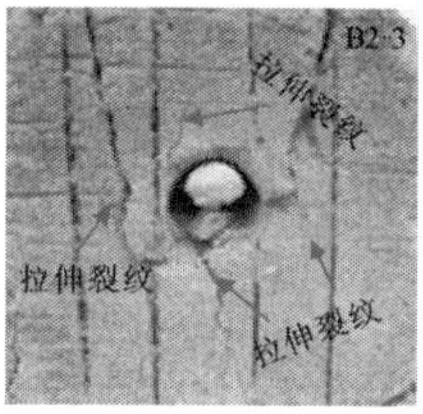
系统锚杆+喷射混凝土支护（S3）	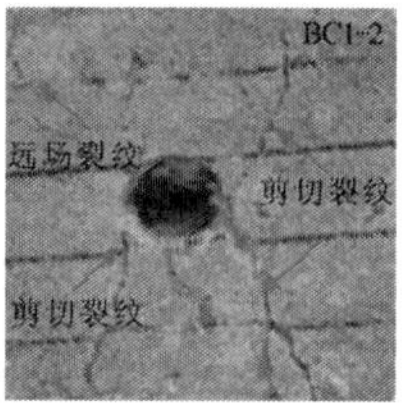	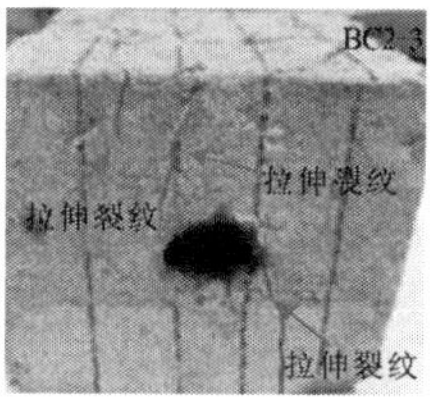

续表

支护方式	0°层理	90°层理
系统锚杆+喷射混凝土+钢拱架支护（S4）	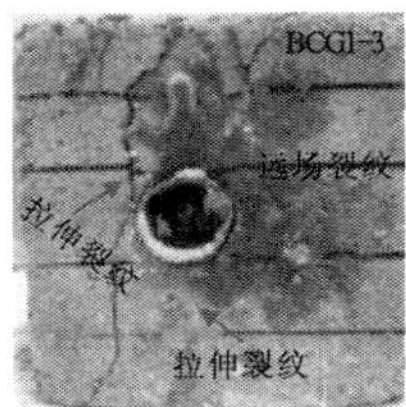	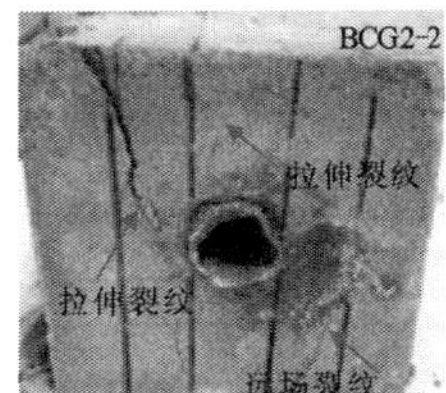
钢花管支护（S5）	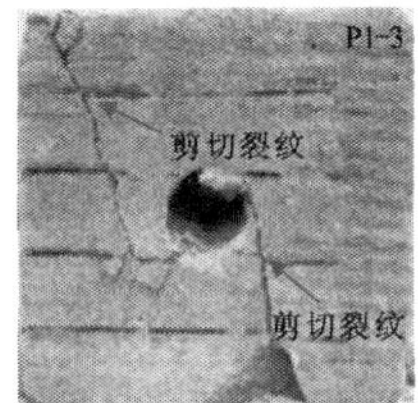	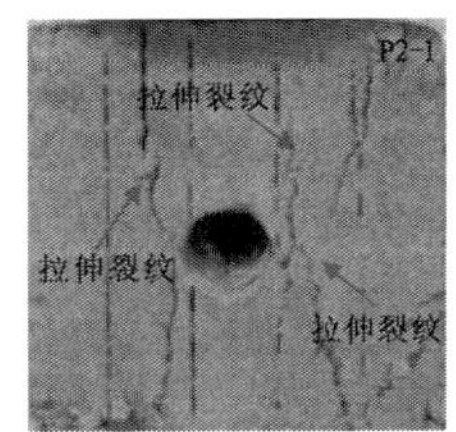
钢花管+喷射混凝土支护（S6）	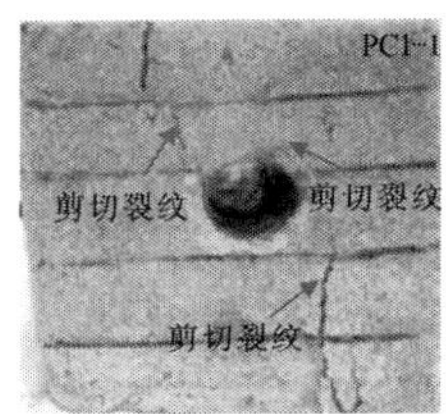	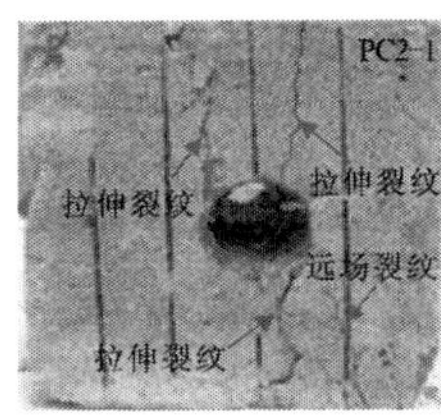
钢花管+喷射混凝土+钢拱架支护（S7）	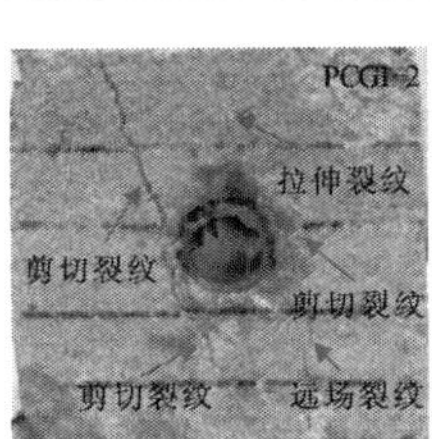	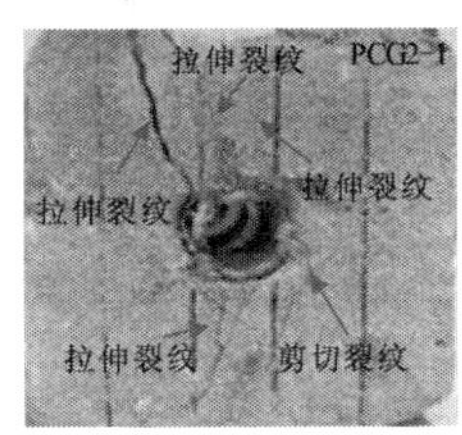

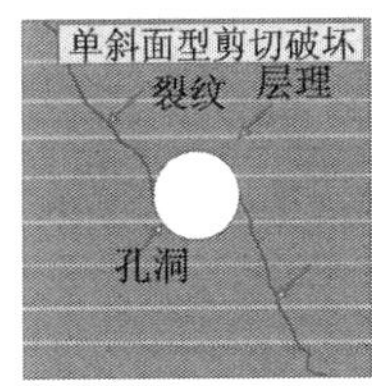

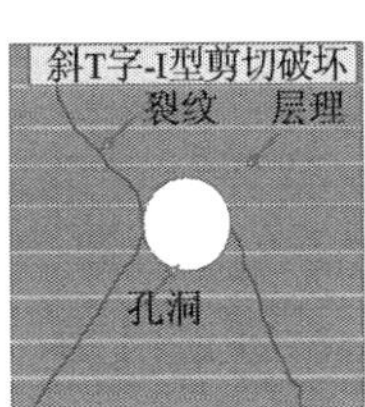

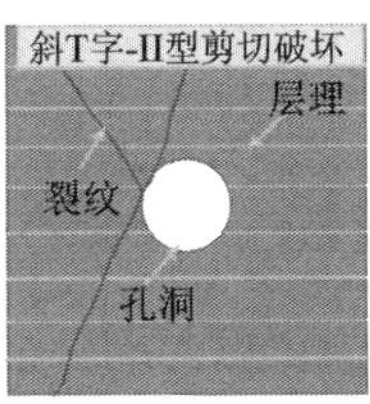

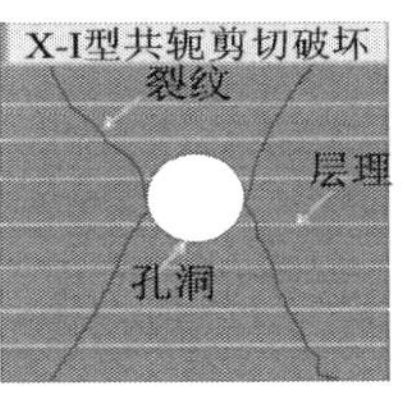

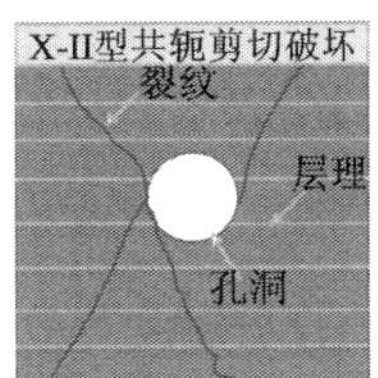

（a）0°层理试件破坏裂纹形态

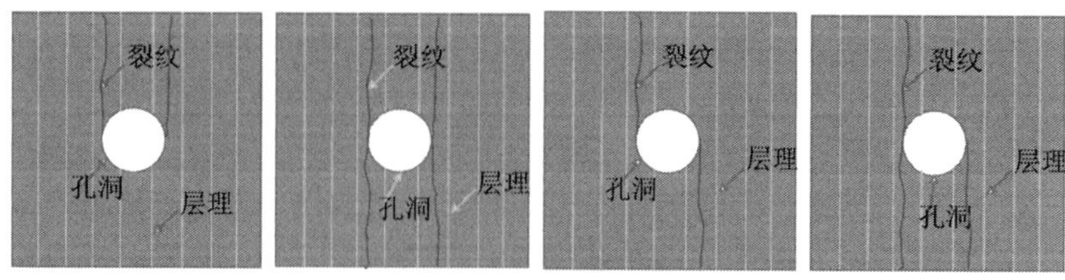

（b）90°层理试件破坏裂纹形态

图 6.10　试件破坏裂纹形态简化图

根据裂纹形成机制的不同，可分为拉伸裂纹、剪切裂纹和远场裂纹三种。拉伸裂纹又可分为两种，一种拉伸裂纹分布于孔洞顶底部拉应力集中区，另一种拉伸裂纹则沿竖直层理分布，是层理的张开拉伸破坏。剪切裂纹起裂于孔洞两侧压应力集中区，在荷载持续作用下逐渐向远处发展，0° 层理试件中该类裂纹往往发展成为控制性破坏裂纹。远场裂纹即远离孔洞周边区域处的裂纹。同一试件上未必会同时出现上述三种裂纹，但通过表 6.3 中试件裂纹类型的标注不难发现，以剪切破坏为主的试件，如 0° 层理试件，一定会有剪切裂纹，同样地，以拉伸破坏为主的试件，如 90° 层理试件，一定会有拉伸裂纹。

6.3.3　孔洞损伤破坏情况

试件破坏方式主要可以分为孔壁塌落、裂纹萌生扩展和表面剥落掉块三种。试件的支护情况不同，孔壁塌落的程度也不同（图 6.11），其中以 90° 层理毛洞的孔壁塌落最为严重（M2-3），系统锚杆+喷射混凝土+钢拱架支护试件则没有孔壁塌落现象（BCG2-3）。锚杆支护（B1-3、B2-3、P1-3、P2-1）下，孔壁仍有不同程度的坍塌、剥落现象，但相比于毛洞（M1-1、M2-3），孔洞的整体性破坏已明显好转。系统锚杆+喷射混凝土支护下，试件孔壁不再出现剥落现象，部分试件的孔洞被压缩产生横向变形（BC1-3、BC2-3），可以预见，若没有模拟混凝土层的支撑黏结作用，孔洞完整性将难以维持。另外，试验采用环氧树脂模拟混凝土层，具有较高的塑性变形能力，使孔洞在发生一定的横向变形后仍能保持完整性，实际工程用混凝土则由水泥、沙子和石子按一定配合比配制而成，塑性变形能力较差，因此，隧洞发生变形时常导致如图 6.1 所示的混凝土层的开裂掉块现象。这意味着，对于高地应力、深部、软岩、岩爆等大变形或动力灾害隧洞，研发具有高强、高塑性变形能力的喷射混凝土材料对保持隧洞的完整性是有益的。

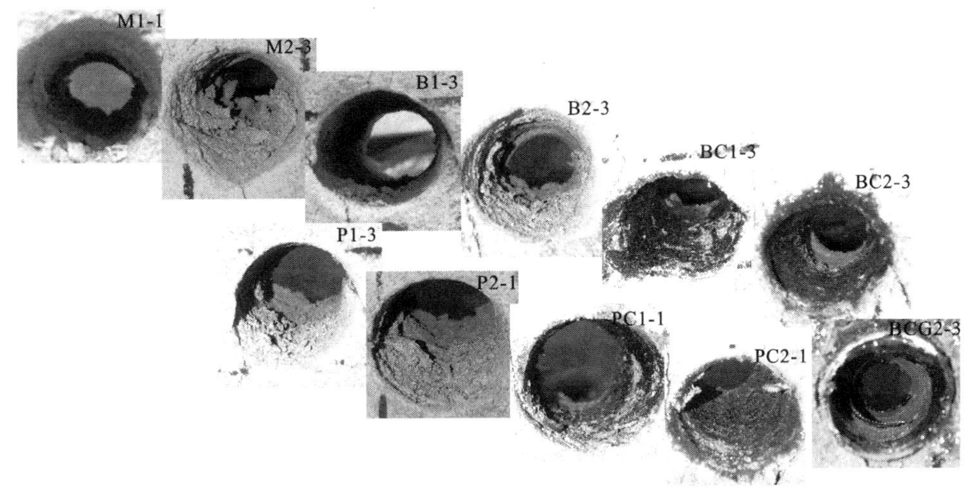

图 6.11　含孔洞加锚试件孔洞内壁的损伤破裂情况

无论是 0°层理试件还是 90°层理试件，孔洞破坏较严重的部位均在孔洞两侧，这是试件在竖向荷载作用下于孔洞两侧产生压应力集中区的结果。孔洞周边的应力分布可由弹性力学平面应变问题的基尔希解析解表达：

$$\sigma_r=\frac{1}{2}(1+\lambda)P_0\left(1-\frac{R_0^2}{r^2}\right)-\frac{1}{2}(1-\lambda)P_0\left(1-4\frac{R_0^2}{r^2}+3\frac{R_0^4}{r^4}\right)\cos(2\theta) \tag{6.1}$$

$$\sigma_\theta=\frac{1}{2}(1+\lambda)P_0\left(1+\frac{R_0^2}{r^2}\right)+\frac{1}{2}(1-\lambda)P_0\left(1+3\frac{R_0^4}{r^4}\right)\cos(2\theta) \tag{6.2}$$

$$\tau_{r\theta}=\frac{1}{2}(1-\lambda)P_0\left(1+2\frac{R_0^2}{r^2}-3\frac{R_0^4}{r^4}\right)\sin(2\theta) \tag{6.3}$$

式中：σ_r 为孔洞周边任意点处的径向应力；σ_θ 为孔洞周边任意点处的切向应力；$\tau_{r\theta}$ 为孔洞周边任意点处的剪应力；P_0 为竖向应力；λ 为水平应力系数；R_0 为孔洞半径；r 为计算点与孔洞中心的径向距离；θ 为计算点和孔洞中心点连线与水平方向的夹角。

沿孔洞横向和竖向的应力分布见图 6.12，单轴压缩试验中，λ=0，孔洞两侧周边 r=R_0，θ=0°或 180°时，σ_r=$\tau_{r\theta}$=0，σ_θ=3P_0，在孔洞两侧产生较大的压应力集中；孔洞顶底部 r=R_0，θ=90°或 270°时，σ_r=$\tau_{r\theta}$=0，σ_θ=−P_0，在孔洞顶底部产生拉应力集中。

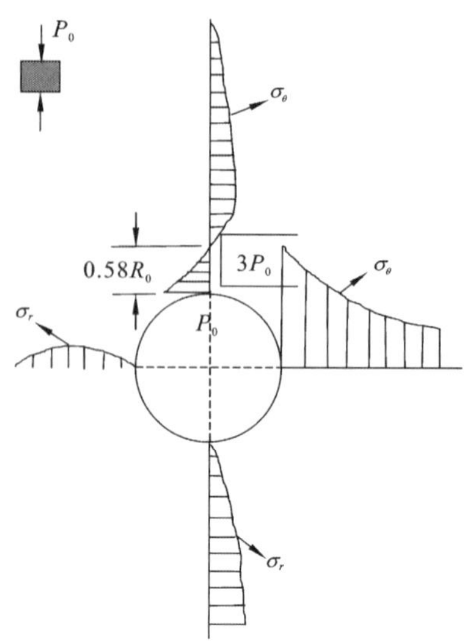

图 6.12　沿孔洞横向和竖向的应力分布图

需要说明的是，0° 和 90° 层理试件孔洞损伤破坏部位的分布一致并不能理解为层理角度对孔洞周围的应力分布规律没有影响。试验考虑试件制作的可操作性，每 20 mm 铺设一层云母片以模拟层理，即层理厚度为 20 mm，与孔洞直径相当，故这里未能体现出层理对孔洞破坏部位的影响。实际工程开挖中往往遭遇不同倾角、不同厚度的层理，若层理的厚度与隧洞的尺度相当或更大（如本试验的层理厚度），则可以认为岩体的完整性较好，对隧洞围岩的稳定性影响也会较小，而当层理较薄时，根据层理角度和层间胶结程度的不同，隧洞围岩易沿层理发生屈曲、离层、滑移等破坏，对隧洞围岩的稳定性极为不利。因此，层理倾角、厚度、层间胶结程度等对围岩损伤破裂规律的影响研究[326]也一直被国内外学者广泛关注。

6.3.4　试件破裂裂纹 CT 细观分析

目前，CT 技术在岩石力学上主要用于分析岩石试件内部结构及在室内试验过程中岩石内部裂纹损伤破坏的发展过程[260-263]。较为理想的状态是能够对试件加压破坏过程中的裂纹发展进行实时 CT 技术扫描观测，但限于试件尺寸及试验条件，试验未对其破坏过程进行实时扫描，而是对破坏后的试件进行 CT 技术扫描以分析其内部裂纹的分布规律。由于试件较多，这里以较为典型的 P1-2 试件为例进行说明。

试件 CT 技术扫描断面图见图 6.13。CT 技术扫描由试件正视方向向后视方向进行，图6.13中依次列出了17幅CT技术扫描断面，并以相应的序号标记。图 6.13（1）中拉伸裂纹 b、d 起裂于孔洞顶底部拉应力集中区，剪切裂纹 a、c 和 e 起裂于孔洞两侧孔壁塌落处，随着裂纹 a、c 向试件深处延伸，分叉衍生出次裂纹 f、g[图 6.13（2）]。锚杆可以改变锚固体围岩的受力状态，提高围岩的力学参数[278]，从而在锚固体一定范围内形成锚固区，锚固区对裂纹具有弱化、剪断、止裂的效果，因此裂纹在发展过程中遇锚杆锚固区[图 6.13（3）、（4）]后被弱化[图 6.13（5）、（6）、（7）中裂纹 b]、止裂[经图 6.13（3）、（4）后裂纹 c、g 消失]或改变传播路径[图 6.13（2）中裂纹 a 转变为图 6.13（5）中裂纹 a_1、a_2]。该试件共含三排锚杆（钢花管），锚杆对裂纹的这一弱化、止裂作用在三排锚杆的锚固区均有体现：图 6.13（7）中拉伸裂纹 b、d 经第二排锚杆[图 6.13（8）、（9）]后弱化和消失[图 6.13（10）]；图 6.13（12）中裂纹 e_1、j 经第三排锚杆[图 6.13（13）、（14）]后弱化和消失[图 6.13（15）]，裂纹 ahi

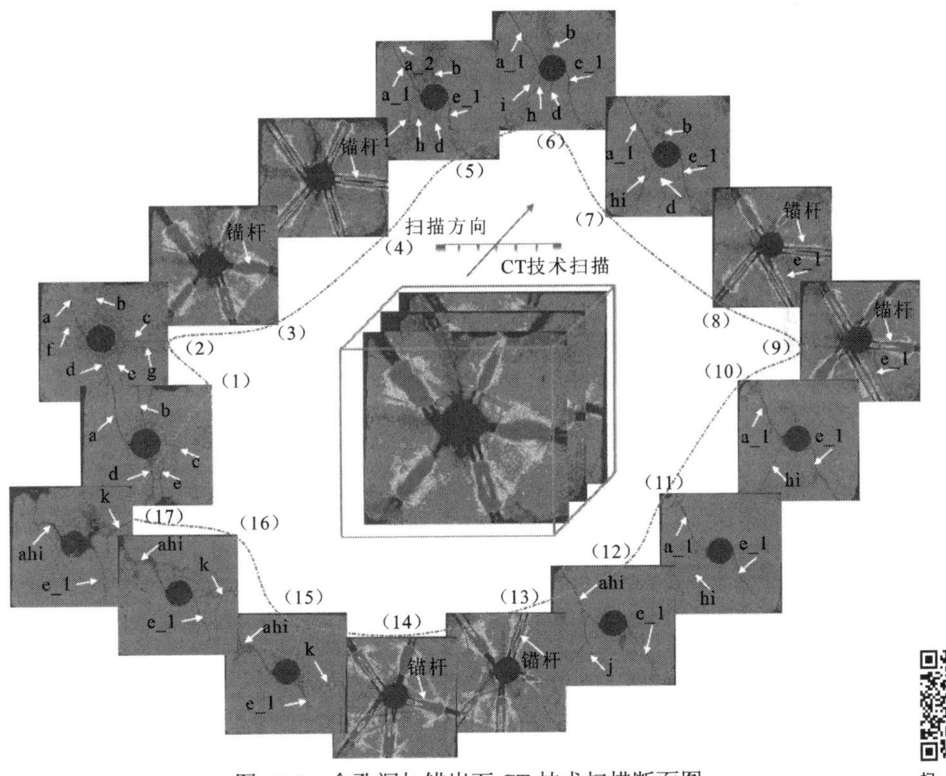

图 6.13　含孔洞加锚岩石 CT 技术扫描断面图

扫一扫 看彩图

被弱化和改变传播路径。这意味着若能在工程岩体中合理地布置锚杆，在关键岩体中形成紧密排列的锚固区，可以有效遏制贯通性裂纹的发展，锚固区的CT平均数判别方法此处不赘述。

锚固区遏制了裂纹的传播，但并不能阻止新裂纹的产生[图6.13(5)中h、i]，新生裂纹h、i在向前传播过程中交叉聚集[图6.13(6)]合并成裂纹hi[图6.13(7)]，经第二排锚杆[图6.13（8）、（9）]后裂纹消失，裂纹a_1和hi逐渐改变传播路径[图6.13（10）、（11）]并交叉合并成一条贯通性裂纹ahi[图6.13（12）]，同时在其附近伴生次裂纹j。经第三排锚杆[图6.13（13）、（14）]后次裂纹j消失，新裂纹k产生，剪切裂纹e_1和贯通性裂纹ahi则被弱化[图6.13（15）]。远离锚固区后，裂纹ahi、k、e_1逐渐深化、扩张，形成损伤区域[图6.13（17）中孔洞附近深蓝色区域]。

上述裂纹的分布规律表明，含孔洞加锚岩石裂纹的萌生、扩展过程不仅受孔洞周边围岩应力状态的影响，还将在锚杆的作用下经历裂纹的弱化、合并、消失，以及新裂纹的再生等过程。裂纹的这一变化过程反映到含孔洞加锚岩石应力-应变曲线上即表现为6.3.1小节所述的波动现象。

6.4　渗流-应力-损伤耦合下真三轴数值模拟试验

6.4.1　数值模拟试验方案

1. 数值模拟方法比较

应用数值模拟方法来分析岩石的力学特性和变形行为已逐渐被学术界、工程界所广泛接受与认可，目前岩土工程中常用的数值模拟方法主要有有限元法、边界元法、离散元法、有限差分法和流形元法等，关于数值模拟方法的详细总结和回顾可参见文献[327]。对含节理、层理、裂隙等结构面岩体的模拟是数值模拟分析的热点之一，其中，在岩土工程领域中应用较多的由美国ITASCA公司开发的FLAC 3D和3DEC均可以对岩体的结构面进行分析，但两者各有优缺点。FLAC 3D可以通过创建分界面命令，定义分界面的内摩擦角、内聚力、剪胀角、法向刚度、切向刚度和抗拉强度，从而模拟结构面的库仑滑动和剪拉破坏，理论上，可以应用该命令在数值模型中创建任意多、任意复杂程度的结构面，但操作方法费时费力，计算结果往往不理想。而基于离散元法的3DEC则可以简单地通过Jset命令对块体进行任意方向的切割，可以快速、精确地模拟岩体的非线性变形和由结构面引起的破坏问题，目前两者的结构面参数均较难确定，模拟用层理参数往往采用 2.3.4 小节所述的经验公式和试算法进行选取。

分别采用 FLAC 3D 和 3DEC 对 6.3.2 小节中的支护方式 S3（系统锚杆+喷射混凝土支护）进行模拟，以比较两者的模拟效果，为渗流-应力-损伤耦合下真三轴数值模拟试验选择模拟方法。

FLAC 3D 和 3DEC 的数值计算模型见表 6.4，模型尺寸与 6.2.1 小节试件尺寸相同，由于 FLAC 3D 对多个分界面的建立较为困难，这里采用实体单元来模拟层理，3DEC 的层理模拟通过 Jset 命令实现。FLAC 3D 分别采用 Shell、Cable 结构单元模拟喷射混凝土和锚杆，3DEC 分别采用 Liner、Cable 结构单元模拟喷射混凝土和锚杆。模型底部及四周采用位移约束，顶部加载速率为 1×10^{-3} mm/步。计算所需的试件的物理力学参数根据 6.3 节的试验结果及试算法获取，见表 6.5。

表 6.4　数值计算模型

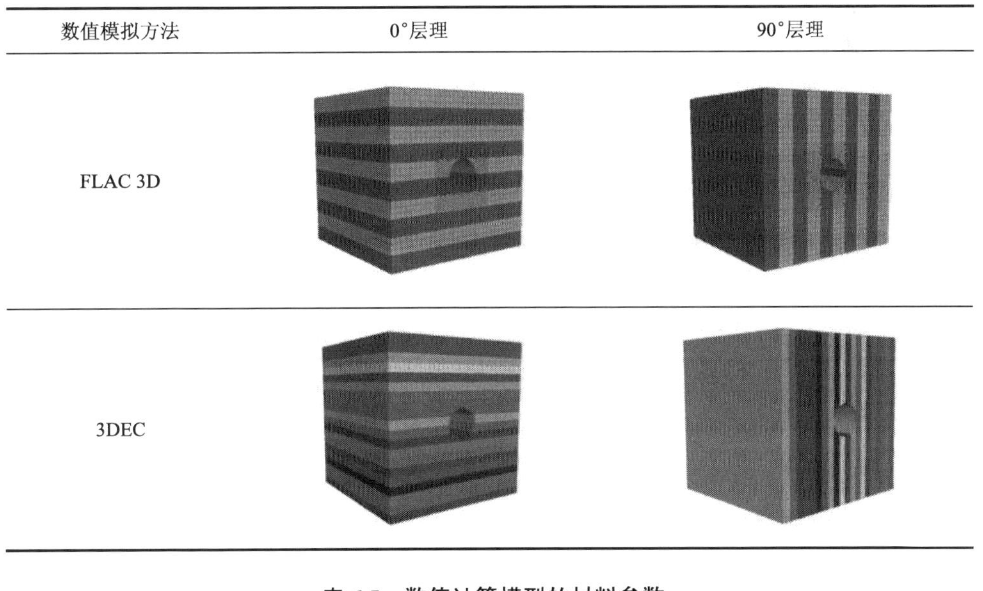

数值模拟方法	0°层理	90°层理
FLAC 3D		
3DEC		

表 6.5　数值计算模型的材料参数

材料参数	体积模量 /GPa	剪切模量 /GPa	内摩擦角 /（°）	内聚力 /MPa	抗拉强度 /MPa
值	0.62	0.41	28	0.85	0.64

FLAC 3D 和 3DEC 的模拟结果与室内试验得到的应力-应变曲线的对比见图 6.14，可见，两者与室内试验结果吻合得均较好，峰前阶段两者的应力-应变

曲线类似，峰后阶段 3DEC 与试验数据吻合得较好。0° 层理试件的应力-应变曲线在峰后阶段会有不同程度的波动现象，而 90° 层理试件达到其峰值强度后应力迅速跌落，这与试件的破坏过程及破坏模式有关，0° 层理试件主要表现为岩石材料控制的剪切破坏，层理面的存在会使试件沿层理面或与层理面成一定角度产生次裂纹，次裂纹的产生使应力-应变曲线出现波动现象，而 90° 层理试件的破坏则主要受层理面控制，表现为沿层理面的张拉破坏，当荷载水平达到试件的峰值强度时试件沿层理面迅速破坏。

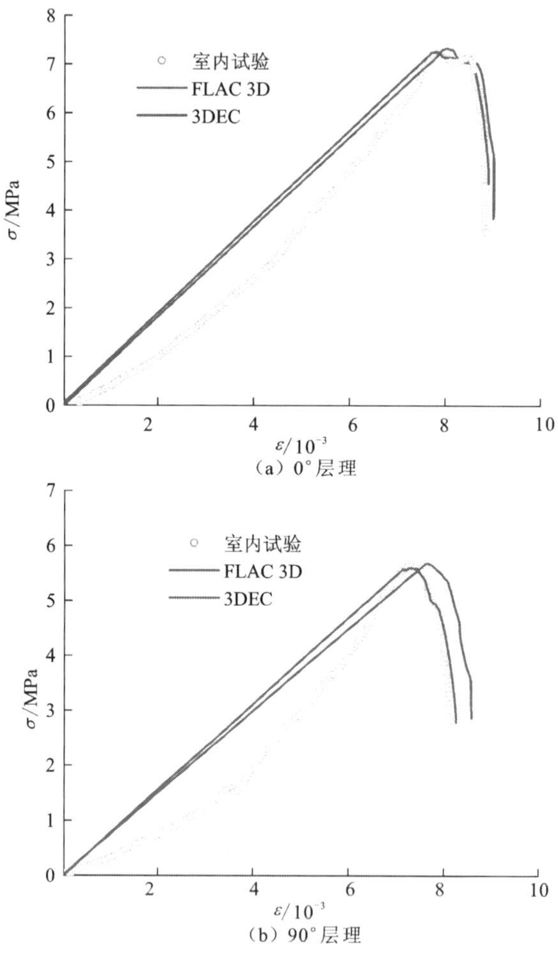

扫一扫　看彩图

图 6.14　室内试验与数值模拟结果的对比

FLAC 3D 和 3DEC 的数值模拟破坏模式见图 6.15。FLAC 3D 和 3DEC 均可以反映层理对破坏模式的影响，即 0° 层理试件除发生 X 型共轭剪切破坏[图 6.15(a)]

或单斜面型剪切破坏[图 6.15（c）]外，还会沿层面产生较多的破坏区域；90° 层理试件的破坏则主要受层理面控制，破坏区域沿竖直层理分布。但是，由于FLAC 3D 和 3DEC 计算方法的不同，3DEC 可以模拟出试件在层理或节理处的滑移、张开等破坏，能够直观地显示出试件在层理或节理处的变形情况[如图 6.15(c)和(d)中在虚拟节理和层理处的破坏裂纹]，3DEC 的这一变形特点对于分析由结构面控制的隧道等地下空间工程的变形破坏是极为准确和高效的，如图 6.16 给出了 3DEC 模拟的孔洞和喷射混凝土的变形情况，与室内试验所得结果具有很高的相似性。因此，3DEC 在处理含结构面的岩体问题上更具优越性，本书后面分析该类问题时将以该软件为主，辅以 FLAC 3D 进行验证、补充。

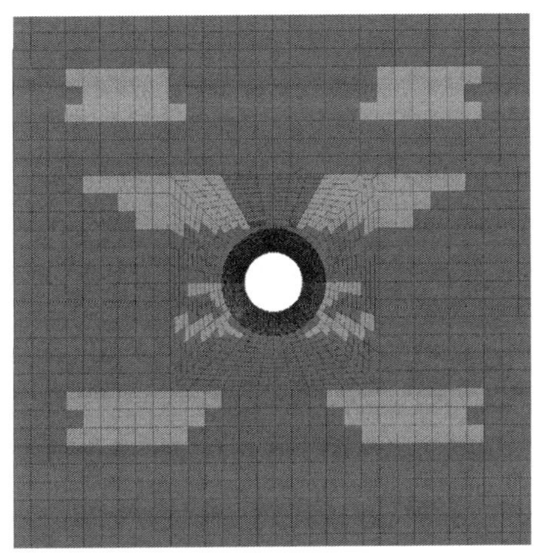

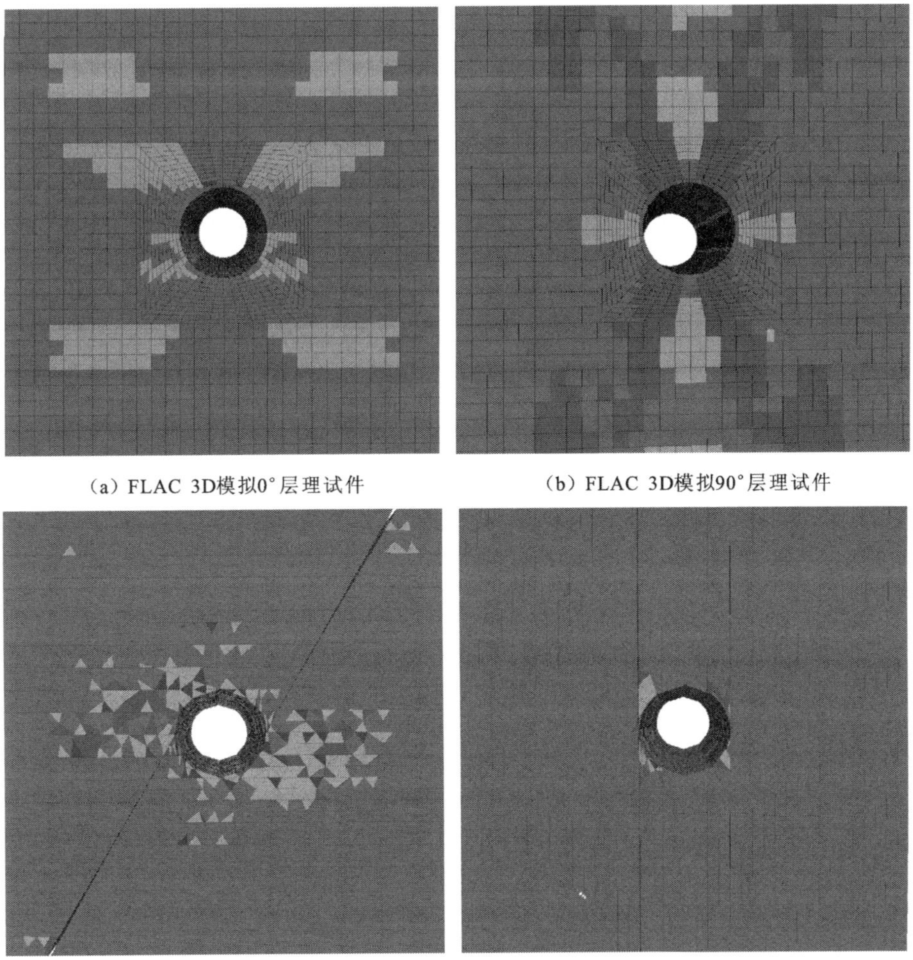

(a) FLAC 3D模拟0° 层理试件

(b) FLAC 3D模拟90° 层理试件

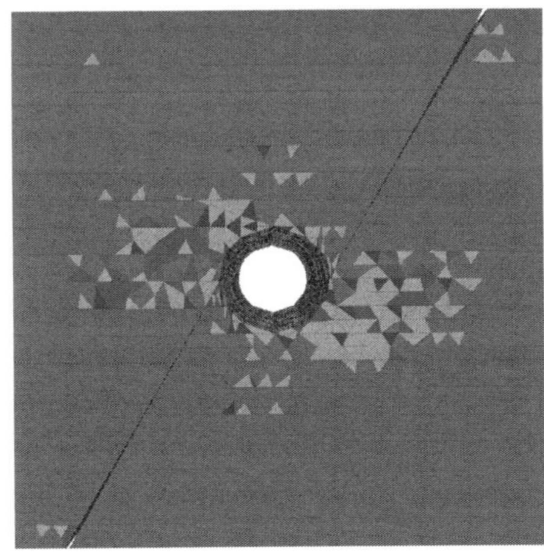

(c) 3DEC模拟0° 层理试件

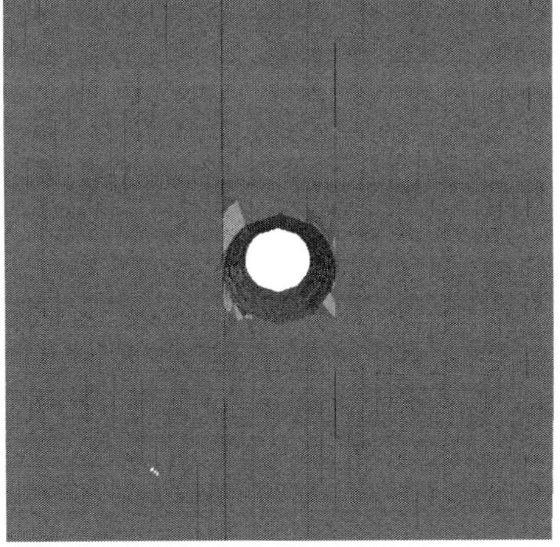

(d) 3DEC模拟90° 层理试件

图 6.15　数值模拟破坏模式

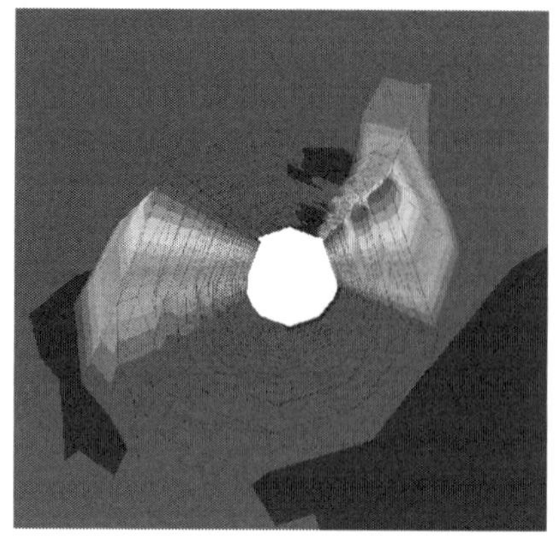

（a）3DEC模拟的孔洞破坏情况

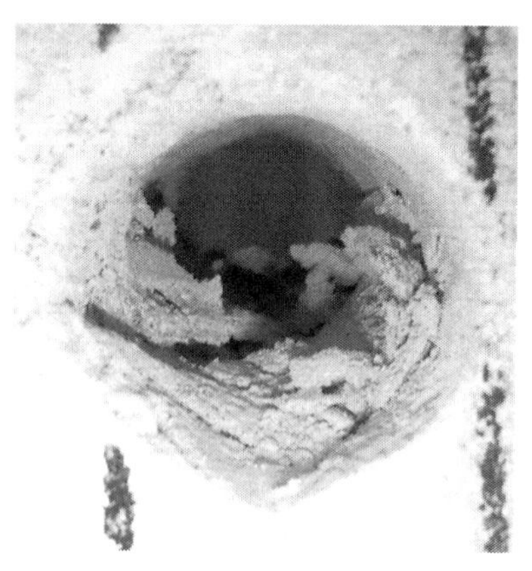

（b）室内试验得到的孔洞破坏情况

（c）3DEC模拟的喷射混凝土的变形情况

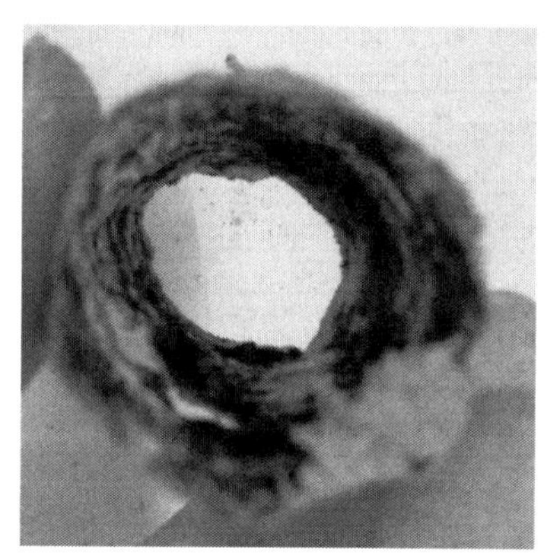

（d）室内试验得到的喷射混凝土的变形情况

图 6.16　孔洞及喷射混凝土的破坏情况

2. 渗流-应力-损伤耦合下真三轴数值模拟试验方案

应用 3DEC 进一步进行上述两种试件在渗流-应力-损伤耦合下的真三轴试验，以观察含孔洞加锚试件的损伤破裂情况及支护结构的行为特征。数值计算模型的尺寸、孔洞大小及支护情况与表 6.4 相同，喷射混凝土和锚杆仍采用 Liner、Cable 结构单元来模拟。模型底部采用位移约束，x 和 y 方向施加的围压分别为σ_{xx}=3 MPa，σ_{yy}=2 MPa，模型上、下边界及四周承受均匀的水压力，为 $p=3\times10^4$ Pa，模型内部的初始孔隙水压力为 $p_0=1\times10^4$ Pa，顶部加载速率为 1×10^{-3} mm/步。计算所需的试件的物理力学参数与单轴压缩试验相同，见表 6.5，流体的材料参数见表 6.6。

表 6.6　数值计算模型的流体材料参数

材料参数	体积模量/GPa	密度/（kg/m^3）	黏度/（Pa·s）	初始水力开度/mm	最大水力开度/mm	最小水力开度/mm
值	2	1 000	1×10^{-3}	1×10^{-3}	1×10^{-3}	1×10^{-5}

6.4.2　数值模拟试验结果

数值模拟试验得到的0°和90°层理试件在渗流-应力-损伤耦合下的损伤破裂演化过程见图6.17。0°层理试件起裂于孔洞顶底部，主要为拉伸破坏，之后在孔洞两侧产生剪切破坏，顶底部拉伸破坏区域和两侧剪切破坏区域沿水平层理方向向试件内部延伸，在孔洞周边形成一定深度的损伤破坏区域。0°层理试件的这一损伤破坏过程也可以通过 FLAC 3D 反映，如图 6.18 所示，可见，FLAC 3D 弱化了层理面对试件损伤破坏演化过程的影响，试件先后起裂于顶底部和两侧后便开始向对角发展成为 X 型共轭剪切破坏。3DEC 模拟的 90°层理试件的损伤破裂过程不同于 0°层理试件，试件的起始破裂为试件两帮的剪切破坏，之后，试件沿两帮的剪切裂纹向试件两帮深部发展，待发展至竖向层理面时转为沿层理面的竖向剪切和劈裂的混合型破坏，但受四周孔隙水压和围压的影响，试件并未沿层理面形成贯通性裂纹，而是发生剪切型破坏，这说明在三轴压缩下，层理面的存在能够影响岩体的破坏过程及次裂纹的分布情况，但不会影响其最终破坏模式。

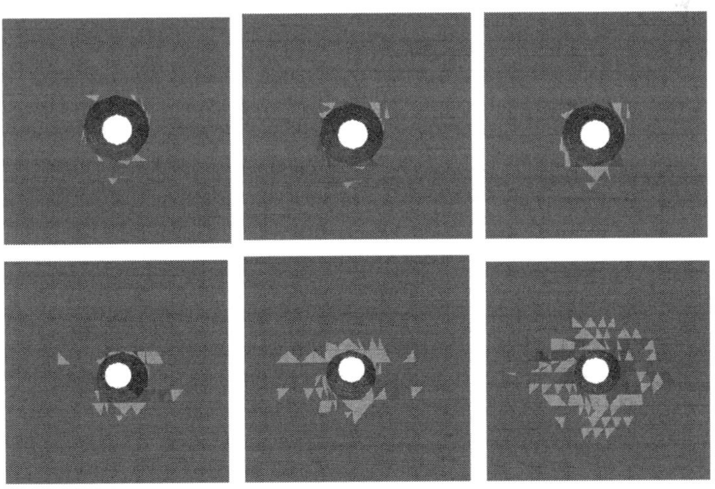

（a）0°层理

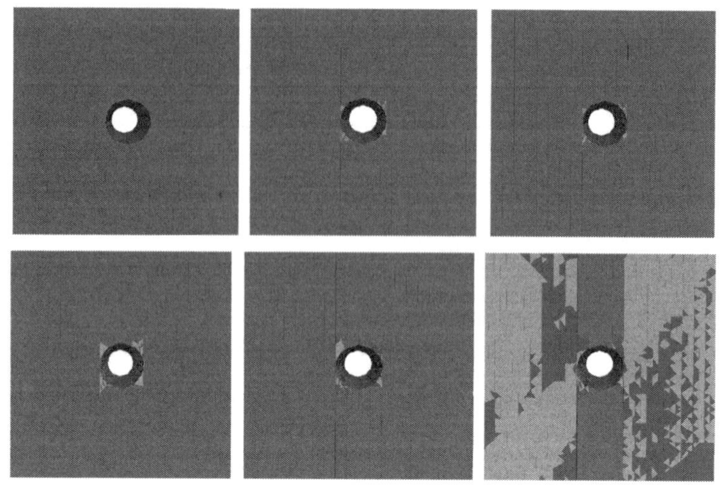

（b）90° 层理

图 6.17　渗流-应力-损伤耦合下真三轴 3DEC 模拟试验含层理试件的损伤破裂演化过程

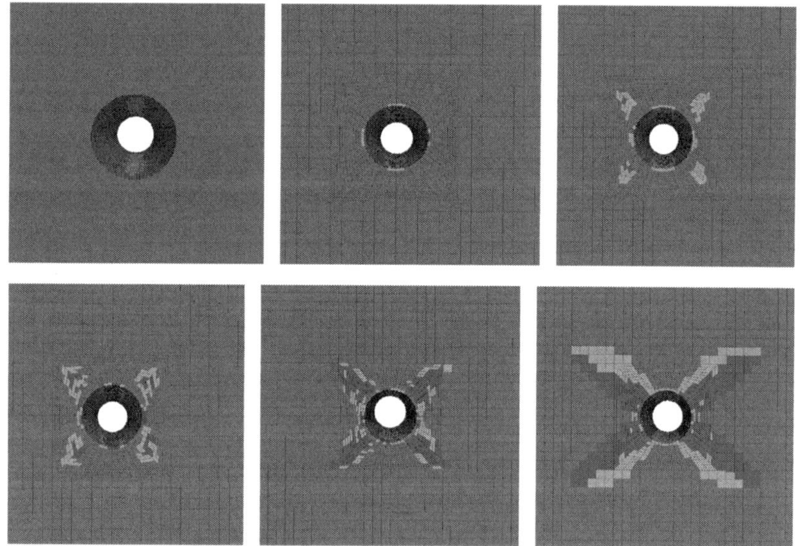

图 6.18　渗流-应力-损伤耦合下真三轴 FLAC 3D 模拟试验含层理试件的损伤破裂演化过程

在隧道等地下工程岩体中，流体在完整岩石中的渗流速度较小，相比于其在裂隙中的渗流速度几乎可以忽略不计，因此，工程岩体的渗流问题多属于裂隙渗流，假设岩石不透水，渗流只发生于裂隙面，裂隙面的渗流规律服从立方定律或类似的法则，立方定律认为单个裂隙的渗流率与裂隙开度的 3 次方成正比，是描述裂隙面的著名定律。在离散裂隙网络的水-力耦合公式中，力学变形对裂隙渗透性的影响主要通过裂隙张开度的变化来反映。目前，3DEC 是唯一能够模拟三维裂隙渗流的成熟离散元软件[328]。

水平层理面的孔隙水压力分布和流体流动矢量图见图 6.19，沿孔洞周边孔隙水压力的降低幅度较大，下降到约为初始孔隙水压力的 33.3%，斜向剪切破坏面处的孔隙水压力最小，约为初始孔隙水压力的 8.3%。由于喷射混凝土为不透水层，在破坏面与混凝土层两帮相交处会产生一定的水压力，其大小约为 0.03 MPa。这意味着在水量较大的隧道工程中，由于结构面的存在，衬砌背后的水压力分布往往是不均匀的，地应力和非均匀水压力引起的偏压现象往往导致隧道的局部破坏。另外，由流体流动矢量图可以发现，水在水头压力的作用下由四周沿层理和破坏面向孔洞内渗透，若无不透水层的隔水作用，孔洞内的渗水将主要发生在顶部及两边墙部位，这一规律与现场滴渗水现象的分布位置是一致的。因此，现场设计、施工中应特别注意该部位的防排水措施。

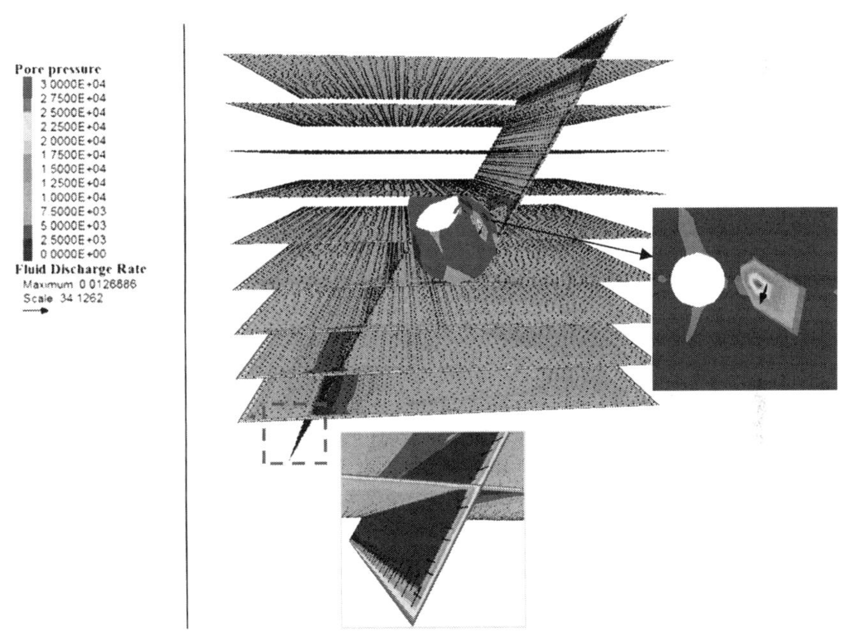

扫一扫 看彩图

图 6.19　水平层理面的孔隙水压力分布和流体流动矢量图

竖直层理面的孔隙水压力分布和层理面的破坏情况见图 6.20，为便于观察，沿模型纵轴向位置取倾角为 90° 的剖面，图中给出的为以 x 方向为正的层理面。由于重力的作用，水更易沿竖直层理面流动，孔洞四周的水在混凝土层的阻隔作用下无法向洞内渗透，从而在混凝土层背后产生一定的水压力，水压力最大约为 0.64 MPa，是水平层理岩体孔洞衬砌背后水压力的 20 倍左右，可见，水对竖直层理岩体中的隧洞工程危害更大，尤其是水下工程如引水洞、海底隧道等，应尽量避免在竖直层理岩体中施工。从图6.20中层理面上的节点损坏情况可以看出层理面的破坏区域大小及破坏模型，图6.20中红色和绿色的方形节点表示该部位发生滑移破坏，青色的方形节点表示该部位发生拉伸破坏，统计某层理面不同颜色破坏节点所占的比例即可知道该层理面是拉伸主导型破坏还是滑移主导型破坏。不难发现，图6.20中的各层理面均为拉伸主导型破坏（青色节点），因此，可以认为，竖直层理试件沿层理面的破坏裂纹为张拉劈裂型。

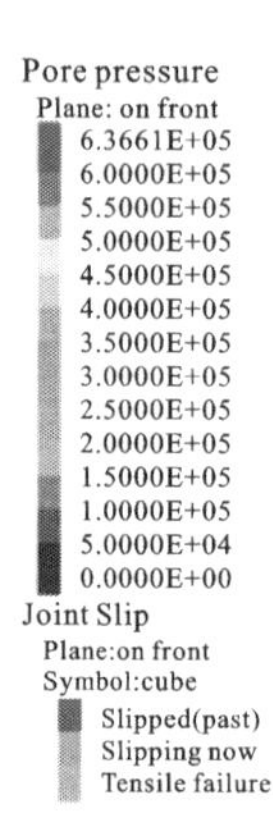

扫一扫 看彩图

图6.20 竖直层理面的孔隙水压力分布和层理面的破坏情况

喷射混凝土的变形情况和锚杆轴力的分布情况见图6.21，这里只给出竖直层理试件的支护结构情况。喷射混凝土的最大变形部位位于与层理的交界处，且上侧位移大于下侧。右侧拱肩锚杆端头的一定深度产生弯折，端头处与围岩脱黏（红色方形节点表示该部位破坏，蓝色方形节点表示与围岩黏结完好）。锚杆轴力的矢量图（图6.22）显示，锚杆轴力由岩石深部向孔洞周边逐渐增大，指向孔洞临空面，最大轴力位于锚杆端头，约为0.55 kN。

喷射混凝土和围岩的黏结情况与围岩变形及混凝土的受力特征有关，当混凝土受力较大、变形较为严重或与围岩之间产生张拉破坏时即发生脱黏，喷射混凝

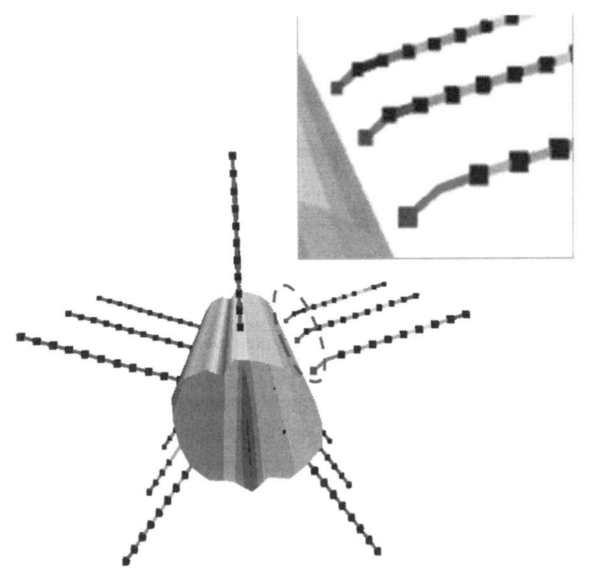

图 6.21　喷射混凝土的变形情况和锚杆轴力的分布情况

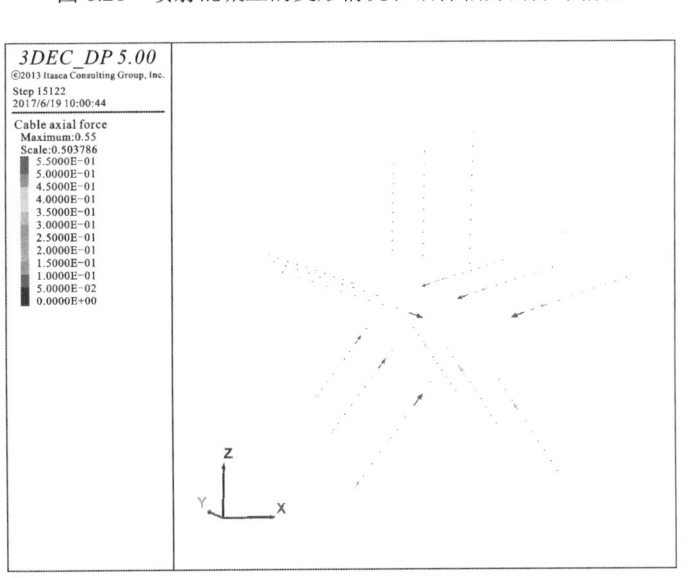

图 6.22　锚杆轴力的矢量图

土各部位与围岩之间的黏结破坏情况见图 6.23。图 6.23 中红色方形节点表示该部位喷射混凝土与围岩脱黏，蓝色方形节点表示该部位喷射混凝土与围岩黏结良好，为便于观察，给出了混凝土与节点的正视图（图 6.23 中 a）、节点侧视图（图 6.23 中 b）及混凝土与节点的侧视图（图 6.23 中 c），可见，脱黏位置主要分布于孔洞两侧拱肩及顶底部，与孔洞损伤破裂部位基本一致。

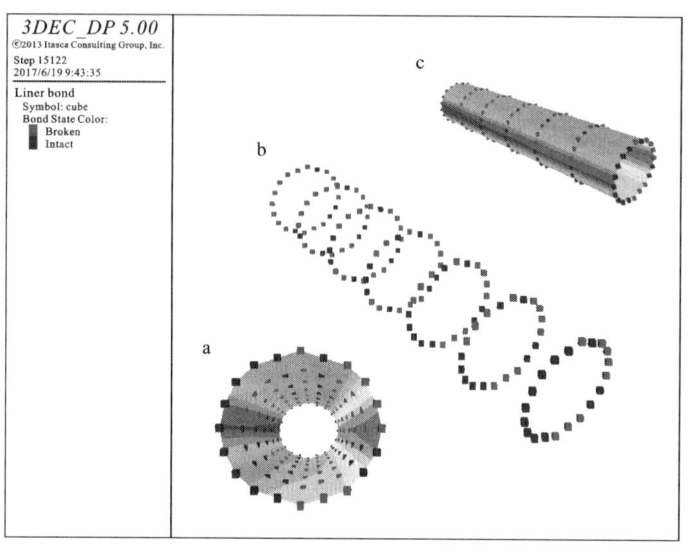

扫一扫 看彩图

图 6.23　喷射混凝土与围岩的黏结破坏情况

6.5　支护结构对试件的锚固作用机理

由第 6.4 节可知，支护结构对试件的强度特征和变形特性及裂纹的扩展规律均有显著影响，将 6.4.1 小节的试验结果进行综合分析可得支护结构对含孔洞岩石力学、变形特性的影响。

（1）支护结构提高了含孔洞试件的单轴抗压强度，支护结构不同，其对试件强度的提高幅度不同；试件层理角度不同，支护结构对层状试件强度的提升幅度也不同。

（2）锚杆（系统锚杆和钢花管）对岩石强度的强化效果要明显好于混凝土和钢拱架，而混凝土和钢拱架可以有效防止孔洞的剥落、片帮等破坏，有利于维持孔洞的完整性。

（3）锚杆可在锚固体一定范围内形成锚固区，锚固区对裂纹具有止裂、弱化、改变其传播路径等作用。

无支护结构作用时，孔洞周边的应力分布可通过式（6.1）～式（6.3）求解。考虑锚杆的锚固效应时，锚固孔洞的力学模型见图 6.24。

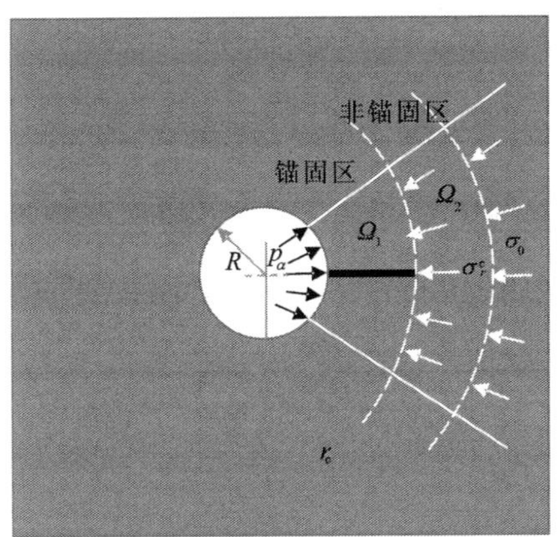

图 6.24　锚固孔洞的力学模型

r_c 为锚固区半径

根据文献[329]可得锚固区和非锚固区应力的解析解。

1. 锚固区

径向应力为

$$\sigma_r^{\Omega_1} = (1-\kappa^2)\sigma_0 + \kappa^2 p^* + \frac{2G\xi}{R}\kappa\Delta u_r^{\Omega_1} - \frac{2G(1+\xi)}{R}\kappa^2\Delta\dot{u}_r^{\Omega_1} \tag{6.4}$$

式中：$\kappa=R/d$，R 为锚固孔洞半径，d 为锚固孔洞中心到径向任意点（锚固区）的距离；p^*为孔壁承受的内压力；G 为剪切模量；$\xi=\upsilon/(1-2\upsilon)$，$\upsilon$ 为泊松比；$\Delta u_r^{\Omega_1}$ 为锚固区位移；σ_0 为初始地应力。

切向应力为

$$\sigma_\theta^{\Omega_1} = (1+\kappa^2)\sigma_0 - \kappa^2 p^* + \frac{2G(1+\xi)}{R}\kappa\Delta u_r^{\Omega_1} - \frac{2G\xi}{R}\kappa^2\Delta\dot{u}_r^{\Omega_1} \tag{6.5}$$

径向位移为

$$u_r^{\Omega_1} = \frac{R(\sigma_0 - p^*)}{2G}\kappa + \Delta u_r^{\Omega_1} \tag{6.6}$$

其中，

$$\Delta u_r^{\Omega_1} = \frac{R}{G}\left\{\left[1-\frac{\Theta}{\kappa}\ln\left(1+\frac{\Theta}{\kappa}\right)\right]\frac{(\varphi_1\sigma_0+\varphi_2 p^*+\varphi_3\sigma_T+\varphi_4 p_\alpha)+\varphi_5\sigma_r^c}{\varphi_0} - \frac{\Theta}{2\kappa}\frac{(\varphi_6\sigma_0+\varphi_7 p^*+\varphi_8\sigma_T+\varphi_9 p_\alpha)+\varphi_{10}\sigma_r^c}{\varphi_0}\right\} \tag{6.7}$$

式中：φ_0～φ_{10} 为与泊松比、锚杆和围岩刚度比及锚杆面积和孔洞内部影响区面积比有关的系数；$\Theta=(1+\xi)/\lambda_s\lambda_q$，$\lambda_s$ 为锚杆与围岩刚度比，λ_q 为锚杆面积和孔洞内部影响区面积比；σ_r^{c} 为锚固区与非锚固区交界面处的径向应力；p_α 为孔洞内部支撑压力；σ_T 为锚杆预应力。

其一阶导数为

$$\Delta\dot{u}_r^{\Omega_1}=\frac{R}{G}\left\{-\left[\frac{\Theta}{\kappa(\Theta+\kappa)}-\frac{\Theta}{\kappa^2}\ln\left(1+\frac{\Theta}{\kappa}\right)\right]\frac{(\varphi_1\sigma_0+\varphi_2p^*+\varphi_3\sigma_T+\varphi_4p_\alpha)+\varphi_5\sigma_r^{c}}{\varphi_0}\right.$$
$$\left.-\frac{\Theta}{2\kappa^2}\frac{(\varphi_6\sigma_0+\varphi_7p^*+\varphi_8\sigma_T+\varphi_9p_\alpha)+\varphi_{10}\sigma_r^{c}}{\varphi_0}\right\} \tag{6.8}$$

2. 非锚固区

径向应力为

$$\sigma_r^{\Omega_2}=\frac{(K_0\kappa_c^2-K_0+K_1)\sigma_0+K_2p^*+K_3\sigma_T+K_4p_\alpha}{K_0\kappa_c^2}\kappa^2 \tag{6.9}$$

切向应力为

$$\sigma_\theta^{\Omega_2}=\frac{(K_0\kappa_c^2+K_0-K_1)\sigma_0-K_2p^*-K_3\sigma_T-K_4p_\alpha}{K_0\kappa_c^2}\kappa^2 \tag{6.10}$$

径向位移为

$$u_r^{\Omega_2}=\frac{R}{2G}\frac{(K_0-K_1)\sigma_0-K_2p^*-K_3\sigma_T-K_4p_\alpha}{K_0\kappa_c^2} \tag{6.11}$$

锚固区与非锚固区交界面处的径向应力为

$$\sigma_r^{c}=\frac{K_1\sigma_0+K_2p^*+K_3\sigma_T+K_4p_\alpha}{K_0} \tag{6.12}$$

式中：$\kappa_c=R/d'$，d'为锚固孔洞中心到径向任意点（非锚固区）的距离；K_0～K_4 为与泊松比、锚杆和围岩刚度比及锚杆面积和孔洞内部影响区面积比有关的系数[329]。

由此可见，锚杆支护改变了围岩的应力和位移响应，另外，有学者研究发现，锚杆可以有效改善岩体的力学参数，提高其峰值强度和残余强度，从而减小隧洞围岩体的塑性区范围和隧洞表面位移，保持围岩的稳定[278-279]，这与本书所得试验结果是吻合的。

混凝土和钢拱架为隧洞提供内部支撑压力 p_α，支撑压力大小与混凝土和钢拱架的材料及支护参数有关。计算时常将两者看作一层支护结构，其支护刚度[106]为

$$K_c=\frac{E_c[R^2-(R-t_E)]}{(1+\upsilon_c)[(1-2\upsilon_c)R^2+(R-t_E)^2]R} \tag{6.13}$$

式中：E_c、υ_c 分别为混凝土的弹性模量和泊松比；t_E 为混凝土和钢拱架层的厚度。

因此，隧洞内部的支撑压力为

$$p_\alpha = u_a K_c \tag{6.14}$$

式中：u_a 为孔壁位移。

混凝土层的切向应力为

$$\sigma_\theta^c = p_\alpha \frac{R}{t_C} \tag{6.15}$$

式中：t_C 为混凝土层厚度。

当该切向应力 σ_θ^c 超过混凝土层的极限强度时，混凝土层便会产生裂纹，裂纹逐渐发展，发生混凝土层的剥落、掉块等现象。将式（6.13）代入式（6.4）～式（6.14）便可求得锚杆+混凝土+钢拱架支护作用下隧洞围岩的力学响应。

6.6 讨　论

本书采用室内试验的方法得到了含孔洞加锚岩石的力学特性、变形特征及支护结构对孔洞和围岩的支护作用机理，但有几个问题值得进一步说明与探讨。

（1）试件采用相似材料制作，均质性较好，试验数据离散性较小，试验过程中仍有几个问题需要注意。首先是锚杆的铺设问题，铺设时要尽量使锚杆均匀分布，但在对试件进行逐层捣筑过程中，易使锚杆偏离错位，如图 6.25（a）、（b）所示，较为理想的状态是图 6.13（4）所示的 5 根锚杆均处于同一层面。试验前可通过对试件进行 CT 技术扫描，检测试件的均质性及锚杆排列情况，对试件进行筛选，但考虑到 CT 技术扫描的成本问题，本试验未对其进行 CT 技术扫描筛选。然后是试验采用了具有较高塑性变形能力的环氧树脂来模拟喷射混凝土层，因此在试验过程中未观测到类似工程现场的混凝土开裂、掉块现象，将试验后的试件敲碎后小心取出模拟的混凝土构件[图 6.25（c）]，可观测到混凝土层的塑性变形情况，这一试验结果虽与实际工程有所偏差，但对维持隧洞的完整性显然是有益的。最后需要注意的是，试验未对试件的加载破裂过程进行实时 CT 技术扫描观测，如何制作出更小尺度的含孔洞加锚试件以便对其进行更微观尺寸的实时观测研究，从而分析细观裂纹的演化规律是下一步值得研究的问题。

（2）6.5 节给出了支护构件作用下锚固区和非锚固区围岩应力、位移的解析解公式，并结合试验结果指出锚杆主要通过改变锚固区围岩应力状态和改善围岩力学参数来实现对岩体的锚固作用。锚固区对裂纹具有弱化、止裂、改变其传播

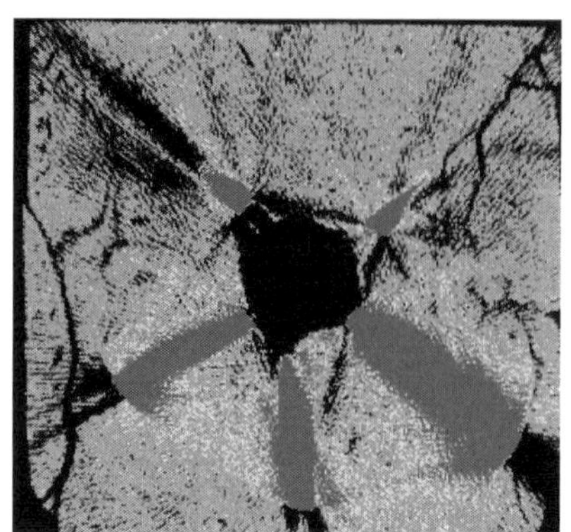

（a）锚杆偏离错位（例1）

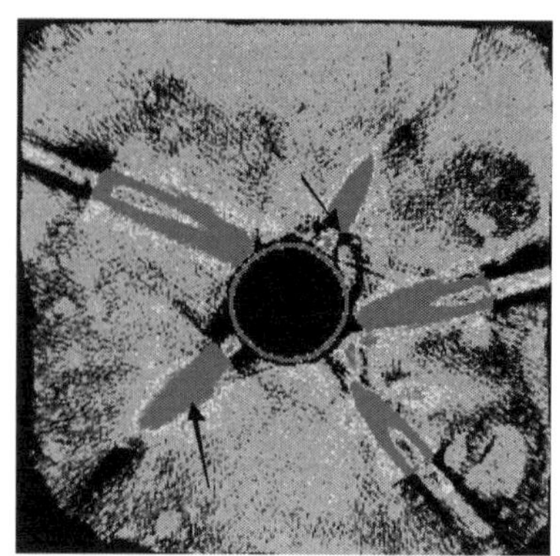

（b）锚杆偏离错位（例2）

（c）模拟的混凝土构件

图 6.25 试件内部锚杆偏离错位及试验后混凝土层的变形情况

路径等作用，从而提高了围岩的承载能力。需要指出的是，该理论解析公式是在理想及简化条件下得到的，能够很好地定性解释支护构件对围岩应力状态的作用机理，但若用于计算其应力、位移情况，计算与试验结果往往有一定偏差。以锚杆的安设为例，计算时是以锚杆均匀布置在同一平面为假设条件的，实际工程（包括本书室内试验）锚杆的安装质量受人为因素的影响较大，锚杆的安设角度、注浆的质量往往难以保证，从而影响着锚杆的锚固效果。将试验后的试件敲碎后取出，去支护结构（图 6.26），可以发现锚杆的锚固效果是有着较大差异的，其黏结锚固岩块呈扇形[图 6.26（a）、（c）]、方形、多边形[图 6.26（b）]等，锚固岩块大小不一，部分锚杆与岩块有明显的脱黏现象[图 6.26（d）]。

（3）本书在进行试验设计时曾尝试采用高敏应变片对试件内部围岩及支护构件的变形情况进行监测（图 6.27），但试验发现试件内部较多的高敏应变片导线对试验结果有着较大的干扰，裂纹的萌生发育常沿导线进行。为减小导线对试件

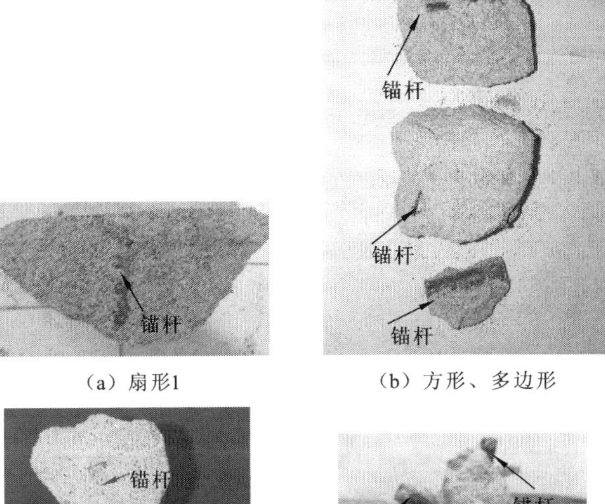

（a）扇形1　（b）方形、多边形

（c）扇形2　（d）脱黏

图 6.26　试件内支护构件

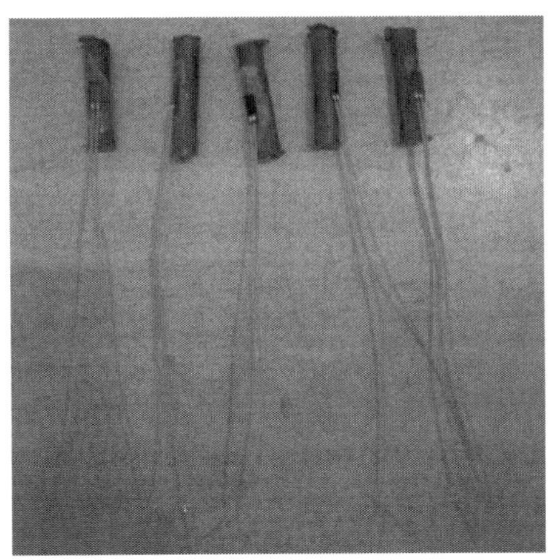

图 6.27　贴有高敏应变片的锚杆

的初始损伤，试验未在试件内部安装高敏应变片，没能测得试验过程中试件内部的应变情况，因此本书未对理论解析公式进行对比验算。设计更大尺度的试件可以减小导线对试件初始损伤的影响，但不利于对其进行细观尺度的观察。如何能够对试件内部支护构件及围岩的应变情况和微裂纹的演化过程进行全面实时观测是个值得进一步深化研究的问题。

6.7　本章小结

本章采用相似模拟材料预制含孔洞加锚试件，进行了室内单轴压缩试验和 CT 技术扫描以研究其强度、变形特征和裂纹扩展规律，应用 3DEC 数值模拟方法进行了渗流-应力-损伤耦合下岩石的真三轴试验，分析了支护结构作用下含层理和孔洞试件的损伤演化过程及裂隙流的分布特征，得到的主要结论如下。

（1）支护结构可以提高试件的单轴抗压强度，但不同支护结构对试件强度的提高效果不同，锚杆可以显著提高试件的强度，而混凝土和钢拱架的效果则不太明显。层理不同，支护结构对试件强度的提升效果不同，支护结构对 90° 层理试件围岩强度的提升效果要好于 0° 层理试件。

（2）混凝土和钢拱架可以为隧洞提供支撑压力，有效防止孔洞的剥落、片帮等破坏，有利于维持孔洞的完整性。

（3）在真三轴压缩下，层理面的存在能够影响岩体的破坏过程及次裂纹的分布情况，但不会影响其最终破坏模式。

（4）给出了支护构件作用下锚固区和非锚固区围岩应力、位移的解析解公式，并结合试验结果指出锚杆主要通过改变锚固区围岩应力状态和改善围岩力学参数来实现对岩体的锚固作用。锚固区对裂纹具有弱化、止裂、改变其传播路径等作用，从而提高了围岩的承载能力。

第 7 章　层状岩体隧道开挖损伤区模拟与测试

7.1　引　　言

开挖损伤区是隧道、采矿等地下工程中由人为开挖和应力重分布引起的围岩力学、水力及化学等特性发生变化的区域[168,301,330]。开挖损伤区因其围岩力学性质、渗透率及应力状态等的改变而常常成为流体运动、核素迁移、围岩失稳和支护结构失效的关键通道与区域。因此，国内外学者从开挖损伤区范围内围岩的力学性质和开挖损伤区范围的计算与测试两个方面做了较多的研究工作。具体的研究现状已在 1.2.4 小节进行了总结，总体而言，目前研究最为全面、所得研究成果最为丰富的当属由加拿大、瑞典、法国、日本、韩国开展的现场试验研究项目[163-168]。研究成果使人们对开挖损伤区的岩性、微结构演化、渗透特性有了基本的认识。对开挖损伤区的现场检测更是综合了声发射、超声波、微震、地质雷达、钻孔成像等检测技术的优缺点，相互补充、相互验证，取得了较好的检测效果。但目前仍有几点关键问题亟待解决。

（1）开挖损伤区的形成过程是温度场、渗流场、应力场、化学场等多物理场耦合的过程，除一般性多场耦合作用外，工程开挖、支护结构、防渗排水等工程作用对岩体的应力、渗流、变形等的影响也是不容忽视的重要因素，将这种工程作用纳入耦合系统中，被称为多场广义耦合[10]。关于多场广义耦合的详细阐述可参见文献[10]。多场广义耦合之间的关系见图 7.1，可见，多场广义耦合系统是由多个相互作用的子耦合系统组成的，每一个子系统是一个循环往复的作用链，一场的变化必然引起另一场的动态变化，另一场的变化又反过来影响前一场的变化，直至整个系统达到动态平衡。研究开挖损伤区的形成过程本质上就是研究多场广义耦合过程，目前人们对多场耦合的认识尚处于起步阶段，更遑论对多场广义耦合的研究。因此，想要研究开挖损伤区的形成过程，必须要先研究开挖工程体的多物理场耦合过程。

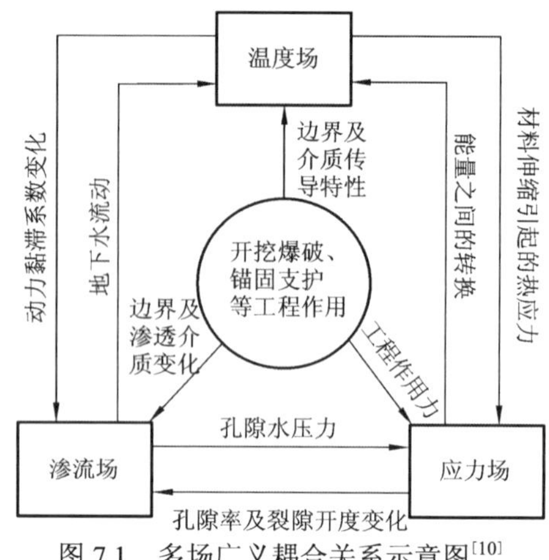

图 7.1 多场广义耦合关系示意图[10]

（2）多场耦合研究中引入损伤场的主要目的在于对耦合作用下材料的劣化和裂隙萌生、扩展进行定量描述，使模拟或预测结果更符合工程实际[48]。一直以来，人们往往通过引入能够反映岩石在受荷过程中弹性参数劣化程度的损伤因子来表示损伤场，而对岩石内部的原生微裂隙、孔洞等初始损伤和岩体中所含的层理、节理等结构面对其损伤演化过程的影响缺少考虑。

（3）关于开挖损伤区的现场检测问题，目前应用效果较好的有声发射、超声波、微震、地质雷达、钻孔成像等探测方法，虽然这些方法能够很好地评估开挖损伤区的范围，但这些方法的应用及检测范围有限[173]，因此，为克服这一缺陷，提出了一些开挖损伤区数值计算模型[331-333]。而已有的数值计算模型往往不考虑多场耦合的影响，或者很少考虑工程开挖和支护作用的影响。

基于上述问题，2～6 章先后研究了层状岩体的力学特性及支护结构的作用机理，试验分析了层理结构对岩石损伤演化过程的影响，并建立了渗流-应力-损伤耦合方程，本章将通过数值模拟方法研究层状岩体在渗流-应力-损伤耦合及支护结构作用下的开挖损伤区的形成过程和范围，通过地质雷达和超声波检测技术对层状岩体隧道开挖损伤区的范围进行评估，与数值模拟计算结果进行对比，以验证数值计算的合理性。

7.2 开挖损伤区定义

关于开挖损伤区，目前国际上尚没有一个统一的定义，在该概念提出的早期阶段，开挖损伤区和开挖扰动区未区分，均用于表示由工程开挖引起的应力重分布导致的围岩体损伤和扰动区域[334]。Rutqvist 等[335]于 2003 年将开挖损伤区细化为三个区域，见图 7.2。Abdi 等[336]受这一划分方法启发，根据区域裂纹发展情况和渗透率大小将开挖损伤区划分为严重损伤区（HDZ）、开挖损伤区（EDZ）和开挖扰动区(EdZ)。Wang 等[173]指出，这三个区域的过渡往往是比较模糊的，若不通过现场测量很难判定三个区域的精确分界点。另外，由于开挖损伤区（EDZ）和开挖扰动区（EdZ）中的“d”因大小写容易混淆，提出将严重损伤区（HDZ）和开挖损伤区（EDZ）统称为开挖损伤区（EDZ），将开挖扰动区（EdZ）称为开挖影响区（EIZ）。本书根据 Renaud 等[332]的应力-应变曲线分段方法，将开挖损伤区（EDZ）、开挖影响区（EIZ）和完整区域在应力-应变曲线上的相应位置进行标示，见图 7.3。

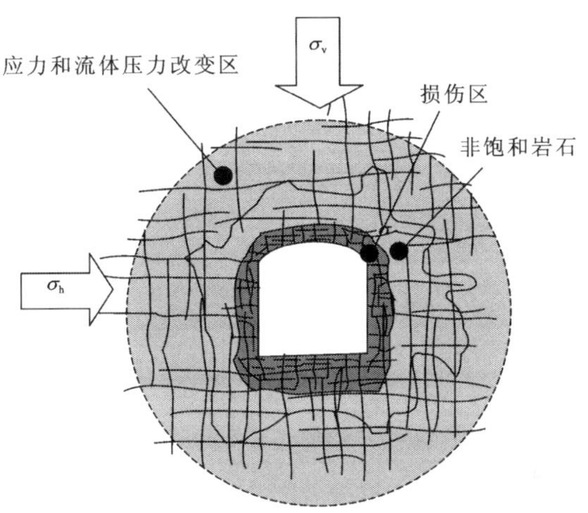

图 7.2 开挖损伤区划分示意图[335]

σ_v 为竖直方向的应力；σ_h 为水平方向的应力

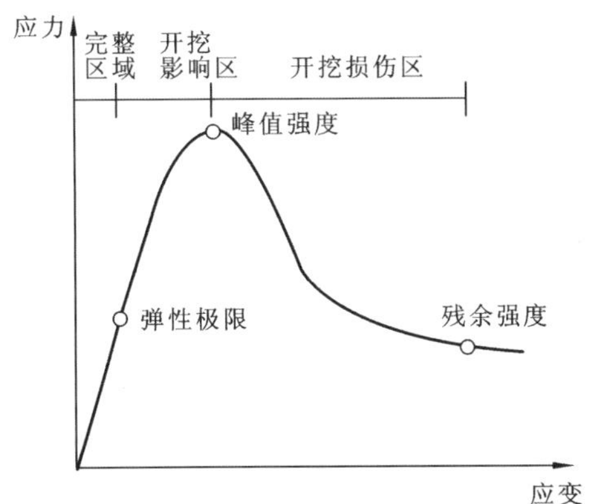

图 7.3 开挖损伤区和开挖影响区在应力-应变曲线上的位置[173]

隧道开挖损伤区的评估主要用于隧道的支护结构设计，为达到锚固效果，在进行隧道锚杆长度设计时，锚杆长度应大于隧道开挖损伤区，因此，对于严重损伤区和开挖损伤区的区分显得无关紧要，本书将严重损伤区和开挖损伤区统一称为开挖损伤区，并认为开挖损伤区是由应力重分布和工程作用（如爆破、支护）共同引起的一种塑性变形区域，其围岩体流体力学和工程地质特性发生了重大变化，反映在应力-应变曲线上为峰后变形阶段，如图7.3所示。将开挖影响区定义为受应力重分布和工程作用影响产生的弹性变形区域，区域内流体力学和工程地质特性未发生较大变化。隧道围岩体区域划分示意图如图 7.4 所示。本书主要研究开挖损伤区的力学特性及开挖损伤区范围的检测方法。

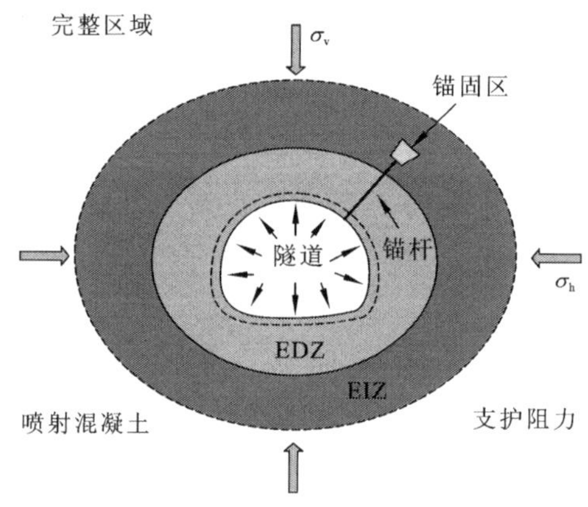

图 7.4　隧道围岩体区域划分示意图

7.3　开挖损伤区数值模拟

7.3.1　数值计算模型

以图 2.1（b）中的研究区 2 为研究对象，建立 3DEC 数值计算模型，模型尺寸为 120 m×40 m×90 m，见图 7.5。该区域隧道支护结构的参数见 5.4.1 小节。喷射混凝土采用Liner结构单元模拟，锚杆采用Cable结构单元模拟。根据现场工程地质情况，隧道底板下方 6.6 m 处为灰岩，灰岩整体较为完整，隧道洞身及以上岩层为中厚层状页岩，因此，灰岩岩体不考虑层理的影响，页岩岩体考虑水平层理的影响，两者均不考虑岩石内部节理的作用。数值计算模型为上覆含层理页岩、下伏灰岩的层状岩体。另外，由第 4 章关于层状复合岩体的试验结果可知，复合岩体有其独特的力学和变形特性，其强度参数与单一岩体有所不同，现场对研究区 2 的底板钻孔取心，取页岩岩层和灰岩岩层过渡段岩心进行常规岩石力学试验（图 7.6），发现复合岩体的强度参数大小介于灰岩和页岩之间，因此，将模型底板至灰岩和页岩交界处设定为复合岩体，其力学参数根据室内试验获得。数值计算模型所用各岩层的物理力学参数见表 7.1。

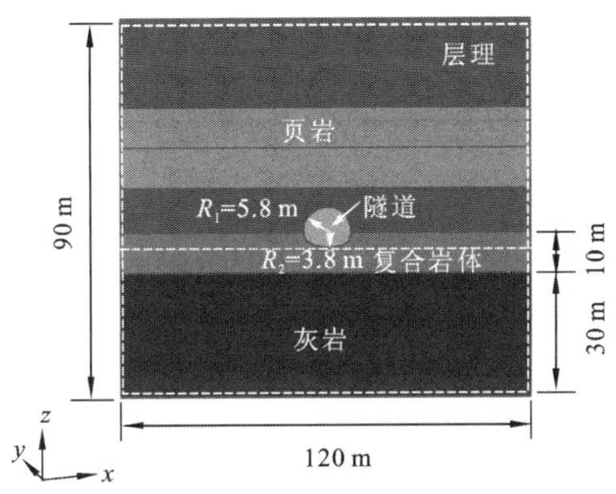

图 7.5　3DEC 数值计算模型

R_1 为拱顶半径；R_2 为拱底半径

图 7.6　灰页岩复合岩体单轴压缩试验

表 7.1　3DEC 数值计算模型物理力学参数

岩性	弹性模量/GPa	泊松比	内聚力/MPa	内摩擦角/（°）	抗拉强度/MPa	法向刚度/（GPa/m）	切向刚度/（GPa/m）
页岩	6.36	0.26	6.41	31	7.51	—	—
灰岩	12.34	0.22	12.77	37	9.12	—	—
复合岩体	10.51	0.27	9.45	36	8.40		
层理	—	—	0.42	13	0.21	0.94	0.83

模型底部采用位移约束，顶部及四周采用应力边界条件，由于该研究区域现场发生了较严重的底鼓变形，对该研究区域的地应力进行了室内声发射测试试验（图 7.7），地应力声发射测试原理及测试过程可参见文献[337]。根据地应力测试结果，在模型 x 方向施加应力 σ_{xx}=3.5 MPa，在 y 方向施加应力 σ_{yy}=3.4 MPa，在顶部施加应力 3.5 MPa。模型上、下边界及四周承受均匀的水压力 $p=9\times10^5$ Pa，模型内部的初始孔隙水压力为 $p_0=3\times10^5$ Pa，流体的材料参数与表 6.6 相同。

（a）试件

（b）试件测试

图 7.7　地应力室内测试

7.3.2　数值计算结果

开挖损伤区的演化过程见图 7.8，数值计算模型在计算至 433 步时于隧道底板中部位置首先发生破坏，在经历短暂的应力调整后（603 步），在隧道拱顶部位发生拉伸破坏，与此同时，隧道底板的破坏区域进一步发展，待发展至其底板接近层理时，损伤破坏区域沿水平层理横向发展（966 步），顶部损伤区域也进一步扩大，在之后的相当长一段时间内（1 287 步），损伤区的发展都只是沿底板水平层理的横向延伸和拱顶部位损伤区域的进一步扩大，并且这一过程的发展较为缓慢，待运行至 4 371 步时，隧道拱肩及两帮部位开始出现损伤区域，但损伤区域的分布较为零散，未能在其周边区域贯通形成整体、大面积的损伤区域，隧道两帮损伤区域的发展更为缓慢，在经过相当长的一段时间，直至模型达到应力平衡（12 250 步）时也未能形成大面积的损伤区。可见，损伤区的发展明显受层理的影响，呈非均匀分布，开挖前期损伤区发展较快，主要集中于隧道底板和拱顶部位，后期发展缓慢，以两帮损伤区域为主。

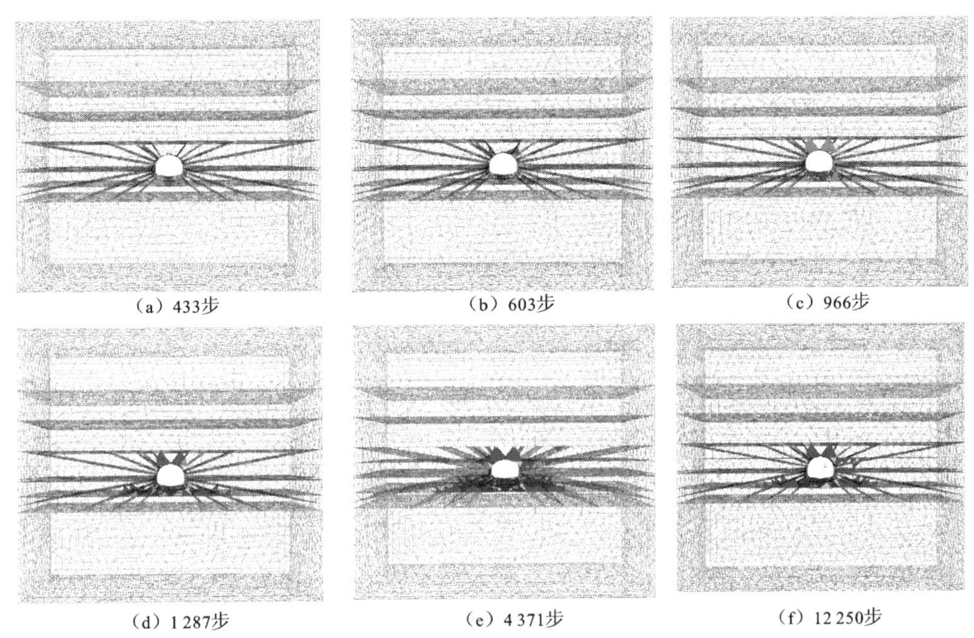

图 7.8　开挖损伤区的演化过程图

层理面的孔隙水压力分布云图见图 7.9，最大孔隙水压力分布于隧道底板接近层理面处，孔隙水压力大小约为 9.28×10^5 Pa。受隧道开挖影响，底板岩层发生损伤破坏，损伤区域发展至该层理面，使层理发生滑移或拉伸破坏，该层理的破坏情况见图 7.10，图中红色方形标记表示滑移破坏，青色方形标记表示拉伸破坏，可见，隧道底板正下方的层理以拉伸破坏为主，两拱脚处以滑移破坏为主。层理的破坏使该区域层理的开度增加，渗透率增大，为水的运移提供了通道，水由层面处向隧道底板汇聚，受页岩岩层（隔水层）和仰拱的隔水作用而无法渗透至隧道内，从而在底板处形成一定的孔隙水压力。现场对该研究区底板进行钻孔发现了底板涌水现象（图 4.1），也证实了该数值模拟结果的可靠性。这就表明，底板孔隙水压力的作用是该段底鼓的影响因素之一，因此，在对该底鼓段进行处治时除应对底板岩层进行加固（如采用钢花管进行锚注）外，还应加强对底板的防排水工作。

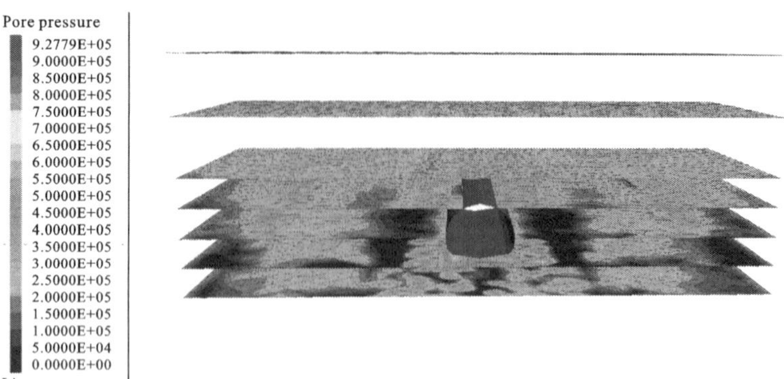

扫一扫 看彩图

图 7.9　层理面的孔隙水压力分布云图

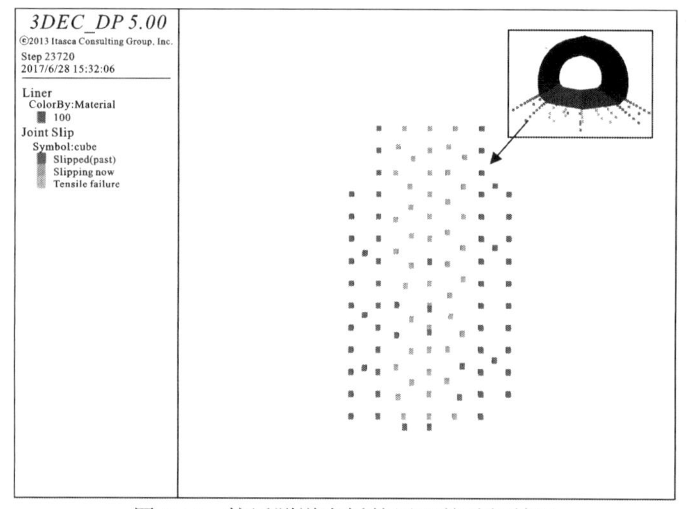

扫一扫 看彩图

图 7.10　接近隧道底板的层理的破坏情况

7.4　开挖损伤区现场评估

7.4.1　地质雷达探测

地质雷达是基于所探测物质的电性差异对物体内部不可见目标或不同介质的分界面进行精确识别并定位的电磁技术，在国内外受到了普遍的推崇[338]。地质雷达由发射和接收两部分组成，发射部分通过发射机向地下内部发射电磁波，电磁波经被探测物体反射后返回地面被接收机接收，形成地质雷达探测图像。

其工作原理示意图如图 7.11 所示，电磁波在地面 A 处由发射机向地下发射，经目标物反射后返回地面被接收机接收，则可以根据几何关系求得电磁波的行程时间（单位为 ns）：

$$t=\frac{\sqrt{4h^2+x^2}}{v} \tag{7.1}$$

式中：h 为目标物的深度；x 为发射机与接收机之间的距离；v 为电磁波在介质中的传播速度，m/ns。

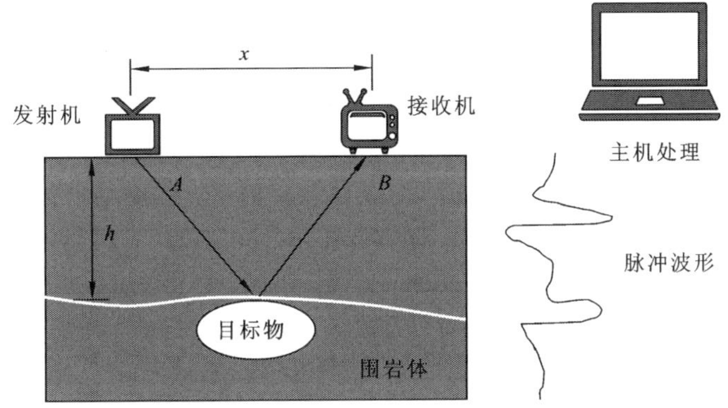

图 7.11　地质雷达工作原理示意图

由式（7.1）可得目标物的深度：

$$h=\frac{\sqrt{v^2t^2-x^2}}{2} \tag{7.2}$$

另外，电磁波的传播速度可通过式（7.3）求得。

$$v=\frac{c}{\sqrt{\varepsilon}} \tag{7.3}$$

式中：c 为电磁波在真空中的传播速度，m/s；ε 为相对介电常数，可由表 7.2 选取。

表 7.2　常用介质物理参数表

介质	相对介电常数	电导率/（S/km）	传播速度/（m/ns）	衰减系数/（dB/m）
空气	1.0	0.00	0.300	0.00
纯水	81.0	0.50	0.033	0.10
淤泥	5.0～30.0	1.00～100.00	0.070	1.00～100.00
混凝土	6.4	1.00～100.00	0.120	0.01～1.00
页岩	7.0	100.00	0.090	1.00～100.00

续表

介质	相对介电常数	电导率 /（S/km）	传播速度 /（m/ns）	衰减系数 /（dB/m）
片岩	7.0	95.00	0.100	1.00～100.00
砂岩	4.0	40.00	0.050	0.20
干砂	4.0～6.0	0.01	0.150	0.01
湿砂	30.0	0.10～1.00	0.060	0.03～0.30

本次探测采用 LTD-2100 型地质雷达仪，该雷达仪分辨率高，便于进行大数据量、高密度的连续扫描探测，并可实时绘制彩色波形剖面图。其配有 50 MHz、100 MHz、400 MHz 等多款天线，适合于隧道施工中的地质超前预报。针对本次探测对象的工程特点，采用工作频率为 100 MHz 的天线进行探测。

研究区 2 开挖后掌子面局部坍塌，随后不断出现拱顶喷射混凝土开裂、掉块及底板鼓起、开裂现象，在停工处治的过程中对该段围岩进行地质雷达探测，沿隧道轮廓四周选取 8 条测线，测线布置方式见图 7.12。对所采集的数据需进行振幅增减、背景消除、带通滤波等转换处理，使检测目标更为明显，图 7.13 为得到

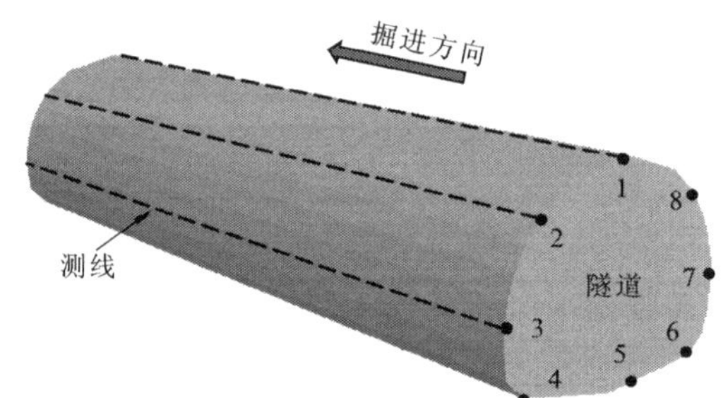

图 7.12　地质雷达探测测线布置示意图

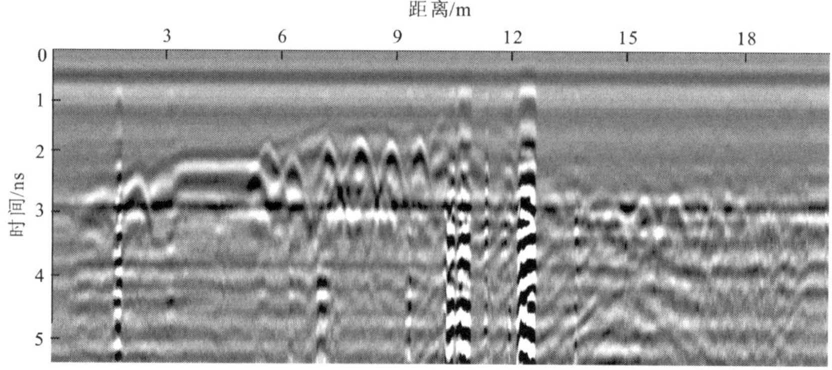

图 7.13　ZK19+360～ZK19+380 段断面右边墙地质雷达探测图

的 ZK19+360～ZK19+380 段断面右边墙地质雷达探测图。各探测断面的开挖损伤区范围将在 7.4.3 小节进行对比分析时给出，这里不再详述。

7.4.2　三维超声成像检测

岩体三维超声成像检测仪也称混凝土 B 超，主要由阵列式传感器、超声波换能器和相位天线接收系统组成，具有以下优点。

（1）超声横波检测并自动测量横波的速度；

（2）合成孔径超声即时成像，物体内部影像可视化；

（3）可定位被测物体的内部缺陷坐标；

（4）检测成像断面宽、效率高、准确性好。

岩体三维超声成像检测仪见图 7.14，其底部为由 64 个（16 组）有干点接触、耐磨磁针的低频宽带横波换能器组成的阵列式传感器[图 7.14（b）]。阵列式传感器由干点接触式换能器组成，不需要使用任何耦合剂，仪器采用合成孔径聚焦方法来采集和处理数据，可以清晰地展示物体的内部结构。对研究区 2 进行现场三维超声成像检测，测线布置与地质雷达探测测线布置相同，见图 7.12，得到的典型的三维超声成像结果如图 7.15 所示，各探测断面的开挖损伤区范围将在 7.4.3 小节进行对比分析时给出，这里不再详述。

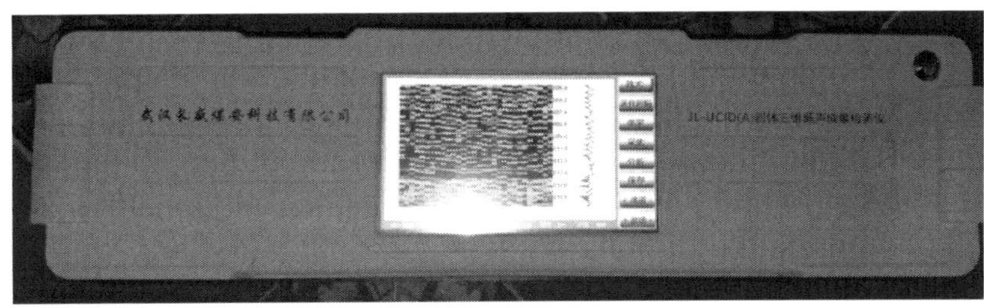

（a）岩体三维超声成像检测仪正面

（b）阵列式传感器

图 7.14　岩体三维超声成像检测仪

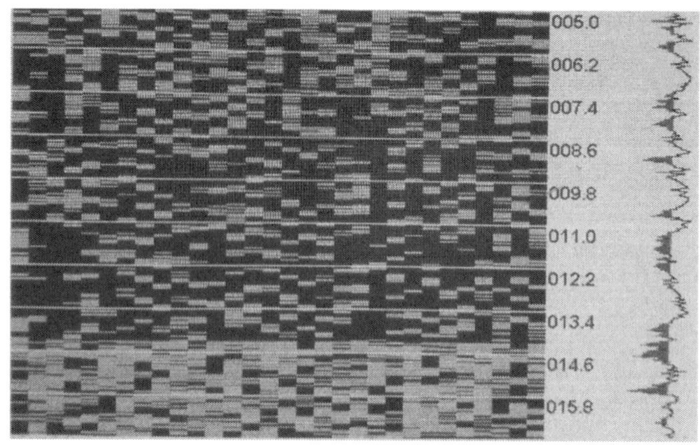

图 7.15　三维超声成像结果

7.4.3　3DEC 模拟与现场检测结果

由于现场检测断面较多，这里只列出 ZK19+375 断面的 3DEC 数值模拟、地质雷达和三维超声成像检测的开挖损伤区结果，见图 7.16 和图 7.17。由图 7.16 可知，3DEC 数值模拟结果与物探方法所得结果较为接近，表明 3DEC 数值模拟方法在计算隧道开挖损伤区方面现场应用效果较好。由图 7.17 可知，隧道周边开挖损伤区的分布呈“鸭梨形”，即拱顶和底板部位开挖损伤区的范围较大，两侧范围较小，开挖损伤区深度最大部位位于隧道拱顶，3DEC、地质雷达和三维超声成像所得结果分别为 4.3 m、3.6 m 和 3.8 m，底板开挖损伤区的范围稍小于隧道

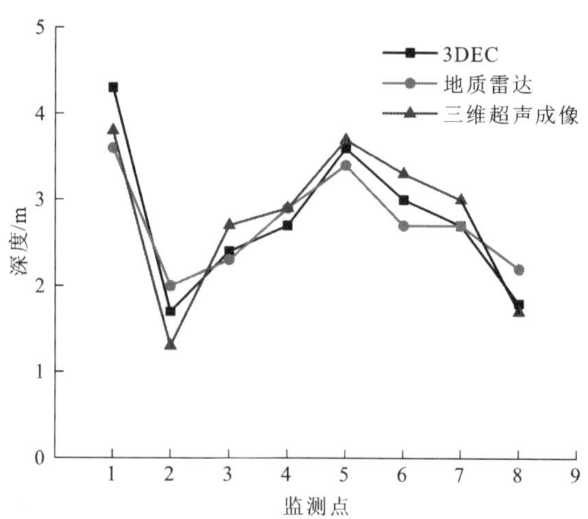

图 7.16　ZK19+375 断面不同部位开挖损伤区深度数值模拟与物探结果对比

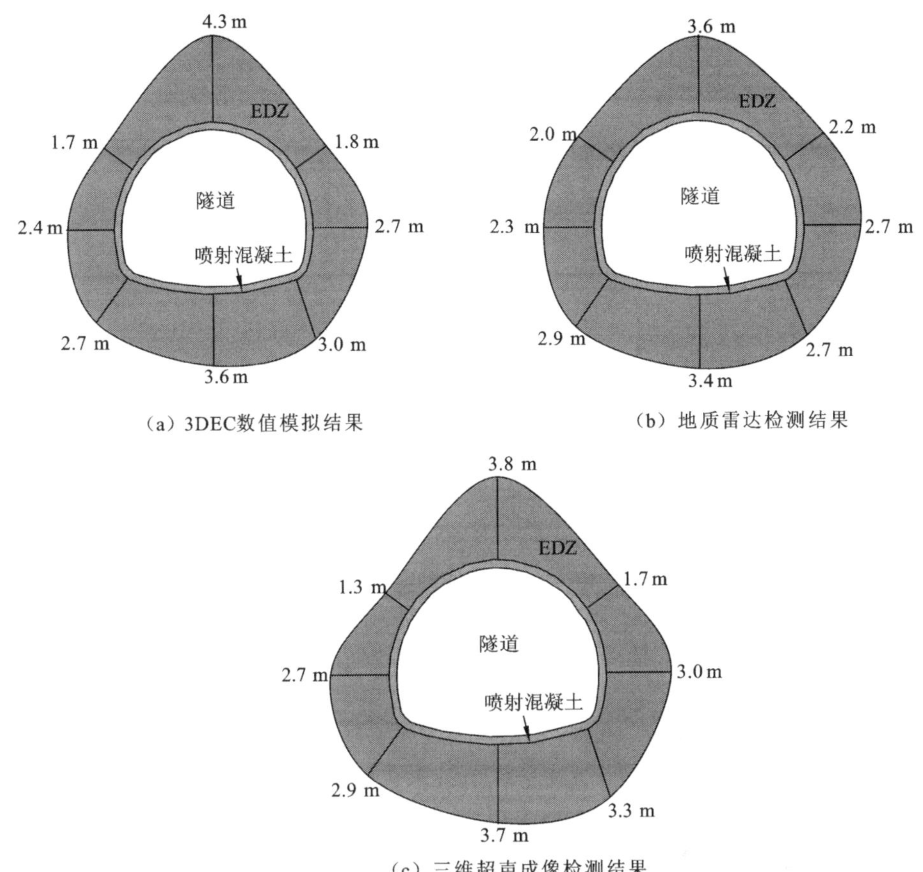

（a）3DEC数值模拟结果　（b）地质雷达检测结果

（c）三维超声成像检测结果

图 7.17　ZK19+375 断面开挖损伤区范围数值模拟与物探结果对比

拱顶，分别为 3.6 m、3.4 m 和 3.7 m，现场对底板进行钢花管锚固注浆时，钢花管与底板成一定角度打入，其长度应穿过开挖损伤区，取底板开挖损伤区深度为 3.7 m，钢花管与底板的夹角为 45°，由几何关系可得，钢花管的长度约为 5.2 m。现场长度为 6.0 m，直径为 42 mm 的钢花管与隧道底鼓段底板成 45° 角，按一定的间排距呈“梅花形”布置，取得了较好的效果。

7.5 本章小结

本章采用 3DEC 数值模拟和物探方法对隧道现场围岩体的开挖损伤区范围进行了计算与检测，得到的主要结论如下。

（1）层状岩体隧道开挖损伤区的发展明显受层理的影响，呈非均匀分布；对于水平层理岩体，开挖前期损伤区发展较快，主要集中于隧道底板和拱顶部位，后期发展缓慢，以两帮损伤区域为主。

（2）隧道底板正下方的层理以拉伸破坏为主，两拱脚处以滑移破坏为主。层理的破坏使该区域层理的开度增加，渗透率增大，为水的运移提供了通道，水由层面处向隧道底板汇聚，受页岩岩层（隔水层）和仰拱的隔水作用而无法渗透至隧道内，从而在底板处形成一定的孔隙水压力。底板上的孔隙水压力对隧道底鼓的产生有一定的作用。

（3）分别采用地质雷达仪和岩体三维超声成像检测仪对隧道进行开挖损伤区范围的检测，将检测结果与 3DEC 模拟结果进行对比分析，发现三者吻合较好，表明所建立的 3DEC 数值计算模型可用于现场渗流-应力-损伤耦合作用下工程问题的分析，模拟结果可用于指导隧道设计施工。

参 考 文 献

[1] 赵阳升. 多孔介质多场耦合作用及其工程响应[M]. 北京: 科学出版社, 2010.

[2] PARDOEN B, TALANDIER J, COLLIN F. Permeability evolution and water transfer in the excavation damaged zone of a ventilated gallery[J]. International journal of rock mechanics and mining sciences, 2016, 85: 192-208.

[3] SIREN T, KANTIA P, RINNE M. Considerations and observations of stress-induced and construction-induced excavation damage zone in crystalline rock[J]. International journal of rock mechanics and mining sciences, 2015, 73(1): 165-174.

[4] 何满潮, 景海河, 孙晓明. 软岩工程力学[M]. 北京: 科学出版社, 2002.

[5] 中华人民共和国铁道部.铁路瓦斯隧道技术规范: TB 10120—2019[S]. 北京: 中国铁道出版社, 2019.

[6] 何满潮, 吕晓俭, 景海河. 深部工程围岩特性及非线性动态力学设计理念[J]. 岩石力学与工程学报, 2002, 21(8): 1215-1224.

[7] 张金川, 杨超, 陈前, 等. 中国潜质页岩形成和分布[J]. 地学前缘, 2016, 23(1): 74-86.

[8] MARTIN C D, GIGER S, LANYON G W. Behaviour of weak shales in underground environments[J]. Rock mechanics and rock engineering, 2016, 49(2): 673-687.

[9] 朱自强, 李华, 鲁光银, 等. 页岩发育区浅埋隧道超前地质预报方法研究[J]. 地球物理学报进展, 2007, 22(1): 250-254.

[10] 周创兵, 陈益峰, 姜清辉, 等. 论岩体多场广义耦合及其工程应用[J]. 岩石力学与工程学报, 2008, 27(7): 1329-1340.

[11] JING L, HUDSON J A. Fundamentals of the hydro-mechanical behaviour of rock fractures: Roughness characterization and experimental aspects[J]. International journal of rock mechanics and mining sciences, 2004, 41(3): 157-162.

[12] MIN K B, RUTQVIST J, TSANG C F, et al. Stress-dependent permeability of fractured rock masses: A numerical study[J]. International journal of rock mechanics and mining sciences, 2004, 41(7): 1191-1210.

[13] 杨天鸿, 唐春安, 朱万成,等. 岩石破裂过程渗流与应力耦合分析[J]. 岩土工程学报, 2001, 23(4): 489-493.

[14] 朱珍德, 张爱军, 徐卫亚. 脆性岩石全应力-应变过程渗流特性试验研究[J]. 岩土力学, 2002, 23(5): 555-559.

[15] 李根, 唐春安, 李连崇. 水岩耦合变形破坏过程及机理研究进展[J]. 力学进展, 2012, 42(5): 593-619.

[16] DUNCAN N, DUNNE M, PETTY S. Swelling characteristics of rock[J]. Water power, 1968, 1(20): 185-192.

[17] 杨建, 康毅力, 李前贵, 等. 致密砂岩气藏微观结构及渗流特征[J]. 力学进展, 2008, 38(2): 229-236.

[18] 周宏伟, 何金明, 武志德. 含夹层盐岩渗透特性及其细观结构特征[J]. 岩石力学与工程学报, 2009, 28(10): 2068-2073.

[19] DONG J J, HSU J Y, WU W J, et al. Stress-dependence of the permeability and porosity of sandstone and shale from TCDP Hole-A[J]. International journal of rock mechanics and mining sciences, 2010, 47(7): 1141-1157.

[20] 俞缙, 李宏, 陈旭, 等. 砂岩卸围压变形过程中渗透特性与声发射试验研究[J]. 岩石力学与工程学报, 2014, 33(1): 69-79.

[21] 许江, 李波波, 周婷, 等. 加卸载条件下煤岩变形特性与渗透特征的试验研究[J]. 煤炭学报, 2012, 37(9): 1493-1498.

[22] 王小江, 荣冠, 周创兵. 粗砂岩变形破坏过程中渗透性试验研究[J]. 岩石力学与工程学报, 2012, 31(1): 2940-2947.

[23] 王环玲, 徐卫亚, 杨圣奇. 岩石变形破坏过程中渗透率演化规律的试验研究[J]. 岩土力学, 2006, 27(10): 1703-1708.

[24] 彭苏萍, 孟召平, 王虎, 等. 不同围压下砂岩孔渗规律试验研究[J]. 岩石力学与工程学报, 2003, 22(5): 742-746.

[25] 彭苏萍, 屈洪亮, 罗立平, 等. 沉积岩石全应力应变过程的渗透性试验研究[J]. 煤炭学报, 2000, 25(2): 113-116.

[26] 陆银龙. 渗流-应力耦合作用下岩石损伤破裂演化模型与煤层底板突水机理研究[D]. 徐州: 中国矿业大学, 2013.

[27] 俞缙, 李宏, 陈旭, 等. 渗透压-应力耦合作用下砂岩渗透率与变形关联性三轴试验研究[J]. 岩石力学与工程学报, 2013, 32(6): 1203-1213.

[28] 姜振泉, 季梁军. 岩石全应力-应变过程渗透性试验研究[J]. 岩土工程学报, 2001, 23(2): 153-156.

[29] HUDSON J A, STEPHANSSON O, ANDERSSON J, et al. Coupled T-H-M issues relating to radioactive waste repository design and performance[J]. International journal of rock mechanics and mining sciences, 2001, 38(1): 143-161.

[30] TSANG C F, STEPHANSSONB O, HUDSON J A. A discussion of thermo-hydro-mechanical (THM) processes associated with nuclear waste repositories[J]. International journal of rock

mechanics and mining sciences, 2000, 37(1):397-402.

[31] 刘泉声, 吴月秀, 刘滨. 应力对裂隙岩体等效渗透系数影响的离散元分析[J]. 岩石力学与工程学报, 2011, 30(1): 176-183.

[32] SHIU W, GUGLIELMI Y, GRAUPNER B, et al. Modelling the water injection induced fault slip and its application to in-situ stress estimation[J]. International journal of rock mechanics and mining sciences, 2021, 137: 104537.

[33] TSANG C F, STEPHANSSON O, JING L, et al. DECOVALEX project: From 1992 to 2007[J]. Environmental geology, 2009, 57(6): 1221-1237.

[34] TSANG C F, JING L, STEPHANSSON O, et al. The DECOVALEX III project: A summary of activities and lessons learned[J]. International journal of rock mechanics and mining sciences, 2005, 42(5/6): 593-610.

[35] MARTIN C D. Seventeenth Canadian Geotechnical Colloquium: The effect of cohesion loss and stress path on brittle rock strength[J]. Canadian geotechnical journal, 1997, 34(5): 698-725.

[36] SOULEY M, HOMAND F, PEPA S, et al. Damage-induced permeability changes in granite: A case example at the URL in Canada[J]. International journal of rock mechanics and mining sciences, 2001, 38(2): 297-310.

[37] RUTQVIST J, FREIFELD B, MIN K B, et al. Analysis of thermally induced changes in fractured rock permeability during 8 years of heating and cooling at the Yucca Mountain drift scale test[J]. International journal of rock mechanics and mining sciences, 2008, 45(8): 1373-1389.

[38] RUTQVIST J, TSANG C F. Analysis of thermal-hydrologic-mechanical behavior near an emplacement drift at Yucca Mountain[J]. Journal of contaminant hydrology, 2003(62): 637-652.

[39] 陆银龙, 王连国. 基于微裂纹演化的岩石蠕变损伤与破裂过程的数值模拟[J]. 煤炭学报, 2015, 40(6): 1276-1283.

[40] 张玉, 徐卫亚, 邵建富, 等. 渗流-应力耦合作用下碎屑岩流变特性和渗透演化机制试验研究[J]. 岩石力学与工程学报, 2014, 33(8): 1679-1690.

[41] 阎岩, 王恩志, 王思敬, 等. 岩石渗流-流变耦合的试验研究[J]. 岩土力学, 2010, 31(7): 2095-2103.

[42] 王如宾, 徐卫亚, 王伟, 等. 坝基硬岩蠕变特性试验及其蠕变全过程中的渗流规律[J]. 岩石力学与工程学报, 2010, 29(5): 960-969.

[43] 黄书岭, 冯夏庭, 周辉, 等. 水压和应力耦合下脆性岩石蠕变与破坏时效机制研究[J]. 岩土力学, 2010, 31(11): 3441-3447.

[44] HEAP M J, BAUD P, MEREDITH P G, et al. Time-dependent brittle creep in Darley Dale sandstone[J]. Journal of geophysical research, 2009, 114: B07203.

[45] 刘仲秋, 章青. 岩体中饱和渗流应力耦合模型研究进展[J]. 力学进展, 2008, 38(5): 585-600.

[46] 盛金昌, 速宝玉. 裂隙岩体渗流应力耦合研究综述[J]. 岩土力学, 1998, 19(2): 92-98.

[47] 仵彦卿. 岩体结构类型与水力学模型[J]. 岩石力学与工程学报, 2000, 19(6): 687-691.

[48] 刘泉声, 刘学伟. 多场耦合作用下岩体裂隙扩展演化关键问题研究[J]. 岩土力学, 2014, 35(2): 305-320.

[49] ELSWORTH D, GOODMAN R E. Characterization of rock fissure hydraulic conductivity using idealized wall roughness profiles[J]. International journal of rock mechanics & mining science and geomechanics abstracts, 1986, 23(3): 233-243.

[50] SHAO J F, RUDNICKI J W. A microcrack-based continuous damage model for brittle geomaterials[J]. Mechanics of materials, 2000, 32(10): 607-619.

[51] ODA M, TAKEMURA T, AOKI T. Damage growth and permeability change in triaxial compression tests of Inada granite[J]. Mechanics of materials, 2002, 34(6): 313-331.

[52] TANG C A, THAM L G, LEE P K K, et al. Coupled analysis of flow, stress and damage (FSD) in rock failure[J]. International journal of rock mechanics and mining sciences, 2002, 39(4): 477-489.

[53] 朱珍德, 徐卫亚, 张爱军. 脆性岩石损伤断裂机理分析与试验研究[J]. 岩石力学与工程学报, 2003, 22(9): 1411-1416.

[54] 郑少河, 姚海林, 葛修润. 裂隙岩体渗流场与损伤场的耦合分析[J].岩石力学与工程学报, 2004, 23(9):1413-1418.

[55] LYAKHOVSKY V, HAMIEL Y. Damage evolution and fluid flow in poroelastic rock[J]. Izvestiya, physics of the solid earth, 2007, 43(1): 13-23.

[56] 卢应发, 刘德富, 吴延春, 等. 岩石与水相互作用的正交各向异性损伤数值模拟[J]. 岩石力学与工程学报, 2007, 26(2): 323-330.

[57] 周建军, 周辉, 邵建富. 脆性岩石各向异性损伤和渗流耦合细观模型[J]. 岩石力学与工程学报, 2007, 26(2): 368-373.

[58] 胡大伟, 朱其志, 周辉, 等. 脆性岩石各向异性损伤和渗透性演化规律研究[J]. 岩石力学与工程学报, 2008, 27(9): 1822-1827.

[59] 朱其志, 胡大伟, 周辉, 等. 基于均匀化理论的岩石细观力学损伤模型及其应用研究[J]. 岩石力学与工程学报, 2008, 27(2): 266-272.

[60] 赵延林, 曹平, 汪亦显, 等. 裂隙岩体渗流–损伤–断裂耦合模型及其应用[J]. 岩石力学与工程学报, 2008, 27(8): 1634-1643.

[61] 谭贤君, 陈卫忠, 杨建平, 等. 盐岩储气库温度–渗流–应力–损伤耦合模型研究[J]. 岩土力学, 2009, 30(12): 3633-3641.

[62] 朱万成, 魏晨慧, 田军, 等. 岩石损伤过程中的热–流–力耦合模型及其应用初探[J]. 岩土

力学, 2009, 30(12): 3851-3857.

[63] JIANG T, SHAO J F, XU W Y, et al. Experimental investigation and micromechanical analysis of damage and permeability variation in brittle rocks[J]. International journal of rock mechanics and mining sciences, 2010, 47(5): 703-713.

[64] 李利平, 李术才, 石少帅, 等. 基于应力-渗流-损伤耦合效应的断层活化突水机制研究[J]. 岩石力学与工程学报, 2011, 30(S1): 3295-3304.

[65] 贾善坡, 杨建平, 王越之, 等. 含夹层盐岩双重介质耦合损伤模型研究[J]. 岩石力学与工程学报, 2012, 31(12): 2548-2555.

[66] ARSON C, PEREIRA J M. Influence of damage on pore size distribution and permeability of rocks[J]. International journal for numerical and analytical methods in geomechanics, 2013, 37(8): 810-831.

[67] LI L C, TANG C A, WANG S Y, et al. A coupled thermo-hydrologic-mechanical damage model and associated application in a stability analysis on a rock pillar[J]. Tunnelling and underground space technology, 2013, 34: 38-53.

[68] 贾善坡, 吴渤, 陈卫忠, 等. 热-应力-损伤耦合作用下深埋隧洞围岩稳定性分析[J]. 岩土力学, 2014, 35(8): 2375-2384.

[69] 陆银龙, 王连国. 基于微裂纹演化的煤层底板损伤破裂与渗流演化过程数值模拟[J]. 采矿与安全工程学报, 2015, 32(6): 889-897.

[70] 王军祥, 姜谙男, 宋战平. 岩石弹塑性应力-渗流-损伤耦合模型研究(I): 模型建立及其数值求解程序[J]. 岩土力学, 2015, 35(S2): 626-644.

[71] 王军祥, 姜谙男, 宋战平. 岩石弹塑性应力-渗流-损伤耦合模型研究(II): 参数反演及数值模拟[J]. 岩土力学, 2015, 36(12): 3606-3614.

[72] 袁小清, 刘红岩, 刘京平. 基于宏细观损伤耦合的非贯通裂隙岩体本构模型[J]. 岩土力学, 2015, 36(10): 2804-2814.

[73] 冯夏庭, 丁梧秀. 应力-水流-化学耦合下岩石破裂全过程的细观力学试验[J]. 岩石力学与工程学报, 2005, 24(9): 2004-2012.

[74] 仵彦卿, 曹广祝, 丁卫华. CT 尺度砂岩渗流与应力关系试验研究[J]. 岩石力学与工程学报, 2005, 24(23): 4203-4209.

[75] WATANABE N, ISHIBASHI T, OHSAKI Y, et al. X-ray CT based numerical analysis of fracture flow for core samples under various confining pressures[J]. Engineering geology, 2011, 123(4): 338-346.

[76] AYDAN Ö, AKAGI T, KAWAMOTO T. The squeezing potential of rocks around tunnels; theory and prediction[J]. Rock mechanics and rock engineering, 1993, 26(2): 137-163.

[77] JAEGER J C. Shear failure of anistropic rocks[J]. Geological magazine, 1960, 97(1): 65-72.

[78] TIEN Y M, KUO M C. A failure criterion for transversely isotropic rocks[J]. International journal of rock mechanics and mining sciences, 2001, 35(3): 399-412.

[79] SAEIDI O, RASOULI V, VANEGHI R G, et al. A modified failure criterion for transversely isotropic rocks[J]. Geoscience frontiers, 2014, 5(2): 215-225.

[80] 刘立, 朱文喜, 路军富, 等. 层状岩体损伤演化与应变关系的研究[J]. 岩石力学与工程学报, 2005, 25(2): 350-354.

[81] TIEN Y M, KUO M C, JUANG C H. An experimental investigation of the failure mechanism of simulated transversely isotropic rocks[J]. International journal of rock mechanics and mining sciences, 2006, 43(8): 1163-1181.

[82] 张桂民, 李银平, 杨长来, 等. 软硬互层盐岩变形破损物理模拟试验研究[J]. 岩石力学与工程学报, 2012, 31(9): 1813-1820.

[83] 王兵武, 李银平, 杨春和, 等. 界面倾角对复合层状物理模型材料力学特性的影响研究[J]. 岩土力学, 2015, 36 (S2): 139-147.

[84] 李昂, 邵国建, 范华林, 等. 基于细观层次的软硬互层状复合岩体力学特性研究[J]. 岩石力学与工程学报, 2014, 33 (S1): 3042-3049.

[85] 熊良宵, 杨林德. 互层状岩体黏弹塑性流变特性的数值分析[J]. 岩石力学与工程学报, 2011, 30 (S1): 2803-2809.

[86] 黄书岭, 丁秀丽, 邬爱清, 等. 层状岩体多节理本构模型与试验验证[J]. 岩石力学与工程学报, 2012, 31(8): 1627-1635.

[87] 刘立, 邱贤德, 黄木坤, 等. 层状复合岩石损伤破坏的实验研究[J]. 重庆大学学报(自然科学版), 1999, 22(4): 28-33.

[88] LIU J, WANG E, SONG D, et al. Effect of rock strength on failure mode and mechanical behavior of composite samples[J]. Arabian journal of geosciences, 2015, 8(7): 4527-4539.

[89] 刘杰, 王恩元, 宋大钊, 等. 岩石强度对于组合试样力学行为及声发射特性的影响[J]. 煤炭学报, 2014, 39(4): 685-691.

[90] 左建平, 陈岩, 张俊文, 等. 不同围压作用下煤-岩组合体破坏行为及强度特征[J]. 煤炭学报, 2016, 41(11): 2706-2713.

[91] 左建平, 谢和平, 吴爱民, 等. 深部煤岩单体及组合体的破坏机制与力学特性研究[J]. 岩石力学与工程学报, 2011, 30(1): 84-92.

[92] 左建平, 谢和平, 孟冰冰, 等. 煤岩组合体分级加卸载特性的试验研究[J]. 岩土力学, 2011, 32(5): 1287-1296.

[93] 朱卓慧, 冯涛, 宫凤强, 等. 煤岩组合体分级循环加卸载力学特性的实验研究[J]. 中南大学学报(自然科学版), 2016, 47(7): 2469-2475.

[94] DUVEAU G, SHAO J F. A modified single plane of weakness theory for the failure of highly

stratified rocks[J]. International journal of rock mechanics and mining sciences, 1998, 35(6): 807-813.

[95] 鲜学福, 谭学术. 层状岩体破坏机理[M]. 重庆: 重庆大学出版社, 1989.

[96] 刘立, 梁伟, 李月, 等. 岩体层面力学特性对层状复合岩体的影响[J]. 采矿与安全工程学报, 2006, 23(2): 187-191.

[97] 赵同彬, 尹延春, 谭云亮, 等. 锚杆界面力学试验及剪应力传递规律细观模拟分析[J]. 采矿与安全工程学报, 2011, 28(2): 220-224.

[98] CAI Y, ESAKI T, JIANG Y. An analytical model to predict axial load in grouted rock bolt for soft rock tunnelling[J]. Tunnelling and underground space technology, 2004, 19(6): 607-618.

[99] WINDSOR C R. Rock reinforcement systems[J]. International journal of rock mechanics and mining sciences, 1997, 34(6): 919-951.

[100] CARRANZA-TORRES C. Analytical and numerical study of the mechanics of rockbolt reinforcement around tunnels in rock masses[J]. Rock mechanics and rock engineering, 2009, 42(2): 175-228.

[101] ZHANG B, LI S, XIA K, et al. Reinforcement of rock mass with cross-flaws using rock bolt[J]. Tunnelling and underground space technology, 2016, 51: 346-353.

[102] MA S, NEMCIK J, AZIZ N. An analytical model of fully grouted rock bolts subjected to tensile load[J]. Construction and building materials, 2013, 49: 519-526.

[103] FREEMAN T J. The behaviour of fully-bonded rock bolts in the Kielder experimental tunnel[J]. Tunnels tunnelling, 1978, 10(5): 37-40.

[104] HAAS C J. Shear resistance of rock bolts[D]. Rolla: University of Missouri , 1976.

[105] FARMER I W. Stress distribution along a resin grouted rock anchor[J]. International journal of rock mechanics and mining sciences & geomechanics abstracts, 1975, 12(11): 347-351.

[106] AI Y, JIANG Y, DJAMALUDDIN I, et al. An analytical model considering interaction behavior of grouted rock bolts for convergence-confinement method in tunneling design[J]. International journal of rock mechanics and mining sciences, 2015, 76: 112-126.

[107] LI C, STILLBORG B. Analytical models for rock bolts[J]. International journal of rock mechanics and mining sciences, 1999, 36(8): 1013-1029.

[108] 陈璐, 谭云亮, 臧传伟, 等. 加锚岩石力学性质及破坏特征试验研究[J]. 岩土力学, 2014, 35(2): 413-422.

[109] 陈璐, 臧传伟, 于凤海, 等. 加锚岩石抗弯特性试验研究[J]. 岩土力学, 2014, 35(12): 3451-3459.

[110] 赵同彬, 谭云亮, 刘姗姗, 等. 加锚岩体流变特性及锚固控制机制分析[J]. 岩土力学, 2012, 33(6): 1730-1734.

[111] 刘泉声, 雷广峰, 彭星新. 深部裂隙岩体锚固机制研究进展与思考[J]. 岩石力学与工程学报, 2016, 35(2): 312-332.

[112] 张宁, 李术才, 吕爱钟, 等. 拉伸条件下锚杆对含表面裂隙类岩石试样加固效应试验研究[J]. 岩土工程学报, 2011, 33(5): 769-776.

[113] 杨松林, 徐卫亚, 朱焕春. 锚杆在节理中的加固作用[J]. 岩土力学, 2002, 23(5): 604-607.

[114] BJURSTROM S. Shear strength of hard rock joints reinforced by grouted untensioned bolts [C]//Proceedings of the 3rd international ISRM congress. Denver: [s.n.], 1974: 1194-1199.

[115] YOSHINAKA R, SKAGUCHI S, SHIMIZU T. Experimental study of the bolt reinforcement in discontinuous rock[C]//Proceedings of the 6th IRSM congress. Montreal: International Society for Rock Mechanics, 1987: 1329-1332.

[116] YANG W D, LUO G Y, BO C J, et al. Mechanical properties and reinforcement effect of jointed rock mass with pre-stressed bolt[J]. Journal of Central South University, 2020,27(12): 3513-3530.

[117] 王亮清, 朱林锋, 郑罗斌, 等. 考虑节理粗糙度的锚固节理岩体剪切试验[J]. 中国公路学报, 2021, 34(6): 38-47.

[118] FERRERO A M. The shear strength of reinforced rock joints[J]. International journal of rock mechanics and mining sciences & geomechanics abstracts, 1995, 32(6): 595-605.

[119] PELLET F, EGGER P. Analytical model for the mechanical behaviour of bolted rock joints subjected to shearing[J]. Rock mechanics and rock engineering, 1996, 29(2): 73-97.

[120] SPANG K, EGGER P. Action of fully-grouted bolts in jointed rock and factors of influence[J]. Rock mechanics and rock engineering, 1990, 23(3): 201-229.

[121] JALALIFAR H, AZIZ N. Experimental and 3D numerical simulation of reinforced shear joints[J]. Rock mechanics and rock engineering, 2010, 43(1): 95-103.

[122] KIM H J, HU J W, HWANG W S. Cyclic testing for structural detail improvement of CFT column-foundation connections[J]. Sustainability, 2015, 7(5): 5260-5281.

[123] GRASSELLI G. 3D behaviour of bolted rock joints: Experimental and numerical study[J]. International journal of rock mechanics and mining sciences, 2005, 42(1): 13-24.

[124] 葛修润, 刘建武. 加锚节理面抗剪性能研究[J]. 岩土工程学报, 1988, 10(1): 8-19.

[125] 陈文强, 贾志欣, 赵宇飞, 等. 剪切过程中锚杆的轴向和横向作用分析[J]. 岩土力学, 2015, 36(1): 143-149.

[126] 张波, 李术才, 杨学英, 等. 含交叉裂隙节理岩体锚固效应及破坏模式[J]. 岩石力学与工程学报, 2014, 33(5): 996-1003.

[127] 刘爱卿, 鞠文君, 许海涛, 等. 锚杆预紧力对节理岩体抗剪性能影响的试验研究[J]. 煤炭学报, 2013, 38(3): 391-396.

[128] 张伟, 刘泉声. 基于剪切试验的预应力锚杆变形性能分析[J]. 岩土力学, 2014, 35(8):

2231-2240.

[129] 张伟, 刘泉声. 节理岩体锚杆的综合变形分析[J]. 岩土力学, 2012, 33(4): 1067-1074.

[130] 杨延毅. 岩质边坡卸荷裂隙加固锚杆的增韧止裂机制与效果分析[J]. 水利学报, 1994(6): 1-9.

[131] 杨延毅. 加锚层状岩体的变形破坏过程与加固效果分析模型[J]. 岩石力学与工程学报, 1994, 13(4): 309-317.

[132] 杨松林, 朱焕春, 刘祖德. 加锚层状岩体的本构模型[J]. 岩土工程学报, 2001, 23(4): 427-430.

[133] 张强勇, 朱维申, 程峰. 裂隙岩体损伤锚柱单元支护模型及其应用[J]. 岩土力学, 1998, 19(4): 19-24.

[134] 杨建辉, 夏建中. 层状岩石锚固体全过程变形性质的试验研究[J]. 煤炭学报, 2005, 30(4): 414-417.

[135] 王刚, 李术才, 王明斌. 渗透压力作用下加锚裂隙岩体围岩稳定性研究[J]. 岩土力学, 2009, 30(9): 2843-2849.

[136] 常燕庭. 喷射混凝土早期材料性质对支护效果的影响[J]. 长江科学院院报, 1992, 9(3): 8-16.

[137] 吴洪词. 隧道喷射混凝土支护的曲线结构单元模拟[J]. 岩土力学, 1998, 19(1): 38-44.

[138] ORESTE P P. A procedure for determining the reaction curve of shotcrete lining considering transient conditions[J]. Rock mechanics and rock engineering, 2003, 36(3): 209-236.

[139] 张德华, 刘士海, 任少强. 隧道喷射混凝土强度增长规律及硬化速度对初期支护性能影响试验研究[J]. 岩土力学, 2015, 36(6): 1707-1713.

[140] 周昌达. 喷射混凝土拱承载能力试验[J]. 昆明工学院学报, 1988, 13(4): 14-19.

[141] 张德兴. 砂浆锚杆和喷射混凝土支护的受力分析[J]. 岩土工程学报, 1985, 7(4): 24-33.

[142] 宋德彰. 喷射混凝土支护对隧洞围岩的力学效应[J]. 同济大学学报, 1992, 20(3): 257-262.

[143] 刘启琛, 臧萱武. 喷锚支护的使用效果及受力机理[J]. 中国铁道科学, 1979(1): 104-111.

[144] 刘启琛, 王建宇, 谢泰极. 隧道锚喷支护的理论与实践[J]. 铁道学报, 1979, 1(2): 79-91.

[145] 韩斌, 王贤来, 文有道. 不良岩体巷道的湿喷混凝土支护技术[J]. 中南大学学报(自然科学版), 2010, 41(6): 2381-2385.

[146] 孙河川, 张鏖, 施仲衡. 喷锚支护与隧道自承拱的机理[J]. 岩土工程学报, 2004, 26(4): 490-494.

[147] 徐明新, 杨成永, 张强. 施工期隧道喷混凝土支护安全性评价[J]. 北京交通大学学报, 2008, 32(1): 1-6.

[148] 付成华, 周洪波, 陈胜宏. 混凝土喷层支护节理岩体等效力学模型及其应用[J]. 岩土力学, 2009, 30(7): 1967-1974.

[149] 文竞舟. 隧道初期支护力学分析及参数优化研究[D]. 重庆: 重庆大学, 2012.

[150] 文竞舟, 张永兴, 王成. 隧道围岩-喷射混凝土界面应力解[J]. 土木建筑与环境工程, 2012, 34(6): 67-74.

[151] WANG J, NIU D, MA R, et al. Investigation of sulfate attack resistance of shotcrete under dry-wet cycles[J]. Journal of Wuhan University of Technology(materials science), 2016, 31(6): 1329-1335.

[152] 李文秀, 梁旭黎, 赵胜涛, 等. 软岩地层隧道喷射混凝土衬砌研究[J]. 岩石力学与工程学报, 2005, 24(S2): 5505-5508.

[153] 李洪泉, 杨成永, 徐明新, 等. 隧道格栅钢架喷混凝土支护安全性评价[J]. 岩石力学与工程学报, 2009, 28(S2): 3903-3908.

[154] 曲海锋, 朱合华, 黄成造, 等. 隧道初期支护的钢拱架与钢格栅选择研究[J]. 地下空间与工程学报, 2007, 3(2): 258-262.

[155] 陈锋宾. 隧道初期支护与软弱围岩作用机理及应用[D]. 北京: 北京交通大学, 2012.

[156] 谭忠盛, 喻渝, 王明年, 等. 大断面黄土隧道中型钢与格栅适应性的对比试验[J]. 岩土工程学报, 2009, 31(4): 628-633.

[157] 李健, 谭忠盛. 大断面黄土隧道初期支护与围岩相互作用机理研究[J]. 现代隧道技术, 2013, 50(3): 79-86.

[158] 沈才华, 童立元. 钢拱架柔性支撑稳定性预测判别方法探讨[J]. 土木工程学报, 2007, 40(3): 88-91.

[159] 刘波, 伍鹤皋, 苏凯, 等. 导流隧洞钢拱架与喷锚支护体系有限元分析[J]. 武汉大学学报(工学版), 2009, 42(1): 29-32.

[160] 文竞舟, 张永兴, 王成, 等. 钢拱架应力反分析隧道初期支护力学性能的研究[J]. 土木工程学报, 2012, 45(2): 170-175.

[161] 王克忠, 刘耀儒, 王玉培, 等. 引水隧洞复合支护钢拱架变形特性及围岩稳定性研究[J]. 岩石力学与工程学报, 2014, 33(2): 217-224.

[162] 郑刚, 李志伟, 刘畅. 型钢水泥土组合梁抗弯性能试验研究[J]. 岩土工程学报, 2011, 33(3): 332-340.

[163] HUDSON J A, BÄCKSTRÖM A, RUTQVIST J, et al. Characterising and modelling the excavation damaged zone in crystalline rock in the context of radioactive waste disposal[J]. Environmental geology, 2009, 57(6): 1275-1297.

[164] YOUNG R P, COLLINS D S. Seismic studies of rock fracture at the Underground Research Laboratory, Canada[J]. International journal of rock mechanics and mining sciences, 2001, 38(6): 787-799.

[165] EVERITT R A, LAJTAI E Z. The influence of rock fabric on excavation damage in the Lac du

Bonnett granite[J]. International journal of rock mechanics and mining sciences, 2004, 41(8): 1277-1303.

[166] PETTITT S, BAKER C, YOUNG R P, et al. The assessment of damage around critical engineering structures using induced seismicity and ultrasonic techniques[J]. Pure and applied geophysics, 2002, 159(1): 179-195.

[167] BOSSART P, TRICK T, MEIER P M, et al. Structural and hydrogeological characterisation of the excavation-disturbed zone in the Opalinus Clay (Mont Terri Project, Switzerland)[J]. Applied clay science, 2004, 26 (1/2/3/4): 429-448.

[168] SATO T, KIKUCHI T, SUGIHARA K. In-situ experiments on an excavation disturbed zone induced by mechanical excavation in Neogene sedimentary rock at Tono mine, central Japan[J]. Engineering geology, 2000, 56(1/2): 97-108.

[169] FALLS S D, YOUNG R P. Acoustic emission and ultrasonic-velocity methods used to characterise the excavation disturbance associated with deep tunnels in hard rock[J]. Tectonophysics, 1998, 289(1/2/3): 1-15.

[170] SCHUSTER K, ALHEID H J, BÖDDENER D. Seismic investigation of the excavation damaged zone in Opalinus Clay[J]. Engineering geology, 2001, 61(2/3): 189-197.

[171] CAI M, KAISER P K. Assessment of excavation damaged zone using a micromechanics model[J]. Tunnelling and underground space technology, 2005, 20(4): 301-310.

[172] MALMGREN L, SAIANG D, TÖYRÄ J, et al. The excavation disturbed zone (EDZ) at Kiirunavaara mine, Sweden: By seismic measurements[J]. Journal of applied geophysics, 2007, 61(1): 1-15.

[173] WANG H, JIANG Y, XUE S, et al. Assessment of excavation damaged zone around roadways under dynamic pressure induced by an active mining process[J]. International journal of rock mechanics and mining sciences, 2015, 77(1): 265-277.

[174] MARTINO J B, CHANDLER N A. Excavation-induced damage studies at the Underground Research Laboratory[J]. International journal of rock mechanics and mining sciences, 2004, 41(8): 1413-1426.

[175] 邹才能, 董大忠, 王社教, 等. 中国页岩气形成机理、地质特征及资源潜力[J]. 石油勘探与开发, 2010, 37(6): 641-653.

[176] YANG Z, WANG W, DONG M, et al. A model of dynamic adsorption-diffusion for modeling gas transport and storage in shale[J]. Fuel, 2016, 173: 115-128.

[177] TALONOV A, VASILYEVA M. On numerical homogenization of shale gas transport[J]. Journal of computational and applied mathematics, 2016, 301: 44-52.

[178] RYBACKI E, REINICKE A, MEIER T, et al. What controls the mechanical properties of

shale rocks? - Part I: Strength and Young's modulus[J]. Journal of petroleum science and engineering, 2015, 135: 702-722.

[179] RYBACKI E, MEIER T, DRESEN G. What controls the mechanical properties of shale rocks? - Part II: Brittleness[J]. Journal of petroleum science and engineering, 2016, 144: 39-58.

[180] 衡帅, 杨春和, 张保平, 等. 页岩各向异性特征的试验研究[J]. 岩土力学, 2015, 36(3): 609-616.

[181] CHO J W, KIM H, JEON S, et al. Deformation and strength anisotropy of Asan gneiss, Boryeong shale, and Yeoncheon schist[J]. International journal of rock mechanics and mining sciences, 2012, 50: 158-169.

[182] 侯振坤, 杨春和, 郭印同, 等. 单轴压缩下龙马溪组页岩各向异性特征研究[J]. 岩土力学, 2015, 36(9): 2541-2550.

[183] 陈天宇, 冯夏庭, 张希巍, 等. 黑色页岩力学特性及各向异性特性试验研究[J]. 岩石力学与工程学报, 2014, 33(9): 1772-1779.

[184] 魏元龙, 杨春和, 郭印同, 等. 单轴循环荷载下含天然裂隙脆性页岩变形及破裂特征试验研究[J]. 岩土力学, 2015, 36(6): 1649-1658.

[185] 侯鹏, 高峰, 张志镇, 等. 黑色页岩力学特性及气体压裂层理效应研究[J]. 岩石力学与工程学报, 2016, 35(4): 670-681.

[186] HAN G. Rock stability under different fluid flow conditions[D].Waterloo: University of Waterloo, 2003.

[187] 刘新荣, 晏傅, 郑颖人, 等. 水岩相互作用对岩石劣化的影响研究[J]. 地下空间与工程学报, 2012, 8(1): 77-82.

[188] 杨彩红, 王永岩, 李剑光, 等. 含水率对岩石蠕变规律影响的试验研究[J]. 煤炭学报, 2007, 32(7): 698-702.

[189] 邓华锋, 肖志勇, 李建林. 水岩作用下损伤砂岩强度劣化规律试验研究[J]. 岩石力学与工程学报, 2015, 34(S1): 2690-2698.

[190] 胡昕, 洪宝宁, 孟云梅. 考虑含水率影响的红砂岩损伤统计模型[J]. 中国矿业大学学报, 2007, 36(5): 609-613.

[191] GRIGGS D T. Creep of rocks[J]. Journal of geology, 1939, 47(3): 225-251.

[192] 邓继新, 王欢, 周浩, 等. 龙马溪组页岩微观结构、地震岩石物理特征与建模[J]. 地球物理学报, 2015, 58(6): 2123-2136.

[193] 时贤, 程远方, 蒋恕, 等. 页岩微观结构及岩石力学特征实验研究[J]. 岩石力学与工程学报, 2014, 33(S2): 3439-3445.

[194] 李树春, 许江, 杨春和, 等. 循环荷载下岩石损伤的 CT 细观试验研究[J]. 岩石力学与工程学报, 2009, 28(8): 1604-1609.

[195] 戴永浩, 陈卫忠, 王者超, 等. 非饱和板岩裂隙扩展机制 CT 试验研究[J]. 岩石力学与工程学报, 2006, 25(12): 2537-2545.

[196] CHONG W L, HAQUE A, GAMAGE R P, et al. Modelling of intact and jointed mudstone samples under uniaxial and triaxial compression[J]. Arabian journal of geosciences, 2011, 6(5): 1639-1646.

[197] IWASHITA K, ODA M. Micro-deformation mechanism of shear banding process based on modified distinct element method[J]. Powder technology, 2000, 109(1): 192-205.

[198] CUI Z D, LIU D A, WU F Q. Influence of dip directions on the main deformation region of layered rock around tunnels[J]. Bulletin of engineering geology and the environment, 2013, 73(2): 441-450.

[199] ZHOU L, HOU M Z. A new numerical 3D-model for simulation of hydraulic fracturing in consideration of hydro-mechanical coupling effects[J]. International journal of rock mechanics and mining sciences, 2013, 60: 370-380.

[200] Itasca Consulting Group, Inc. 3DEC (three dimensional distinct element code) manual[M]. Minneapolis: Itasca Consulting Group, Inc., 2013.

[201] 裴建良, 刘建锋, 左建平, 等. 基于声发射定位的自然裂隙动态演化过程研究[J]. 岩石力学与工程学报, 2013, 32(4): 696-704.

[202] 李庆辉, 陈勉, 金衍, 等. 页岩脆性的室内评价方法及改进[J]. 岩石力学与工程学报, 2012, 31(8): 1680-1685.

[203] VALÈS F, MINH D N, GHARBI H, et al. Experimental study of the influence of the degree of saturation on physical and mechanical properties in Tournemire shale (France)[J]. Applied clay science, 2004, 26 (1/2/3/4): 197-207.

[204] 魏元龙, 杨春和, 郭印同, 等. 三轴循环荷载下页岩变形及破坏特征试验研究[J]. 岩土工程学报, 2015, 37(12): 2262-2271.

[205] RAMAMURTHY T. Strength and modulus responses of anisotropic rocks[J]. Comprehensive rock engineering, 1993, 1: 313-329.

[206] DEBECKER B, VERVOORT A. Experimental observation of fracture patterns in layered slate[J]. International journal of fracture, 2009, 159(1): 51-62.

[207] VERVOORT A, MIN K B, KONIETZKY H, et al. Failure of transversely isotropic rock under Brazilian test conditions[J]. International journal of rock mechanics and mining sciences, 2014, 70: 343-352.

[208] ROY D G, SINGH T N. Effect of heat treatment and layer orientation on the tensile strength of a crystalline rock under Brazilian test condition[J]. Rock mechanics and rock engineering, 2016, 49(5): 1663-1677.

[209] TAVALLALI A, VERVOORT A. Effect of layer orientation on the failure of layered sandstone under Brazilian test conditions[J]. International journal of rock mechanics and mining sciences, 2010, 47(2): 313-322.

[210] 侯鹏, 高峰, 杨玉贵, 等. 黑色页岩巴西劈裂破坏的层理效应研究及能量分析[J]. 岩土工程学报, 2016, 38(5): 930-937.

[211] 杨志鹏, 何柏, 谢凌志, 等. 基于巴西劈裂试验的页岩强度与破坏模式研究[J]. 岩土力学, 2015, 36(12): 3447-3464.

[212] TAVALLALI A, VERVOORT A. Failure of layered sandstone under Brazilian test conditions: Effect of micro-scale parameters on macro-scale behaviour[J]. Rock mechanics and rock engineering, 2010, 43(5): 641-653.

[213] 杨春和, 冒海军, 王学潮, 等. 板岩遇水软化的微观结构及力学特性研究[J]. 岩土力学, 2006, 27(12): 2090-2098.

[214] CLAESSON J, BOHLOLI B. Brazilian test: Stress field and tensile strength of anisotropic rocks using an analytical solution[J]. International journal of rock mechanics and mining sciences, 2002, 39(8): 991-1004.

[215] 刘胜利, 陈善雄, 余飞, 等. 绿泥石片岩各向异性特性研究[J]. 岩土力学, 2012, 33(12): 3616-3623.

[216] 熊诗湖, 周火明, 钟作武. 岩体载荷蠕变试验方法研究[J]. 岩石力学与工程学报, 2009, 28(10): 2121-2127.

[217] 孙钧. 岩石流变力学及其工程应用研究的若干进展[J]. 岩石力学与工程学报, 2007, 26(6): 1081-1106.

[218] SONE H, ZOBACK M D. Time-dependent deformation of shale gas reservoir rocks and its long-term effect on the in situ state of stress[J]. International journal of rock mechanics and mining sciences, 2014, 69: 120-132.

[219] BRANTUT N, HEAP M J, MEREDITH P G, et al. Time-dependent cracking and brittle creep in crustal rocks: A review[J]. Journal of structural geology, 2013, 52: 17-43.

[220] CHANG C, ZOBACK M D. Viscous creep in room-dried unconsolidated Gulf of Mexico shale (II): Development of a viscoplasticity model[J]. Journal of petroleum science and engineering, 2010, 72(1/2): 50-55.

[221] CHANG C, ZOBACK M D. Viscous creep in room-dried unconsolidated Gulf of Mexico shale (I): Experimental results[J]. Journal of petroleum science and engineering, 2009, 69(3/4): 239-246.

[222] 韩庚友, 王思敬, 张晓平, 等. 分级加载下薄层状岩石蠕变特性研究[J]. 岩石力学与工程学报, 2010, 29(11): 2239-2247.

[223] 肖明砾, 卓莉, 谢红强, 等. 三轴压缩蠕变试验下石英云母片岩各向异性蠕变特性研究[J]. 岩土力学, 2015, 36(S2): 73-80.

[224] DUBEY R K, GAIROLA V K. Influence of structural anisotropy on creep of rocksalt from Simla Himalaya, India: An experimental approach[J]. Journal of structural geology, 2008, 30(6): 710-718.

[225] 熊良宵, 杨林德, 张尧. 绿片岩的单轴压缩各向异性蠕变试验研究[J]. 同济大学学报(自然科学版), 2010, 38(11): 1568-1574.

[226] 吴创周, 石振明, 付昱凯, 等. 绿片岩各向异性蠕变特性试验研究[J]. 岩石力学与工程学报, 2014, 33(3): 493-499.

[227] 黄小兰, 杨春和, 刘建军, 等. 不同含水情况下的泥岩蠕变试验及其对油田套损影响研究[J]. 岩石力学与工程学报, 2008, 27(S2): 3477-3482.

[228] 王俊光, 梁冰, 田蜜. 含水状态下油页岩非线性损伤蠕变特性研究[J]. 实验力学, 2014, 29(1): 112-118.

[229] 龚囱, 曲文峰, 行鹏飞, 等. 岩石损伤理论研究进展[J]. 铜业工程, 2011(1): 7-11.

[230] 朱宝龙, 李晓宁, 巫锡勇, 等. 黑色页岩遇水膨胀微观特征试验研究[J]. 岩石力学与工程学报, 2015, 34(S2): 3896-3905.

[231] ARTHUR J R F, CHUA K S, DUNSTAN T. Induced anisotropy in a sand[J]. Geotechnique, 1977, 27(1): 13-30.

[232] ARTHUR J R F, MENZIES B K. Inherent anisotropy in a sand[J]. Geotechnique, 1972, 22(1): 115-128.

[233] 郑艳妮, 张强, 张升, 等. 基于 Hoek-Brown 的岩石横观各向同性屈服准则研究[J]. 岩土力学, 2022, 43(1): 139-150.

[234] 李良权, 张春生, 王伟. 一种改进的各向异性 Hoek-Brown 强度准则[J]. 岩石力学与工程学报, 2018, 37(S1): 3239-3246.

[235] TALIERCIO A, LANDRIANI G S. A failure condition for layered rock[J]. International journal of rock mechanics and mining sciences & geomechanics abstracts, 1988, 25(5): 299-305.

[236] SAROGLOU H, TSIAMBAOS G. A modified Hoek-Brown failure criterion for anisotropic intact rock[J]. International journal of rock mechanics and mining sciences, 2008, 45(2): 223-234.

[237] ISMAEL M A, IMAM H F, EL-SHAYEB Y. A simplified approach to directly consider intact rock anisotropy in Hoek-Brown failure criterion[J]. Journal of rock mechanics and geotechnical engineering, 2014, 6(5): 486-492.

[238] 佘成学, 范玉祥, 陈胜宏. 具有弯曲效应的三维层状岩体屈服准则[J]. 岩土力学, 1998, 19(3): 38-42.

[239] PIETRUSZCZAK S, MROZ Z. On failure criteria for anisotropic cohesive-frictional materials[J]. International journal for numerical and analytical methods in geomechanics, 2001, 25(5): 509-524.

[240] DOUGILL J W. On stable progressively fracturing solids[J]. Journal of applied mathematics and physics (ZAMP), 1976, 27(4): 423-437.

[241] 刘冬桥. 岩石损伤本构模型及变形破坏过程的混沌特征研究[D]. 北京: 中国矿业大学, 2014.

[242] LEMAITRE J. A continuous damage mechanics model for ductile fracture[J]. Journal of engineering materials and technology, 1985, 107(1): 83-89.

[243] BOARDBENT S R, HAMMERSLY J M. Percolation processes[J]. Mathematical proceedings of the Cambridge Philosophical Society, 1957, 53(3): 629-643.

[244] 万菊英, 许鹤华, 刘唐伟, 等. 基于逾渗方法的裂隙储层渗透性模拟[J]. 地球物理学进展, 2014, 29(3): 1306-1311.

[245] 李金兰. 泥岩渗流应力损伤耦合及渗透性自愈合研究[D]. 武汉: 武汉大学, 2014.

[246] CHENG A H D. Material coefficients of anisotropic poroelasticity[J]. International journal of rock mechanics and mining sciences, 1997, 34(2): 199-205.

[247] BAI T, POLLARD D D, GAO H. Explanation for fracture spacing in layered materials[J]. Nature, 2000, 403 (6771): 753-756.

[248] BAO C, TANG C A, CAI M, et al. Spacing and failure mechanism of edge fracture in two-layered materials[J]. International journal of fracture, 2013, 181(2): 241-255.

[249] WASANTHA P L P, RANJITH P G, SHAO S S. Energy monitoring and analysis during deformation of bedded-sandstone: Use of acoustic emission[J]. Ultrasonics, 2014, 54(1): 217-226.

[250] ROBERTS T M, TALEBZADEH M. Acoustic emission monitoring of fatigue crack propagation[J]. Journal of constructional steel research, 2003, 59(6): 695-712.

[251] LIU H Y, KOU S Q, LINDQVIST P A, et al. Numerical studies on the failure process and associated microseismicity in rock under triaxial compression[J]. Tectonophysics, 2004, 384(1/2/3/4): 149-174.

[252] 朱红光, 谢和平, 易成, 等. 岩石材料微裂隙演化的 CT 识别[J]. 岩石力学与工程学报, 2011, 30(6): 1230-1238.

[253] 任建喜. 冻结裂隙岩石加卸载破坏机理 CT 实时试验[J]. 岩土工程学报, 2004, 26(5): 641-644.

[254] 任建喜, 葛修润, 蒲毅彬. 节理岩石卸载损伤破坏过程 CT 实时检测[J]. 岩土力学, 2002, 23(5): 575-578.

[255] 郭明传. 复合岩体之岩块体积比量测及其力学行为[D]. 桃园: “中央大学”, 2005.

[256] 余永强, 邱贤德, 杨小林. 层状岩体爆破损伤断裂机理分析[J]. 煤炭学报, 2004, 29(4): 409-512.

[257] 杨永杰, 王德超, 郭明福, 等. 基于三轴压缩声发射试验的岩石损伤特征研究[J]. 岩石力学与工程学报, 2014, 33(1): 98-104.

[258] 喻周, 吴顺川, 许学良, 等. 岩石破裂过程中声发射特性的颗粒流分析[J]. 岩石力学与工程学报, 2013, 32(5): 951-959.

[259] LISJAK A, LIU Q, ZHAO Q, et al. Numerical simulation of acoustic emission in brittle rocks by two-dimensional finite-discrete element analysis[J]. Geophysical journal international, 2013, 195(1): 423-443.

[260] RAYNAUD S, FABRE D, MAZEROLLE F, et al. Analysis of the internal structure of rocks and characterization of mechanical deformation by a non-destructive method: X-ray tomodensitometry[J]. Tectonophysics, 1989, 159(1): 149-159.

[261] KAWAKATA H, CHO A, YANAGIDANI T, et al. The observations of faulting in westerly granite under triaxial compression by X-ray CT scan[J]. International journal of rock mechanics and mining sciences, 1997, 34(3): 151-162.

[262] FENG X, CHEN S, ZHOU H. Real-time computerized tomography (CT) experiments on sandstone damage evolution during triaxial compression with chemical corrosion[J]. International journal of rock mechanics and mining sciences, 2004, 41(2): 181-192.

[263] RAYNAUD S, NGAN-TILLARD D, DESRUES J, et al. Brittle-to-ductile transition in Beaucaire marl from triaxial tests under the CT-scanner[J]. International journal of rock mechanics and mining sciences, 2008, 45(5): 653-671.

[264] 杨更社, 谢定义, 张长庆. 岩石损伤 CT 数分布规律的定量分析[J]. 岩石力学与工程学报, 1998, 17(3): 279-285.

[265] 葛修润, 任建喜, 蒲毅彬, 等. 岩土损伤力学宏细观试验研究[M]. 北京: 科学出版社, 2004.

[266] XIE H P. The fractal effect of irregularity of crack branching on the fracture toughness of brittle materials[J]. International journal of fracture, 1989, 41(4): 267-274.

[267] 刘秉正, 彭建华. 非线性动力学[M]. 北京: 高等教育出版社, 2013.

[268] 于学馥, 郑颖人, 刘怀恒, 等. 地下工程围岩稳定分析[M]. 北京: 煤炭工业出版社, 1983.

[269] 李术才, 徐飞, 李利平, 等. 隧道工程大变形研究现状、问题与对策及新型支护体系应用介绍[J]. 岩石力学与工程学报, 2016, 35(7): 1366-1376.

[270] 孙闯, 张向东, 李永靖. 高应力软岩巷道围岩与支护结构相互作用分析[J]. 岩土力学, 2013, 34(9): 2601-2609.

[271] 徐前卫, 丁文其, 朱合华, 等. 不同锚固方式下软弱破碎岩质边坡渐进破坏特性的模型试验研究[J]. 岩土工程学报, 2012, 34(6): 1069-1079.

[272] FRANZÉN T. Shotcrete for rock support: A summary report on the state of the art in 15 countries[J]. Tunnelling and underground space technology, 1993, 8(4): 441-470.

[273] BIZJAK K F, PETKOVŠEK B. Displacement analysis of tunnel support in soft rock around a shallow highway tunnel at Golovec[J]. Engineering geology, 2004, 75(1): 89-106.

[274] JEON S, YOU K, PARK B, et al. Evaluation of support characteristics of wet-mixed shotcrete with powder type cement mineral accelerator[J]. Tunnelling and underground space technology, 2006, 21(3/4): 425-426.

[275] 郭小红, 王梦恕. 隧道支护结构中锚杆的功效分析[J]. 岩土力学, 2007, 28(10): 2234-2239.

[276] 郭军, 王明年, 谭忠盛, 等. 大跨浅埋黄土隧道中系统锚杆受力机制研究[J]. 岩土力学, 2010, 31(3): 870-874.

[277] 陈建勋, 乔雄, 王梦恕. 黄土隧道锚杆受力与作用机制[J]. 岩石力学与工程学报, 2011, 30(8): 1690-1697.

[278] 朱浮声, 郑雨天. 全长粘结式锚杆的加固作用分析[J]. 岩石力学与工程学报, 1996, 15(4): 333-337.

[279] 侯朝炯, 勾攀峰. 巷道锚杆支护围岩强度强化机理研究[J]. 岩石力学与工程学报, 2000, 19(3): 342-345.

[280] 郑刚, 张华. 型钢水泥土复合梁中型钢-水泥土相互作用试验研究[J]. 岩土力学, 2007, 28(5): 939-944.

[281] 赵勇, 刘建友, 田四明. 深埋隧道软弱围岩支护体系受力特征的试验研究[J]. 岩石力学与工程学报, 2011, 30(8): 1663-1670.

[282] 陈丽俊, 张运良, 马震岳, 等. 软岩隧洞锁脚锚杆-钢拱架联合承载分析[J]. 岩石力学与工程学报, 2015, 34(1): 129-138.

[283] 张德华, 刘士海, 任少强. 高地应力软岩隧道中型钢与格栅支护适应性现场对比试验研究[J]. 岩石力学与工程学报, 2014, 33(11): 2258-2266.

[284] 张德华, 刘士海, 任少强. 基于围岩-支护特征理论的高地应力软岩隧道初期支护选型研究[J]. 土木工程学报, 2015, 48(1): 139-148.

[285] 李为腾, 李术才, 玄超, 等. 高应力软岩巷道支护失效机制及控制研究[J]. 岩石力学与工程学报, 2015, 34(9): 1836-1848.

[286] 陈浩, 杨春和, 李丹, 等. 软岩隧道锚杆支护作用的模型试验研究[J]. 岩石力学与工程学报, 2009, 28(S1): 2922-2927.

[287] 陈力华, 林志, 李星平. 公路隧道中系统锚杆的功效研究[J]. 岩土力学, 2011, 32(6): 1843-1848.

[288] CHEN Y, TENG J, SADIQ R A B, et al. Experimental study of bolt-anchoring mechanism for bedded rock mass [J]. International journal of geomechanics, 2020, 20(4): 04020019.

[289] 谭忠盛, 喻渝, 王明年, 等. 大断面浅埋黄土隧道锚杆作用效果的试验研究[J]. 岩土力学, 2008, 29(2): 491-496.

[290] 陈建勋, 王超, 罗彦斌, 等. 高含水量土质隧道不设系统锚杆的试验研究[J]. 岩土工程学报, 2010, 32 (5): 815-820.

[291] 陈建勋, 姜久纯, 王梦恕. 黄土隧道网喷支护结构中锚杆的作用[J]. 中国公路学报, 2007, 20(3): 71-75.

[292] ZHU W C, WEI J, ZHAO J, et al. 2D numerical simulation on excavation damaged zone induced by dynamic stress redistribution[J]. Tunnelling and underground space technology, 2014, 43(7): 315-326.

[293] 张社荣, 孙博, 王超, 等. 含孔洞硬岩破坏过程的离散元分析[J]. 岩石力学与工程学报, 2012, 31(S2): 3855-3863.

[294] 谢林茂, 朱万成, 王述红, 等. 含孔洞岩石试样三维破裂过程的并行计算分析[J]. 岩土工程学报, 2011, 33(9): 1447-1455.

[295] 宋义敏, 潘一山, 章梦涛, 等. 洞室围岩三种破坏形式的试验研究[J]. 岩石力学与工程学报, 2010, 29(S1): 2741-2745.

[296] 马少鹏, 王来贵, 赵永红. 岩石圆孔结构破坏过程变形场演化的实验研究[J]. 岩土力学, 2006, 27(7): 1082-1086.

[297] 刘招伟, 李元海. 含孔洞岩石单轴压缩下变形破裂规律的实验研究[J]. 工程力学, 2010, 27(8): 133-139.

[298] 李夕兵, 磊翁, 谢晓锋, 等. 动静载荷作用下含孔洞硬岩损伤演化的核磁共振特性试验研究[J]. 岩石力学与工程学报, 2015, 34(10): 1985-1993.

[299] 李地元, 成腾蛟, 周韬, 等. 冲击载荷作用下含孔洞大理岩动态力学破坏特性试验研究[J]. 岩石力学与工程学报, 2015, 34(2): 249-260.

[300] ZHU W C, LIU J, TANG C A, et al. Simulation of progressive fracturing processes around underground excavations under biaxial compression[J]. Tunnelling and underground space technology, 2005, 20(3): 231-247.

[301] ZHU W C, BRUHNS O T. Simulating excavation damaged zone around a circular opening under hydromechanical conditions[J]. International journal of rock mechanics and mining sciences, 2008, 45(5): 815-830.

[302] YANG H Q, ZENG Y Y, LAN Y F, et al. Analysis of the excavation damaged zone around a tunnel accounting for geostress and unloading[J]. International journal of rock mechanics and mining sciences, 2014, 69: 59-66.

[303] WANG S Y, SLOAN S W, SHENG D C, et al. Numerical analysis of the failure process around a circular opening in rock[J]. Computers and geotechnics, 2012, 39: 8-16.

[304] WANG S H, LEE C I, RANJITH P G, et al. Modeling the effects of heterogeneity and anisotropy on the excavation damaged/disturbed zone (EDZ)[J]. Rock mechanics and rock engineering, 2009, 42(2): 229-258.

[305] TANG C A, WONG R H C, CHAU K T, et al. Modeling of compression-induced splitting failure in heterogeneous brittle porous solids[J]. Engineering fracture mechanics, 2005, 72(4): 597-615.

[306] JIA P, ZHU W C. Mechanism of zonal disintegration around deep underground excavations under triaxial stress: Insight from numerical test[J]. Tunnelling, and underground space technology, 2015, 48: 1-10.

[307] FAKHIMI A, CARVALHO F, ISHIDA T, et al. Simulation of failure around a circular opening in rock[J]. International journal of rock mechanics and mining sciences, 2002, 39(4): 507-515.

[308] DZIK E J, LAJTAI E Z. Primary fracture propagation from circular cavities loaded in compression[J]. International journal of fracture, 1996, 79(1): 49-64.

[309] 朱谭谭, 靖洪文, 苏海健, 等. 含双圆形孔洞砂岩单轴压缩力学特性试验研究[J]. 岩土工程学报, 2015, 37(6):1047-1056.

[310] 朱谭谭, 靖洪文, 苏海健, 等. 孔洞–裂隙组合型缺陷砂岩力学特性试验研究[J]. 煤炭学报, 2015, 40(7): 1518-1525.

[311] 杨圣奇, 吕朝辉, 渠涛. 含单个孔洞大理岩裂纹扩展细观试验和模拟[J]. 中国矿业大学学报, 2009, 38(6):774-781.

[312] 杨圣奇, 刘相如, 李玉寿. 单轴压缩下含孔洞裂隙砂岩力学特性试验分析[J]. 岩石力学与工程学报, 2012, 31(S2): 3539-3546.

[313] 李地元, 李夕兵, 李春林, 等. 单轴压缩下含预制孔洞板状花岗岩试样力学响应的试验和数值研究[J]. 岩石力学与工程学报, 2011, 30(6): 1198-1206.

[314] 段进超, 唐春安, 旭常, 等. 单轴压缩下含孔脆性材料的力学行为研究[J]. 岩土力学, 2006, 27(8): 1416-1420.

[315] 杜明瑞, 靖洪文, 苏海健, 等. 孔洞形状对砂岩强度及破坏特征的影响[J]. 工程力学, 2016, 33(7): 190-196.

[316] 杜明瑞, 靖洪文, 苏海健, 等. 含预制椭圆形孔洞砂岩强度及破坏特征试验研究[J]. 中国矿业大学学报, 2016, 45(6): 1164-1171.

[317] ZHAO X D, ZHANG H X, ZHU W C. Fracture evolution around pre-existing cylindrical cavities in brittle rocks under uniaxial compression[J]. Transactions of Nonferrous Metals Society of China, 2014, 24(3): 806-815.

[318] YANG S Q, JING H W, XU T. Mechanical behavior and failure analysis of brittle sandstone specimens containing combined flaws under uniaxial compression[J]. Journal of Central South University, 2014, 21(5): 2059-2073.

[319] WONG R H C, LIN P, TANG C A. Experimental and numerical study on splitting failure of brittle solids containing single pore under uniaxial compression[J]. Mechanics of materials, 2006, 38(1): 142-159.

[320] WANG S Y, SLOAN S W, TANG C A. Three-dimensional numerical investigations of the failure mechanism of a rock disc with a central or eccentric hole[J]. Rock mechanics and rock engineering, 2014, 47(6): 2117-2137.

[321] CAO W G, ZHAO H, LI X, et al. Statistical damage model with strain softening and hardening for rocks under the influence of voids and volume changes[J]. Canadian geotechnical journal, 2010, 47(8): 857-871.

[322] CARTER B J, LAJTAI E Z, YANGUANG Y. Tensile fracture from circular cavities loaded in compression[J]. International journal of fracture, 1992, 57(3): 221-236.

[323] 张哲, 唐春安, 于庆磊, 等. 侧压系数对圆孔周边松动区破坏模式影响的数值试验研究[J]. 岩土力学, 2009, 30(2): 413-418.

[324] 汪小刚, 周纪军, 贾志欣, 等. 加锚节理面的抗剪试验研究[J]. 岩土力学, 2016, 37(S2): 250-256.

[325] 王平, 冯涛, 朱永建, 等. 加锚预制裂隙类岩体锚固机制试验研究及其数值模拟[J]. 岩土力学, 2016, 37(3): 793-801.

[326] JIA P, TANG C A. Numerical study on failure mechanism of tunnel in jointed rock mass[J]. Tunnelling and underground space technology, 2008, 23(5): 500-507.

[327] JING L. A review of techniques, advances and outstanding issues in numerical modelling for rock mechanics and rock engineering[J]. International journal of rock mechanics and mining sciences, 2003, 40(3): 283-353.

[328] 石崇, 褚卫江, 郑文堂. 块体离散元数值模拟技术及工程应用[M]. 北京: 中国建筑工业出版社, 2016.

[329] 王刚, 蒋宇静, 李为腾, 等. 弱胶结软岩大变形破坏控制理论与技术[M]. 北京: 科学出版社, 2016.

[330] TSANG C F, BERNIER F, DAVIES C. Geohydromechanical processes in the excavation damaged zone in crystalline rock, rock salt, and indurated and plastic clays: In the context of radioactive waste disposal[J]. International journal of rock mechanics and mining sciences, 2005, 42(1): 109-125.

[331] WEI C H, ZHU W C, YU Q L, et al. Numerical simulation of excavation damaged zone under

coupled thermal-mechanical conditions with varying mechanical parameters[J]. International journal of rock mechanics and mining sciences, 2015, 75(1): 169-181.

[332] RENAUD V, BALLAND C, VERDEL T. Numerical simulation and development of data inversion in borehole ultrasonic imaging[J]. Journal of applied geophysics, 2011, 73(4): 357-367.

[333] GOLSHANI A, ODA M, OKUI Y, et al. Numerical simulation of the excavation damaged zone around an opening in brittle rock[J]. International journal of rock mechanics and mining sciences, 2007, 44(6): 835-845.

[334] PUSCH R, STANFORS R. The zone of disturbance around blasted tunnels at depth[J]. International journal of rock mechanics and mining sciences & geomechanics abstracts, 1992, 29(5): 447-456.

[335] RUTQVIST J, STEPHANSSON O. The role of hydromechanical coupling in fractured rock engineering[J]. Hydrogeology journal, 2003, 11(1): 7-40.

[336] ABDI H, LABRIE D, NGUYEN T S, et al. Laboratory investigation on the mechanical behaviour of Tournemire argillite[J]. Canadian geotechnical journal, 2015, 52(3): 268-282.

[337] 姜永东, 鲜学福, 许江. 岩石声发射 Kaiser 效应应用于地应力测试的研究[J]. 岩土力学, 2005, 26(6): 946-950.

[338] 亮郭, 李俊才, 张志铖, 等. 地质雷达探测偏压隧道围岩松动圈的研究与应用[J]. 岩石力学与工程学报, 2011, 30(S1): 3009-3015.

编　后　记

“博士后文库”是汇集自然科学领域博士后研究人员优秀学术成果的系列丛书。“博士后文库”致力于打造专属于博士后学术创新的旗舰品牌，营造博士后百花齐放的学术氛围，提升博士后优秀成果的学术影响力和社会影响力。

“博士后文库”出版资助工作开展以来，得到了全国博士后管委会办公室、中国博士后科学基金会、中国科学院、科学出版社等有关单位领导的大力支持，众多热心博士后事业的专家学者给予积极的建议，工作人员做了大量艰苦细致的工作。在此，我们一并表示感谢！

“博士后文库”编委会